기초부터 세금까지
가상화폐 완전정복

당장 써먹는 가상화폐 투자 실천 가이드
기초에서 세금까지 가상화폐 완전정복

초판 1쇄 발행 2025년 9월 18일

지은이 곽상빈 · 이장원
펴낸이 최석두

펴낸곳 도서출판 평단
출판등록 제2015-000132호(1988년 7월 6일)
주소 (10594) 경기도 고양시 덕양구 통일로 140 삼송테크노밸리 A동 351호
전화 (02) 325-8144
팩스 (02) 325-8143
이메일 pyongdan@daum.net

ISBN 978-89-7343-588-3 (13320)

ⓒ 곽상빈 · 이장원, 2025, Printed in Korea

· 책값은 뒤표지에 있습니다.
· 파본은 구입하신 서점에서 교환해 드립니다.
· 이 책은 저작권법에 따라 보호받는 저작물이므로 무단 전재와 복제를 금합니다.

당장 써먹는 가상화폐 투자 실천 가이드

기초부터 세금까지

가상화폐 완전정복

곽상빈·이장원 지음

평단

|들어가는 말|

전혀 다른 관점이 필요한 코인 투자

어두운 경제 예측에도 급등하는 비트코인

러시아와 우크라이나의 전쟁에서 뜻밖에도 가상화폐 시장이 요동치고 있다는 뉴스들이 쏟아져 나왔습니다. 한때 하락세였던 비트코인 가격이 전쟁 발발 후인 2022년 3월 1일 급등하기 시작했죠. 전날 대비 13%가량 상승했습니다. 가격이 올랐다는 것은 수요가 많아졌다는 뜻인데, 그 수요가 대부분 러시아에서 발생했다는 것은 주목할 만한 일입니다. 러시아는 비트코인 채굴 및 보유액 분야에서 세계 상위권에 해당합니다.

보통 전쟁이 벌어지면 주식시장은 얼어붙기 마련인데 코인 시장은 전혀 다른 양상을 보였습니다. 시장 전망이 어두우면 자산을 묶고 투자는 줄이려는 게 사람의 심리지요. 그런데 가상화폐 투자는 거꾸로 늘어난 것입니다. 그 배경에는 미국과 유럽이 전쟁을 일으킨 러시아의 자금줄을 묶기 위해 국제

은행(SWIFT) 결제망에서 러시아를 배제하는 조치를 취한 것에 있었습니다. 은행 돈을 끌어다 쓸 수 없게 된 러시아 사람들이 비트코인을 많이 매수하면서 코인 가격이 급등한 것입니다. 마찬가지로 전쟁 자금이 필요한 우크라이나도 복잡한 SWIFT 절차 없이 빠르게 자금을 확보하기 위해 코인을 매수하는 현상이 이어졌습니다.

그 상승세가 어디까지 이어질지는 두고 볼 일이지만, 여기서 말하고 싶은 것은 가히 세계전쟁에 비견될 만한 큰 악재에도 불구하고 가상화폐 가격이 오른 것은 가상화폐의 독특한 성격 때문이라는 사실입니다. 코인 투자자가 급증하고 있고 너도나도 그 흐름에 올라타고 있습니다. 가상화폐의 역사는 10년 정도밖에 안 되지만 코인 시장은 하루가 다르게 성장하고 있는데, 그 근본적인 원인은 높은 수익률에 있겠지요. 실제로 코인 투자로 불과 몇 달 만에 몇 억을 벌었다는 벼락부자 이야기도 들리지만, 그 반대로 하루아침에 큰돈을 잃었다는 이야기도 들립니다. 코인 투자에서 성공하려면 가상화폐에 대해 제대로 알고 전략적으로 접근해야 하는 이유입니다.

가상화폐 성격 이야기로 다시 돌아가면, 가상화폐의 가장 큰 특징은 탈중앙화입니다. 즉 가상화폐는 법정화폐와 달리 화폐를 발행하는 중앙은행도 없고, 송금을 중개하는 중앙 관리자도 없습니다. 가상화폐는 중앙 서버 없이 블록체인 네트워크에서 개인 대 개인으로 발행 및 거래되므로 언제, 어디서든 지불 수단으로 사용할 수 있을 뿐만 아니라, 매매가 가능하고 가상화폐를 법정화폐로 바꿀 수도 있습니다. 그래서 전쟁 자금 또는 사업 자금을 확보하기 위해 많은 러시아 사람들이 비트코인을 매수한 것이지요.

코인 투자의 모든 것을 다루다

이 책은 코인 투자자들의 수익률을 높이는 데 도움을 주기 위해 기획되었습니다. 무턱대고 코인 투자에 뛰어들었다가는 낭패를 볼 수 있는 영역이 바로 가상화폐 시장입니다. 가상화폐의 전 세계적인 거래량이 기하급수적으로 늘어나고 있는 것과 비례해 이를 악용한 범죄도 늘고 있습니다. 정부에서도 거래소 규제, 투자 규제, 과세제도 재정비 등을 추진하면서 코인 투자자들의 법적 보호 장치를 강화하고는 있지만, 주식시장처럼 안정화 단계에 접어든 것은 아닙니다.

최근에 핀테크(fintech) 혁명이라고 불릴 정도로 금융 서비스가 날이 갈수록 발전하고 있습니다. ○○페이, 앱카드 등이 급속도로 발전해 스마트폰만 있으면 결제나 송금이 언제 어디서든 가능해졌습니다. 이에 우리 삶도 획기적으로 바뀌고 있습니다. 화폐를 직접 주고받을 일이 줄어들었고 굳이 은행계좌가 없어도 금융 서비스를 누릴 수 있게 되었습니다. 그런 변화의 정점에 가상화폐가 있지요. 가상화폐가 무엇인지 물어본다면 명쾌하게 대답할 수 있는 사람은 거의 없을 것입니다. 가상화폐를 이해하려면 그와 짝을 이루는 블록체인의 개념도 알아야 해서 결코 단순한 분야는 아닙니다.

따라서 이 책은 백지상태에서 코인 투자를 시작하려고 하는 사람들도 쉽게 이해하고 투자에 적용하도록 코인 투자에 관한 모든 것을 담았습니다. 가상화폐와 블록체인의 핵심 개념에서 출발해, 거래소 가입 과정을 자세히 설명하고 있습니다. 우리나라 4대 거래소의 특성, 시장에서 주목받고 있는 주요 코인들의 특성과 전망 또한 담았습니다. 데이트레이딩을 위한 차트 분석 기법 및 매매 전략을 이야기하고 있고, 각종 인덱스 지수, ICO나 IEO에 참여하는 방법, 채굴 관련 내용도 빠트리지 않았습니다. 코인 투자 전략을 세우는 데 참고할 만한 거의 모든 것을 다루었다고 보시면 됩니다.

디파이(DeFi) 투자, NFT 같은 말들이 가상화폐 시장에서 핫이슈로 떠오르고 있는데 이 부분에 대해서도 4부에서 가급적 쉽게 정리하고자 했습니다. 그저 유행이라고 휩쓸리지 말고 정확한 개념과 실상에 대해 판단해 투자에 임하길 바랍니다.

주식투자가 기업의 주인이 되는 과정이라고 한다면, 가상화폐 투자는 개발된 가상화폐의 기술과 활용 가능성의 주인이 되는 과정이라고 할 수 있습니다. 그만큼 가상화폐 투자는 주식투자의 메커니즘과는 지표가 다르고 가능성도 다릅니다. 막연히 "가즈아!"만 외쳐서는 반드시 손해를 보게 될 것입니다.

이 책은 코인 투자자들에게 필요한 모든 것을 담고자 했습니다. 이 책 한 권만 가지고도 코인 투자를 시작할 수 있을 것입니다. 궁극적으로는 투자자 여러분의 투자 수익률을 높이는 데 이 책이 도움이 되리라 믿습니다. 독자 여러분이 공부하는 자세로 이 책을 참고해 나가다 보면 분명 코인 투자로 1,000% 이상의 수익률을 낼 수 있을 것입니다.

곽상빈

우리 곁에 바짝 다가온
코인 관련 세금

　유튜브 채널에서 가상자산은 물론 부동산 등 다양한 재테크 정보를 세금과 정책의 시각에서 안내하고 있으며, 얼마 전에는 해외금융계좌신고제도와 관련해 '해외가상자산계좌 신고'를 집중적으로 소개했습니다. 해외금융계좌신고제도는 대한민국 거주자 또는 내국법인이 해외에 보유한 금융계좌(주식, 채권, 보험계좌 포함) 잔액이 연도 중 어느 하루라도 5억 원을 초과할 경우, 다음 연도 6월 30일까지 관할 세무서에 신고하는 제도입니다.

　특히 2023년 6월부터는 해외가상자산계좌도 이 대상에 포함되어 잔액이 5억 원을 초과하면 반드시 신고해야 합니다. 대표적인 해외가상자산계좌로는 바이낸스를 들 수 있는데, 신고를 문의하신 투자자의 90% 이상이 바이낸스 계좌를 보유하고 있었습니다. 신고 대상자인데도 신고하지 않으면 과태료가 계좌 총액의 20%에 달할 수도 있고, 국세청에서 이미 조사를 진행한 사례도 있지만 이 제도를 잘 모르거나, 가상자산은 2027년부터 과세된다며 세금 부분을 등한시하는 투자자들이 많습니다.

저는 가상자산뿐 아니라 국내외 주식, 부동산 등 다양한 자산군에 직접 투자해 보고 있습니다. 비록 큰 금액은 아니지만 여러 자산에 직접 투자해 보는 이유는 자산관리 전문가로서 실제 법과 세금 정책을 몸소 경험하고 이해해 투자군별 세금 고민을 하는 고객들과 더 깊이 있는 상담을 하기 위함입니다. 특히 부동산 시장은 일반적 과세를 넘어 중과세까지 적용되고 있어 세금과 자산관리 관련 문의가 이어지고 있습니다. 고액의 부동산을 취득, 보유, 양도, 상속, 증여할 때마다 필연적으로 세금이 발생하기 때문입니다. 또한 부동산 정책이 바뀔 때마다 시장의 흐름도 빠르게 변하는 모습을 2017년 8·2대책 이후 수많은 정책 변화 속에서 몸소 경험해왔습니다.

대한민국 국민이라면 누구나 재테크에 관심이 많습니다. 부동산 시장에 무거운 세금이 부과되면서 자본의 이동이 활발해졌고, 실제로 양도소득세율이 최대 82.5%까지 적용된 다주택자 중과세를 경험한 투자자들은 주택을 정리해 '똘똘한 한 채'만 남기고 국내외 주식, 가상자산 등으로 투자처를 옮기기도 했습니다.

이런 흐름에 따라 세금 정책도 계속 변화해왔습니다. 다행히 가상자산소득세는 도입 시기가 연기되어 2027년부터 가상자산의 양도나 대여 등으로 발생한 소득에 과세가 됩니다. 가상자산에만 집중하는 투자자라면 이런 세금 제도가 달갑지 않을 수 있겠지만, 세금은 이미 우리 곁에 다가와 있습니다. 세금은 누구나 피할 수 없는 것이 현실이기에 미리 세금에 대해 충분히 알고 준비하는 것이 필요합니다. 사실 가상자산 관련 세금 논의는 오래전부터 진행되었습니다. 많은 투자자가 아직 세금 문제를 직접 마주하지 않았을 뿐이죠.

세금은 무엇보다 '예방적 절세'가 핵심입니다. 한 발 앞선 절세 지식이 결국 투자 수익률을 높여준다는 것만은 분명합니다. 가상자산에 관심이 많은 독자에게 직접 혹은 간접적으로 경험한 가상자산 관련 자산관리법과 세금 이슈를 정리해 책으로 전하고자 하는 이유도 여기에 있습니다. 투자를 잘해서 수익을 많이 올리는 일 못지않게 절세전략도 중요한 시대에 많은 독자가 가상화폐 투자를 공부하면서 아울러 세금 문제까지 완전정복함으로써 진정한 가상화폐 투자의 달인이 되기를 기대합니다.

항상 인사이트를 주시는 곽상빈 변호사님과 함께 책을 펴내는 소중한 기회를 얻게 되어 감사드립니다.

이장원

쉽게 설명한 가상화폐 투자 용어(가, 나, 다 순)

가상화폐 투자 시 가상화폐의 역사나 그 이면의 기술적인 지식을 몰라도 이익을 내는 데는 큰 지장이 없습니다. 그러나 초보자라 할지라도 투자 시 기본적으로 알아야 할 용어와 기본 지식은 있습니다. 지금부터 설명하는 용어 정도는 최소한 알고 투자하는 것이 현명한 투자의 밑거름이 될 것입니다. 주식 용어와 일부 유사하므로 주식투자자라면 비교적 친숙할 수 있습니다.

가상자산 ETF: 가상자산을 증권거래소에 상장해 주식처럼 거래하도록 하는 상품을 말한다. 캐나다 토론토 증권거래소에 상장된 비트코인 ETF가 대표적이다.

거래소(exchanges): 가상화폐를 거래할 수 있는 가상의 시장을 말한다. 대표적인 원화 마켓 거래소로는 흔히 4대 거래소라고 일컫는 업비트, 빗썸, 코인원, 코빗이 있다. 2025년 중반 기준 금융정보분석원(FIU)에 수리된 가상자산사업자는 30여 곳이며, 이 중 일부는 원화마켓을 지원하는 거래소이고, 나머지는 코인마켓 운영사, 자산 보관 서비스를 제공하는 사업자들이다. 이용자는 각 거래소의 모바일 앱을 다운로드한 뒤, 해당 거래소와 제휴된 은행에서 실명 확인 입출금 계좌를 개설해 연동해야 코인 거래가 가능하다. 업비트는 케이뱅크, 빗썸은 국민은행, 코인원은 농협은행, 코빗은 신한은행 계좌만 사용할 수 있다.

노드(nod): 블록체인은 중앙 서버가 없고 네트워크를 연결하는 개별 서버들이 중앙 서버 역할을 하는데, 이 서버들을 노드라고 부른다. 즉 노드란 블록체인 네트워크에 연결된 모든 개별 컴퓨터를 말한다.

논스(nonce): 블록체인에서 두 블록을 연결하는 접착제 기능을 하는 숫자를 논스라고 한다. 즉 논스란 두 블록을 연결하는 유효값에 해당한다. 문제는 비트코인의 경우 이 논스값이 10분마다 형성되는 블록에 따라 달라지기 때문에 그 숫자를 찾는 작업이 꽤나 까다롭다는 것이다. 그 논스값을 가장 빨리 찾아내는 채굴자는 보상으로 비트코인을 받게 된다.

데드캣 바운스(Dead Cat Bounce): 데드캣 바운스를 줄여서 데드캣이라고도 한다. "죽은 고양이도 아주 높은 곳에서 떨어지면 뛰어오른다."라는 말에서 유래했다. 가격이 크게 떨어지다가 잠시 반등하는 상황을 일컫는 말로 자주 쓰인다.

덱스(DEX: decentralized exchange): 탈중앙화 거래소. 중앙 서버 없이 블록체인상에 존재하는 가상화폐 거래소를 뜻한다. 빗썸, 코인원, 업비트, 코빗 등은 중앙화 거래소다. 중개자 없이 P2P 원칙에 따라 개인 대 개인 매매가 이루어진다.

디파이(DeFi: decentralized finance): 탈중앙화 거래소인 덱스(DEX)에서 제공하는 금융 서비스를 말한다. 기본적인 금융 서비스 외에 대출(borrowing), 스테이킹(staking), 스왑(swap), 일드 파밍(yield farming) 등의 서비스가 있다.

마진콜(margin call): 현재 보유한 자금보다 몇 배 높은 금액으로 투자하는 것을 마진 거래라고 하는데 투자자는 마진 거래에서 손해가 나면 원금 손해까지 감수해야 할 것이다. 거래소는 그 이상 손해가 나게 되면 투자자의 마진 투자금을 강제 청산해 피해액을 보전하게 되는데, 이를 마진콜이라고 한다. 마진콜이 날 때 예상했던 것보다 더 큰 손해가 난다. 시장가로 청산하기 때문에 걸어 놓은 호가창이 비면 이론상으로는 반 토막이 나야 하지만, 그 이상의 손실이 생기기도 한다.

백서(White Paper): 백서란 가상화폐 발행 시 해당 가상화폐의 기능, 기술, 목적 등을 정리한 보고서를 말한다. 코인 투자자들에게 그 프로젝트에 관해 일목요연하게 설명하는 일종의 '사업계획서'에 해당한다. 주식투자자들이 기업의 IR(기업활동) 자료 및 다양한 공시자료를 보고 투자를 결정하듯이 코인 투자자들은 백서를 보고 코인의 성장성 등을 판단해 투자를 결정한다.

분산원장 기술(DLT: Distributed Ledger Technology): 탈중앙화된 P2P 네트워크에 참여하는 노드들이 암호화 기술을 이용해 거래 정보를 검증하고 합의한 원장을 공동으로 관리하는 기술을 말한다. 쉽게 말해, 블록체인상에 참여한 개인 컴퓨터들이 거래 장부인 원장을 공동 관리하는 기술을 분산원장 기술이라 한다.

선물 갭(forward gap): 가상화폐는 연중무휴 24시간 거래가 지속되는 반면, 가상화폐 선물시장은 개장 시간과 마감 시간이 존재한다. 휴장 시간에 가격 차이가 발생할 수 있고 종가와 시가 사이에 차이, 즉 갭이 발생하는데, 그 차이를 선물 갭이라고 한다.

선물거래(forward): 선물거래란 장래 일정 시점에 미리 정한 가격으로 매매할 것을 현재 시점에서 약정하는 거래를 말한다. 반대말은 현물거래로 매매 대상물이 시장에서 거래소에 존재하는 거래를 의미한다.

스마트 컨트랙트(Smart Contract): 중개 기관 없이 개인 대 개인(P2P) 방식으로 계약을 체결하는 전자 계약 시스템을 말한다. 디지털 명령어로 계약서를 작성한 뒤 계약 당사자끼리 합의한 조건에 따라 자동으로 계약 내용이 실행되게 한다. 1994년 닉 사보가 개발했고, 2013년 비탈리크 부테린이 이더리움을 개발하면서 블록체인상의 스마트 컨트랙트로 기능을 확산했다.

스캘핑(scalping): 초 단위에 가까운 빠른 거래를 통해 매매 차익을 얻는 트레이딩 기법을 말하며 데이트레이딩의 다른 말로도 통용된다.

스테이킹(staking): 보유하고 있는 가상화폐의 일정량을 해당 블록체인 네트워크에 예치하고, 블록 생성 검증을 거쳐 가상화폐로 보상받는 절차를 말한다. 탈중앙화 거래소(DEX)의 디파이(DeFi) 서비스의 하나이나, 일부 중앙화 거래소에서도 스테이킹 서비스를 제공하고 있다. 중앙화 거래소에서는 블록 생성 검증 단계가 생략되며 일정 기간 코인을 예치해 락업하는 동안 보상을 주는 형태를 띤다. 자신의 가상화폐를 네트워크 운영자에게 예치해 그 지분(stake)만큼 보상을 받는다는 의미에서 스테이킹은 은행의 적금이나 예금에서 이자를 제공하는 개념으로도 이해할 수 있다. 가상화폐 시장에서 손실이 클 때 스테이킹을 하고자 하는 사람이 많아질 수 있다. 코인을 장기간 거래하지 않을 것이라면 스테이킹을 통해 이자를 받는 것이 훨씬 이익이기 때문이다.

알트코인(Altcoin: alternative coin): 비트코인(Bitcoin) 이후 등장한 후발 가상화폐를 일컫는 편의상의 용어. 주요 알트코인으로 이더리움, 리플 등이 있으며, 시가총액이 순위권에 들지 않는 잡코인, 알트코인을 가장한 사기 코인인 스캠코인이 있다.

에어드롭(airdrop): 에어드롭이란 무상으로 홍보용 코인을 지급하는 것을 말한다. 기존 코인 보유자에게 지분에 따라 코인을 나눠주는 것 또한 에어드롭이라 하는데, 주식으로 치면 무상증자나 주식배당과 유사하다고 편의상 이해할 수 있다. 코인의 특성상 인지도가 높고 보유한 이들이 많은 코인일수록 향후 성장 가능성이 커지기 때문에 에어드롭을 하는 것이다. 에어드롭을 통해 안정성이 높은 코인이라는 이미지도 심어줄 수 있다.

장외거래(OTC: Over-The-Counter): 가상화폐 거래소를 통하지 않고 외부에서 매매하는 방법. 보통은 채굴자와 기관투자자들이 가상화폐를 대량 매매할 때 활용된다. 장외거래는 브로커를 통한 매매, OTC 트레이더를 통한 매매, OTC 데스크를 통한 매매로 구분된다.

재단(foundation): 가상화폐 발행 주체를 회사나 기업이 아닌 재단이라 부른다. 왜냐하면 탈중앙화된 가상화폐의 발행 주체는 근본적으로 개인의 이익을 위해 설립되지 않으며 개인 소유가 될 수 없기 때문이다. 따라서 기업보다는 재단에 가깝다. 가상화폐의 발행 목적은 개인의 이익 추구가 아닌, 블록체인 활성화와 토큰 이코노미 실현이라는 목적이 우선하기 때문이기도 하다.

증거금: 증거금은 마진콜을 당하지 않기 위해 넣어야 하는 추가 금액을 말한다. 코인 가격이 오를 것으로 확신이 선다면 증거금을 넣은 후에 버텨보는 것도 한 방법인데, 만약에 그렇게 버티더라도 마진콜이 난다면 원금 이상의 손실을 보는 셈이니 주의해야 한다.

지갑(wallet): 코인을 보관하고 송금할 수 있는 공간을 지갑 또는 전자지갑이라고 한다. 일반 화폐를 보관하는 지갑과 기능이 같아서 '지갑'이라는 이름이 붙었다. 코인용 전자지갑은 핫월렛(Hot Wallet)과 콜드월렛(Cold Wallet)으로 구분된다. 핫월렛은 인터넷에 연결된 지갑으로 실시간으로 사용 가능하다는 장점이 있는 대신, 온라인으로 연결되어 있어서 해킹 위험이 있다. 반면, 콜드월렛은 오프라인 상태의 지갑으로 스마트폰이나 PC에 연결해서 사용하는 카드형 또는 USB 스틱형 지갑이 시중에 나와 있다. 콜드월렛은 해킹 위험에서 비교적 안전하지만,

거래를 하려면 번거로운 절차가 필요해서 실시간 거래는 어렵다는 단점이 있다.

채굴(mining): 법정화폐를 중앙은행이 발행하듯이, 가상화폐를 새롭게 발행하는 과정을 채굴이라고 한다. 가상화폐마다 차이는 있지만, 일반적으로 채굴은 누구나 가능하며 별도의 발행 기관이 없다. 채굴의 의미를 다른 시각에서 설명하면 이와 같다. 가상화폐의 거래 내역은 인터넷의 '블록'에 담겨 전 세계 네트워크에 저장되는데, 이런 블록들이 연결된 인터넷 기록을 블록체인이라고 한다. 이때 블록을 생성한 이에게 보상으로 코인이 지급되는 과정을 '채굴'이라고 한다. 채굴자들은 코인 거래가 정상적임을 확인해주는 일을 함으로써 코인에 공헌을 하기 때문에 그 보상으로 코인을 얻게 된다.

코인 소각(Coin Burning): 코인의 발행량을 조절하기 위해 일정 물량을 없애는 것을 뜻한다. 코인 물량을 없애 코인 가격에 영향을 주려는 것이 코인 소각의 의도다.

트레이딩(trading): 코인을 매수하고 매도하는 과정을 통틀어 트레이딩이라고 한다. 코인 매매, 또는 코인 거래라고도 한다.

평단(price per coin): 평단이란 평균 단가의 준말로 주식시장에서와 동일한 의미로 사용된다. 얼마에 사서 얼마에 팔았는지 볼 때 현재 보유하고 있는 코인들의 평단을 고려하게 된다. 즉, 지금까지 누적해 매수한 코인의 평균 단가가 5,000원이고 코인 1개를 10,000원에 매도했다면 5,000원의 이익을 실현하는 것이 된다.

프로젝트(project): 가상자산인 코인이 추구하는 미래의 효용성을 창조해내는 사업 구상을 말하며 프로젝트의 비전과 미션은 백서에 기재되어 있다.

하드포크(hard fork), 소프트포크(soft fork): 하드포크란 블록체인을 업그레이드해 원본에서 분리해 독립시키는 것을 의미하고, 소프트포크란 기존의 블록체인을 업그레이드만 하는 것을 의미한다. 하드포크와 소프트포크가 있는 경우 시장에서는 호재로 인식해 코인 가격이 오르기도 한다.

해시(hash): 채굴을 완료하고 채굴자가 블록에 기록하는 암호화된 문자열을 말한다. 해시값이라고도 하며, 16개의 숫자 및 문자로 구성된다. 그 암호화 과정을 해싱(hashing)이라고 하며 이런 암호화 능력을 해시 파워라고 한다. 논스값과 비교해서 이해하면, 논스값은 블록 연결을 위해 입력하는 값이며, 해시값은 그 출력값이다. 해시값의 역할은 거래 완료된 내용을 조작하지 못하도록 봉인하는 것이다.

DID(Decentralized Identifiers): 탈중앙화 신원 증명 혹은 분산 식별자라고 한다. 마이데이터(My Data)를 현실화해주는 기술을 뜻하며 사용자가 플랫폼에서 자신의 주권을 스스로 관리할 수 있게 한다. 마이데이터란 자신의 신용 정보나 금융거래 정보 등을 정보 주체인 개인이 적극적이고 주체적으로 관리하는 시스템을 의미한다.

ICO(Initial Coin Offering): 주식시장에서 기업공개 혹은 종목 상장을 IPO라고 하듯이 ICO는 새로운 가상화폐를 거래소에 상장하기 전에 백서를 공개해 투자자를 모집하는 과정을 일컫는다. 가상화폐 공개라고도 하며, ICO에 참여해 투자하는 것을 사전 투자라고도 한다.

NFT(Non fungible Token): 대체 불가능한 토큰이라고 번역된다. 자산 소유권을 블록체인상에 등록해 고유값을 가진 토큰으로 발행한 것을 말한다. 진위 여부, 소유권 입증 여부가 중요한 미술품 등 예술 작품, 게임 아이템 등이 NFT로 많이 응용되고 있다.

차례

들어가는 말 · 04
쉽게 설명한 가상화폐 투자 용어 · 11

PART 1
가상화폐와 블록체인의 이해: "컴알못이에요!"
- 코인 투자자를 위한 기초 지식

1장 가상화폐의 개념 이해

01 가상화폐, 화폐와 어떤 차이가 있을까? · 30
중앙 관리자가 없다 · 30 | 가치 저장 기능이 우세하다 · 31
법정화폐의 대안이 될 수 있나? · 32

02 가상화폐의 탄생 스토리 · 34
사토시 나카모토와 비트코인 · 34 | 비-머니와 이캐시 · 35
닉 사보와 스마트 컨트랙트 · 37

03 비트코인의 특징과 원리 · 38
보안과 프라이버시 · 38 | 공개키와 개인키 · 40 | 비트코인으로 해외 송금 · 41
전자지갑, 핫월렛과 콜드월렛 · 43

2장 블록체인과 채굴의 이해

01 쉽게 이해하는 블록체인 용어들 · 48
투명한 거래, 공개 검증 · 48 | 논스값 찾기와 작업증명 · 50
보유량 기준의 지분증명 · 51 | 하드포크 vs. 소프트포크 · 52

02 가상화폐 채굴 어떻게 할까? • 55
　　가상화폐 채굴기 • 55 ｜ 비트코인 채굴 과정 • 57 ｜ 위탁 채굴 • 58
　　클라우드 채굴 • 59

03 블록체인 계약서, 스마트 컨트랙트 • 60
　　획기적인 발명품, 스마트 컨트랙트 • 60 ｜ 스마트 컨트랙트의 사용 영역 • 61

PART 2
실전 코인 투자: "코인은 처음이에요."
- 투자 마인드, 거래소 가입, 종목 선정

3장　코인 투자자를 위한 돈 버는 마인드

01 코인과 주식, 어떻게 다른가? • 66
　　아직 공인되지 않은 금융자산 • 66 ｜ 24시간 무한정 국경 없는 거래 • 67

02 코인 투자 과연 안전한가? • 69
　　벼락부자의 기회는 코인뿐? • 69 ｜ 가상화폐에도 버블이 생길까? • 70
　　비금융사들이 코인 투자를 하는 이유 • 72 ｜ 가상자산 거래를 제공하는 회사들 • 73

03 돈 버는 투자 마인드 • 76
　　계란은 한 바구니에 담지 말라 • 76 ｜ 프로젝트의 생존력을 보라 • 78
　　신중하게 사서 과감하게 팔라 • 79 ｜ 시장의 큰손들을 따라가라 • 80

04 나만의 투자 기준이 중요하다 • 84
　　적어도 리더는 보고 투자하라 • 84 ｜ 독점력도 투자의 기준이다 • 85
　　상한가와 하한가 전략 • 86 ｜ 신규상장 코인에 투자하면 대박 난다던데 • 88
　　첫 투자자는 얼마로 시작해야 할까? • 90

4장 코인 투자 다양한 방법이 있다

01 코인 투자의 세 가지 범주 · 94
범주 1. 가상화폐 트레이딩 · 94 | 범주 2. 가상화폐 채굴 · 96
범주 3. 가상화폐 ICO에 참여 · 97

02 가상화폐 직접 투자 · 99
사전 투자에 참여하기 · 99 | 사전 투자의 장단점 · 100
스테이킹으로 가상화폐 취득 · 101 | 가상화폐 파생상품 · 102
에어드롭과 렌딩 서비스 · 103

03 가상화폐 간접 투자 · 106
코인이 담긴 펀드 구매 · 106 | 가상자산 ETF 투자 · 107
기타 가상화폐 서비스 · 108

04 코인 사전 투자 완전 분석 · 109
ICO와 IPO의 공통점과 차이점 · 109 | 스타트업에 유리한 ICO · 110
사전 투자, 백서의 중요성 · 111 | 스타트업을 위한 ICO 절차 · 112
가상화폐 재단 설립 · 116 | ICO와 비슷한 IEO, IDO · 117

5장 거래소 선택 기준과 가입 방법

01 가상화폐 거래소 · 122
중앙화 거래소, 탈중앙화 거래소 · 122 | 거래소 얼마나 믿을 수 있을까? · 124
회사가 사라지면 코인도 사라질까? · 128 | 코인 자동매매 괜찮을까? · 130

02 가상화폐 거래소 선택 기준은? · 132
국내 4대 거래소 · 132 | 4대 거래소 특징 · 136

03 가상화폐 거래하기 · 139
회원가입 및 로그인하기 · 139 ｜ 회원 인증 절차 밟기 · 141
거래 계좌 인증 · 143 ｜ 거래소 원화 입출금 · 144
거래소에서 코인 거래하기 · 146

6장 코인 투자, 종목 선정의 지름길

01 종목 선정의 기준 · 152
가상화폐의 객관적 가치는 어떻게 판단할까 · 152
시가총액과 거래량을 확인하는 법 · 153 ｜ 와이스 레이팅스의 신용등급 · 154
시장의 1등에 주목하라 · 158 ｜ 코인의 기능을 따져보라 · 159

02 코인 투자할 때 필수적으로 검토해야 할 8가지 · 161
시가총액 및 거래량 분석 · 161 ｜ 프로젝트의 목적과 백서 분석 · 162
개발팀 및 커뮤니티의 신뢰도 · 163 ｜ 토크노믹스 구조 분석 · 164
기술적 구조 및 거버넌스 모델 · 165 ｜ 온체인 지표와 실시간 데이터 · 166
시장 트렌드 및 섹터 분석 · 168 ｜ 규제 환경 및 상장 거래소 확인 · 169

7장 다양한 코인의 세계

01 모든 코인의 중심 비트코인 · 174
제한된 발행량과 반감기 · 174 ｜ 왜 기축통화인가? · 175
알트코인의 거래 수단 · 178

02 미래 유망주 이더리움 · 182
놀라운 상승세의 숨은 이유? · 182 ｜ 스마트 컨트랙트와 이더리움 · 184
비트코인보다 높은 기술력 · 185

03 리플 · 190
화제의 중심에 선 리플 · 190 ｜ 종목 개요 및 핵심 특징 · 190
빠르고 저렴한 국경 없는 송금 · 193

04 비트코인캐시, 이더리움 클래식 • 196
  비트코인의 동생, 비트코인캐시 • 196 | 빠른 처리 속도와 낮은 수수료 • 197
  이더리움 클래식, 그 밖의 알트코인 • 199

05 스테이블코인의 성장과 투자의 미래 • 201
  스테이블코인의 정의와 필요성 • 201 | 스테이블코인의 주요 종류 • 202
  스테이블코인 관련 주식 • 205

PART 3
실력 UP! 첫 투자자를 위한 알짜 전략: "돈 벌 준비 끝!"
- 차트 분석, 고급 매매 전략

8장 코인 차트 분석 기법

01 차트 분석은 왜 하는 걸까? • 214
  단기투자자라면 필수 • 214 | 차트 분석의 기본, 캔들차트 • 216
  캔들 모양의 기초 이해 • 217

02 캔들차트의 패턴 분석법 • 220
  차트 용어 총정리 • 220 | 개별 캔들차트 분석 • 224
  2개 이상의 캔들차트 분석법 • 226 | 하락 반전 패턴 • 228
  상승 반전 패턴 • 229 | 매매를 보류해야 할 애매한 패턴 • 230
  적삼병과 흑삼병 • 232

03 차트로 매매 전략 짜기 • 235
  매도 전략, 헤드앤숄더 패턴 • 235 | 매수 전략, 역헤드앤숄더 패턴 • 237
  장기간 보합세, 선형 패턴 • 238 | 서서히 보이는 상승세, 둥근 바닥형 • 239

04 이동평균선으로 가격 흐름 예측 • 241

이동평균선 보는 법 • 241 | 이동평균선으로 매매 시점 잡기 • 245
매수 시점을 말해주는 골든크로스 • 247
매도 시점을 말해주는 데드크로스 • 248
거래량과 코인 가격의 관계 • 250

05 추세선으로 매매 시점 포착 • 252

코인 가격의 이동 방향 • 252 | 추세선 그리는 법 • 253
추세선이 말해주는 매수 포인트 • 254 | 추세선이 말해주는 매도 포인트 • 257

06 MACD로 매매 시점 포착 • 260

MACD란 무엇인가? • 260 | MACD 지표 보기 • 261
MACD 매매 전략 2가지 • 263

07 스토캐스틱으로 매매 시점 포착 • 265

예측력과 정확도 높은 지표 • 265 | 스토캐스틱 지표 보기 • 266
스토캐스틱 매매 전략 • 268

08 볼린저밴드로 매매 시점 포착 • 270

가격 변동 범위에 주목 • 270 | 볼린저밴드 지표 보기 • 271
볼린저밴드 매매 전략 • 273

09 투자 수익률을 높여줄 인덱스 지수들 • 275

공포-탐욕 지수 • 275 | 비트코인 도미넌스 지수 • 279
시가총액 차트 • 280

PART 4
가상화폐의 신세계: "하락장도 걱정 없어요."
- 디파이 투자, NFT

9장 디파이 투자

01 탈중앙화 거래소의 등장 • 286
  중앙화 거래소의 문제점 • 286 | 보안과 익명성 • 287

02 급증하고 있는 디파이 플랫폼 • 289
  우후죽순 현상 • 289 | 다양한 디파이 투자 • 291 | 무엇이 혁신적인가? • 292

03 디파이 투자의 전망 • 293
  중앙화 거래소의 디파이 • 293 | 디파이 투자의 과제는? • 295

10장 NFT 이것만 알면 된다!

01 왜 게임에서 시작되었나? • 300
  내 아바타의 무단도용을 막아라! • 300 | ERC-721과 크립토키티 • 301
  카카오톡 클립드롭스 • 303

02 독창성만으로도 돈이 되는 신세계 • 305
  위조나 손실 없이 영구 보존 • 305 | NFT를 둘러싼 이슈들 • 307

PART 5
가상화폐와 세금: "세금 걱정 없이 투자해요."
- 가상화폐 증여, 가상화폐 수익, 가상자산소득세

11장 가상화폐 투자자가 알아야 세금

01 가상화폐 투자자, 세금 이 정도는 알아야 · 312
　가상화폐 투자자는 몇 명이나 되고 시드는 얼마나 될까? · 312
　가상화폐 투자 시드, 부모님에게 받아서 하면 걸릴까? · 314
　가상자산 증여, 시가평가와 절세전략 · 317
　가상자산을 통한 부의 이전은 '10년 주기 증여 설계'로 시작된다 · 320
　현금 증여 vs. 가상자산 증여, 무엇이 더 효과적일까? · 329
　가상자산 시드머니, '부모님께 빌렸다'고 하면 믿어줄까? · 334
　가상자산 수익으로 내 집을 사면 세무조사 대상이 될 수 있다? · 341

02 Q&A로 알아보는 주택자금조달계획서 작성법 · 349

12장 가상자산소득세, 미리 공부해야 한다

01 진정한 세후 수익을 극대화하려면 · 356
　가상자산소득세, 얼마나 내야 하고 앞으로 어떻게 달라질까? · 356
　가상화폐 투자를 법인이 하면 이미 과세되고 있었다? · 362
　가장 기본적인 가상자산 절세방법은 뭘까? · 365
　내 가상자산 거래내역을 국세청이 다 알고 있다고? · 369
　해외가상자산거래소를 이용한다면 놓치지 말아야 할 것 · 372

02 Q&A로 알아보는 해외가상자산계좌 신고 · 380

Part 1

가상화폐와 블록체인의 이해:
"컴알못이에요!"

코인 투자자를 위한 기초 지식

가상화폐는 코인 투자 때문에 많이 알려진 표현이지만, 가상화폐 개념을 모르고 투자에 뛰어든 분들이 많습니다. 기본 개념도 없이 코인 투자를 시작하면 불안하기도 하거니와 수익을 내기가 어렵습니다. 따라서 이번 장은 코인 투자를 시작하는 분들을 위해 가상화폐의 기본 개념과 투자 시 자주 사용하는 용어들을 설명하고 있습니다. 가상화폐는 컴퓨터공학자들이 만든 것이므로 어려운 컴퓨터 연산에 관한 용어 및 내용이 있습니다. 컴퓨터를 잘 모르는 일반인들은 어려운 분야인 게 사실입니다. 그 원리와 용어를 다 이해해야만 코인 투자를 할 수 있는 것은 아니지만, 기초적인 원리에 대해서는 어느 정도 감을 잡고 가는 것이 좋습니다. 이 장은 가상화폐에 대해 어느 정도 감을 잡는 준비단계라고 보십시오. 구체적인 내용과 투자 시 활용 방법은 뒤에서 자세히 설명하고 있습니다.

1장

가상화폐의 개념 이해

01 가상화폐, 화폐와 어떤 차이가 있을까?

중앙 관리자가 없다

가상화폐란 인터넷이 연결된 곳이라면 어디에서나 사용할 수 있는 새로운 화폐라고들 말한다. 사람마다 가상화폐, 암호화폐, 가상자산, 코인 등 부르는 용어가 제각각이지만, 지칭하는 대상은 모두 같다. 가상화폐는 2009년 처음으로 등장했다고 하는 만큼 아직 우리에게 익숙한 개념은 아니다.

블록체인 기술을 활용해 탄생한 가상화폐는 인터넷을 통해 세상을 바꿀 만큼 대단한 존재로 취급되고 있고, 지금도 투자의 대상이자 연구의 대상으로 삼고 있다. 별도로 통제하는 주체가 없이 사용자가 인터넷으로 타인에게 가상화폐를 안전하게 이전시킬 수 있고 이를 통해서 다양한 거래가 가능하다는 점에서 잠재력이

> 가상화폐, 암호화폐, 가상자산, 코인 등 다양한 용어로 불리지만 지칭하는 대상은 같다. 법률 용어로는 가상자산이 맞다.

무궁무진하기 때문이다. 현재는 공공과 민간 기업 모두가 블록체인에 주목하며 이를 산업에 접목하려는 시도를 이어가고 있다.

가상화폐의 가장 큰 특징은 탈중앙화에 있다. 즉, 중앙 관리자가 존재하지 않는데도 화폐라는 이름을 사용하고 있다. 어떤 금융기관이나 정부도 가상화폐 운영을 통제하지 않아서 그 가능성이 무한한 화폐이다. 물론, 최근에는 가상자산에 대한 세금 및 금융 정보와 관련한 다양한 규제가 도입되고 시행을 앞두고 있으나 그렇더라도 탈중앙화의 개념 자체를 바꾸는 것은 아니다. 통제하는 관리자가 없고, 특정한 서버도 필요하지 않아 오히려 안정적인 네트워크 구축이 가능하고 데이터를 해킹해 악용하는 것은 더 어려워졌다. 가상화폐는 블록체인을 기반으로 거래되므로 관리자가 없더라도 거래의 발자취가 남게 되고 끊임없이 그리고 안전하게 거래될 수 있다.

가치 저장 기능이 우세하다

가상화폐가 법정화폐(fiat)처럼 기능할 수 있는지에 대한 관심이 뜨겁다. 앞서 설명한 것처럼 가상화폐는 탈중앙화되어 인터넷만 연결되면 언제 어디서나 교환의 매개체 역할을 할 것처럼 보이기 때문이다.

가상화폐가 화폐처럼 사용되기 위해서는 몇 가지 조건이 충족되어야 한다. 화폐의 역사에서 그 조건들을 따져보자. 초기 인류는 조개껍질을 화폐로 사용했는데 조개껍질 자체로는 아무런 경제적 가치가 없다. 조개껍질은 가치 저장보다는 교환 기능에 중점을 둔 화폐였다.

지금 우리가 사용하고 있는 지폐나 동전도 기능적 측면에서는 조개껍질과 다를 것이 없다. 교환의 기능만 수행하고 있기 때문이다. 가상화폐도 교환 기능이 있기 때문에 화폐로서 충분히 기능할 수 있을 것이다. 다만, 지금의 가상화폐는 교환 기능보다는 가치의 저장 기능, 그리고 일종의 투자의 대상이 되어버린 것이 현실이다. 가상화폐는 교환 기능만 지닌 법정화폐와 그런 점에서 차이가 있다.

> 가상화폐는 지금은 코인 투자처럼 투자 자산으로 인식되고 있지만, 법정화폐처럼 교환 기능도 한다. 특히 해외 송금은 가상화폐가 더 빠르고 저렴하다.

이런 차이는 현실적으로 무엇을 뜻할까? 이는 가상화폐를 회계에서 어떤 자산으로 분류하는지의 문제와 직결된다. 국제회계기준에서는 가상화폐를 사용 용도에 따라 통상 무형자산으로 규정하고 있고, 이를 사고파는 가상자산 사업자에게는 재고자산으로 회계 처리하도록 규정하고 있다. 학계에서는 가상자산도 주식처럼 금융자산으로 분류하자는 견해가 있는 것으로 보아 완전한 화폐로 기능한다고 단언하기는 어렵다. 그런데도 거래의 수단으로 사용될 가능성이 있다는 점에서 앞으로 가능성은 열려 있다.

법정화폐의 대안이 될 수 있나?

그럼에도 일부 국가에서는 비트코인 같은 가상화폐가 중앙은행이 발행한 법정화폐의 대안으로 주목받고 있다. 특히 정치, 경제적으로 불안한 나라일수록 국가가 보장해주는 법정화폐는 신용이 절대적이지 않고 별 의미가 없기 때문이다. 화폐 가치가 시장의 가치와 상관없이 크게 요동친다면 누가 중앙은행에 돈을 맡기겠는가?

　신용이 불안한 나라의 경우, 오히려 가상화폐가 통화 수단으로 더욱 안정적일 수 있다. 가령, 비트코인은 전 세계적으로 통화량이 정해져 있고 세계 어딜 가나 동일한 가치로 거래된다.

> 가상화폐는 현재 투자 대상으로 주로 통용되고 있지만, 일부 국가에서는 법정화폐처럼 교환 기능이 주가 되기도 한다.

　그리스, 스페인, 아르헨티나, 키프로스 등 재정 위기를 겪는 동안 이 나라에서 비트코인이 지급 수단으로 환영을 받을 때가 있었다. 실제로 키프로스가 구제금융을 받게 되자 이 나라에 대거 비트코인이 몰리고, 아이슬란드에서는 경제 위기로 외환 거래가 금지되자 오로라코인이 유통되기도 했다.

02 가상화폐의 탄생 스토리

사토시 나카모토와 비트코인

2009년 사토시 나카모토(Satoshi Nakamoto)라는 이름으로 비트코인이라는 암호화폐(cryptocurrency)가 세상에 소개되었다. 일본인 이름 같지만, 사토시 나카모토의 정체는 지금까지도 밝혀지지 않았다. 개인일 수도 있고 팀일 수도 있다. 국적 또한 일본인이 아닐 수도 있다. 어쨌든 사토시 나카모토가 가명인 것만은 분명하며, 그는 비트코인을 처음 암호화폐라는 이름으로 세상에 내놓은 당사자이다.

> 비트코인은 2009년 사토시 나카모토라는 가명의 인물에 의해 처음 세상에 알려진 암호화폐다. 그는 2008년 11월 1일 백서(white paper)를 통해 비트코인의 정체를 처음 알렸다.

그런데 사실 비트코인이 나오기 10년 전인 1998년에 이와 유사한 암호화 개념의 화폐가 있었다. 크립토 라이브러리(Crypto library)의 개발자이기도 한 중국의 웨이 다

[그림 1-1] 비트코인 제너시스 블록

```
            Bitcoin Genesis Block
                Raw Hex Version

00000000   01 00 00 00 00 00 00 00   00 00 00 00 00 00 00 00   ................
00000010   00 00 00 00 00 00 00 00   00 00 00 00 00 00 00 00   ................
00000020   00 00 00 00 3B A3 ED FD   7A 7B 12 B2 7A C7 2C 3E   ....;£íýz{.²zÇ,>
00000030   67 76 8F 61 7F C8 1B C3   88 8A 51 32 3A 9F B8 AA   gv.a.È.Ã^ŠQ2:Ÿ.ª
00000040   4B 1E 5E 4A 29 AB 5F 49   FF FF 00 1D 1D AC 2B 7C   K.^J)«_Iÿÿ...¬+|
00000050   01 01 00 00 00 01 00 00   00 00 00 00 00 00 00 00   ................
00000060   00 00 00 00 00 00 00 00   00 00 00 00 00 00 00 00   ................
00000070   00 00 00 00 00 FF FF FF   FF 4D 04 FF FF 00 1D      .........ÿÿÿÿM.ÿÿ.
00000080   01 04 45 54 68 65 20 54   69 6D 65 73 20 30 33 2F   ..EThe Times 03/
00000090   4A 61 6E 2F 32 30 30 39   20 43 68 61 6E 63 65 6C   Jan/2009 Chancel
000000A0   6C 6F 72 20 6F 6E 20 62   72 69 6E 6B 20 6F 66 20   lor on brink of
000000B0   73 65 63 6F 6E 64 20 62   61 69 6C 6F 75 74 20 66   second bailout f
000000C0   6F 72 20 62 61 6E 6B 73   FF FF FF FF 01 00 F2 05   or banksÿÿÿÿ..ò.
000000D0   2A 01 00 00 00 43 41 04   67 8A FD B0 FE 55 48 27   *....CA.gŠý°þUH'
000000E0   19 67 F1 A6 71 30 B7 10   5C D6 A8 28 E0 39 09 A6   .gñ¦q0·.\Ö¨(à9.¦
000000F0   79 62 E0 EA 1F 61 DE B6   49 F6 BC 3F 4C EF 38 C4   ybàê.aÞ¶Iö¼?Lï8Ä
00000100   F3 55 04 E5 1E C1 12 DE   5C 38 4D F7 BA 0B 8D 57   óU.å.Á.Þ\8M÷º..W
00000110   8A 4C 70 2B 6B F1 1D 5F   AC 00 00 00 00            ŠLp+kñ._¬....
```

※ 첫 번째 블록의 코인베이스에 내장된 사타시 나카모토의 메시지.

이(Wei Dai)가 개발한 비-머니(B-Money)가 그것이었다. 비-머니는 전자현금 서비스시스템에 사용할 용도로 개발된 암호화폐였다.

비-머니와 이캐시

1997년 "디지털 익명의 상호 지불 거래와 계약"이라는 논문을 발표한 웨이 다이(Wei Dai)라는 컴퓨터공학자가 있다. 그는 이 논문에서 익명의 분산화된 시스템을 통해 작업증명을 기반으로, 해시값에 의해 이루어지는 비-머니

(b-money cryptocurrency) 생성 방식을 소개했다. 비-머니 생성 방식은 비트코인의 채굴 과정과 매우 유사하다.

사토시 나카모토는 비트코인을 개발할 때 웨이 다이의 비-머니를 기초로 삼았음을 백서에 밝혔다. 웨이 다이와 함께 해시 캐시 작업증명 시스템을 개발한 영국의 컴퓨터공학자 아담 백(Adam Back)도 주목할 만하다. 나카모토 사토시는 비트코인 베타 버전 테스트를 위해 아담 백에게 이메일을 보낸 것으로 알려져 있다.

웨이 다이는 미국 워싱턴대학에서 컴퓨터학 및 수학을 전공하고 유전 탐사 전문 소프트웨어 기업인 테라사이언스(Terra Sciences)에서 보안 솔루션 분야의 경력을 가지고 있다. 그의 재능이 알려지면서 마이크로소프트사로 자리를 옮겨 암호화 시스템 연구 그룹에 참여하기도 했다. 이후에 데이터 보안 소프트웨어 설계 및 개발에 주력했는데, 소프트웨어 보안 및 암호화에 천재적인 재능을 갖춘 인재였다고 평가된다.

그렇다면 가상화폐 논의의 출발점은 웨이 다이의 비-머니일까?

거슬러 올라가면, 비-머니 또한 그 이전의 다양한 기술적 시도를 기반으로 탄생된 화폐임을 알 수 있다. 그중 대표적인 것이 데이비드 차움(David Chaum)이 개발한 이캐시(ecash)다. 데이비드 차움은 1981년 "추적 불가능한 전자 메일과 반송 주소 및 디지털 가명"이라는 논문을 통해 현재의 블록체인과 유사한 익명의 통신 기반을 마련했다.

닉 사보와 스마트 컨트랙트

비트코인의 역사에서 반드시 언급되어야 할 또 다른 인물은 닉 사보(Nick Szabo)일 것이다. 닉 사보는 1998년 가상화폐 개념의 비트골드(Bit Gold)를 제안한 미국의 컴퓨터공학자로, 오늘날 전자계약서비스 시스템의 획기적인 개념인 스마트 컨트랙트(Smart Contract)의 기획자로도 알려져 있다.

스마트 컨트랙트란 중개 기관 없이 개인 대 개인(P2P) 방식으로 계약을 체결하는 전자 계약 시스템을 말한다. 디지털 명령어로 계약서를 작성한 뒤 계약 당사자끼리 합의한 조건에 따라 자동으로 계약 내용이 실행되게 하는 것이 스마트 컨트랙트의 핵심이다. 2013년 비탈리크 부테린(Vitalik Buterin)이 가상화폐 이더리움을 만들면서 블록체인상에서 스마트 컨트랙트를 처음 구현했지만, 1994년의 스마트 컨트랙트는 기획 단계였고 그저 디지털 계약 방식에 불과했다.

닉 사보의 비트골드는 실제 화폐의 금본위제 원칙이 가상세계에 구현되는 원리를 따랐다. 일정한 컴퓨터의 조각을 해독하면 비트골드를 얻게 되고 이를 공개키로 배분함으로써 네트워크에 그 기록을 남기는 방식이었다.

> 비트코인 탄생에는 기억해야 할 역사들이 있다. 웨이 다이의 비-머니와 데이비드 차움의 이캐시가 바탕이 되었고, 스마트 컨트랙트를 개발한 닉 사보와 아담 백도 큰 영향을 끼친 인물이다.

이 같은 닉 사보의 비트골드 원리와 해시 캐시에 의한 작업증명 방식으로 웨이 다이의 비-머니가 만들어졌고, 그 두 가지 모형이 결합돼 최초의 가상화폐인 비트코인이 탄생된 것으로 볼 수 있다.

03 비트코인의 특징과 원리

보안과 프라이버시

가상화폐는 기본적으로 블록체인 시스템상에서 거래되는 화폐다. 블록체인에 대해서는 뒤에서 곧 자세히 살펴볼 텐데, 이 시스템에 참여하는 모든 이들이 가상화폐의 모든 거래를 투명하게 공유하게 된다. 가상화폐를 전송하는 경우 전송자의 가상화폐는 줄어들고, 받는 자의 가상화폐는 늘어난다. 이런 거래를 그대로 공유하면 누가 얼마를 소유했는지, 누구와 거래했는지 참여자 모두가 알게 된다.

거래 절차와 방식이 투명하다는 점은 좋은 일이지만 다른 한편으로는 프라이버시 문제가 제기될 수도 있다. 가상화폐는 데이터로 존재하기 때문에 내가 가지고 있는 가상화폐의 거래 내역과 잔액을 다른 사람이 볼 수 있다면 보안 문제도 생길 수 있다.

비트코인의 창시자 사토시 나카모토는 기존의 정보 보안 분야에 활용되던 해시함수를 비트코인 거래 내역 암호화에 사용해 보안 문제를 해결했다. 해시함수란 데이터를 일정한 길이의 무작위 문자열로 치환하는 함수를 말한다. 이때 같은 데이터를 입력하면 같은 결과가 나타나고 다른 데이터를 입력하면 다른 결과가 나타나기 때문에 보안을 유지할 수 있게 된다. 또한 결과로부터 입력한 데이터를 추론할 수 없다는 특징 때문에도 해시함수는 보안 유지를 가능하게 한다.

> 해시함수란 특정 데이터를 고정된 길이의 데이터로 바꿔주는 함수를 말한다. 비트코인 해시함수는 SHA-256으로, 우리가 입력하는 데이터를 16진수, 64자리로 바꿔주고 어떤 값을 입력하든지 항상 256bit로 변경해준다.

전 세계 모든 비트코인 거래 내역은 해시함수로 암호화되어 일정 시간마다 차례로 블록이 생성된다. 비트코인 거래 시 통장이나 거래 당사자의 정보는 필요하지 않고, 거래 기록도 암호화된다. 이처럼 익명성이 보장되므로 비트코인은 프라이버시에 강점이 있다. 대신에 불법적인 거래에 비트코인이 사용되는 위험도 발생할 수 있다.

그래도 비트코인은 매우 투명한 방식이라고 할 수 있다. 비트코인 네트워크 장부에 거래가 승인되고 나면, 그 기록은 사라지지 않고 분산장부(decentralized ledger)에 영구히 보존되기 때문이다. 즉 장부 조작이 어렵고 비트코인 거래를 취소할 수 없다. 이는 비트코인의 장점이자 단점이기도 하다. 비트코인의 움직임은 오로지 비트코인 주소라는 정보로만 추적이 가능하고, 비트코인 주소를 누가 가졌는지는 알 수 없다.

공개키와 개인키

비트코인은 전자서명을 통해서 거래된다. 전자서명은 공개키 암호와 해시함수를 이용한 기술이라 할 수 있다. 전자서명은 개인키(private key)와 공개키(public key) 쌍으로 구성된다. 개인키는 공개키에 대한 비밀번호에 해당한다. 개인키로부터 공개키를 알아낼 수는 있으나, 역으로 공개키로는 개인키를 알아낼 수 없다.

비트코인 네트워크에서 송신자는 거래 내역과 자신의 개인키로 암호화한 전자서명을 수신자에게 보낸다. 수신자는 전자서명된 데이터를 수신자의 공개키로 복호화하고, 이를 함께 받은 거래 내역과 대조해 일치 여부를 확인함으로써 전송 과정에 위변조가 없는지를 검증한다.

공개키와 비밀키(개인키)는 모두 숫자와 기호의 조합으로 이루어진다. 중요한 것은 비밀키인데, 비밀키는 51개의 숫자와 기호의 조합으로 이루어지고 공개키가 계산된다. 이를 몇 차례 해시함수로 계산하면 주소가 생성된다. 이 주소는 공개키에서 새로운 주소를 생성할 수 있어서 가변적이다. 새로운 주소를 만들더라도 과거 거래에 대응하는 과거의 주소들은 유효하다. 그래서 가능한 한 새로운 거래 시마다 새로운 주소를 만들어 거래하는 것이 프라이버시 관리에 좋다.

> 비트코인은 전자서명으로 거래되며, 전자서명은 공개키와 개인키(비밀키) 1쌍으로 구성된다. 공개키는 거래 시마다 새롭게 생성할 수 있고 개인키는 공개키의 비밀번호에 해당한다.

블록체인은 일종의 전자서명의 체인이라고 할 수 있다. 가상화폐 소유자는 거래 내역에 전자서명을 한 후 그 가상화폐를 다음 사람에게 전달하고, 이를 받은 사람은 자신의 공개키를 가상화폐의 맨 뒤에 붙여둔다. 가상화폐를 받은 사람은 전자서명을 통해 앞 사람이 정당한 소유자였음을 확인하게 된다.

비트코인 시스템에서 모든 거래를 공개적으로 알려야 하므로 정보 접근 제한은 불가능하다. 그러나 공개키를 익명으로 소유하도록 해 정보의 흐름을 차단하고 개인 정보가 유지될 수 있도록 한다. 외부에서는 누가 다른 누군가에게 얼마를 보냈다는 사실을 볼 수 있지만 그것이 거래 당사자들의 신분으로 연결되지 않으면 알 수 없다.

공개키의 보유자는 거래마다 새로운 주소를 생성할 수 있으므로 주소와 공개키를 매칭하기는 어렵다. 그러나 소비 패턴을 알고 있는 주변 사람이라면 거래 기록을 통해 당사자를 유추할 수도 있다. 그래서 공공 후원이나 기부를 받는 목적이 아니라면 프라이버시 측면에서 비트코인 주소를 SNS에 공개하는 것은 보안에 매우 취약한 행동이다. 여러 개의 지갑을 관리하면서 이 지갑들 사이에 비트코인을 이동시키는 거래도 비트코인의 거래에 영원히 기록된다는 점을 명심해야 한다.

프라이버시 관리를 위해서는 공개키를 재사용하지 않는 것을 권장하며 비밀키를 잘 보관하는 것이 필요하다.

비트코인으로 해외 송금

가상화폐는 투기성 자산으로 인식되는 경향이 있다. 가상화폐를 화폐라기보다는 투자의 대상이 되는 위험자산으로 보는 것이다. 그러나 가상화폐는 기

> 비트코인은 해외 송금에 간편하게 이용된다. 우선, 국내 가상화폐 거래소 계좌에 돈을 입금하고 비트코인을 산다. 매입한 비트코인을 해외 거주자에게 보내는데, 받는 곳을 해외 거래소로 하면 된다. 해외 거주자는 해외 가상화폐 거래소에서 비트코인을 화폐로 교환한다.

본적으로 화폐의 역할을 하므로 송금할 때도 활용된다.

비트코인의 경우에는 국내 송금과 해외 송금을 구분하지 않는다. 비트코인의 운영 주체는 국가가 아니므로 비트코인 시스템에서 볼 때 국경은 없기 때문이다. 비트코인 거래에도 비용은 든다. 블록체인을 유지하려면 채굴이 필요하고, 채굴을 하려면 전기료가 들어가기 때문이다. 비트코인 이용자는 다양한 형태로 이 비용을 부담하는데, 송금 시 수수료도 그 비용의 일부다.

기존 금융기관을 통한 송금 수수료는 송금 액수를 기반으로 하지만, 비트코인을 이용한 송금 수수료는 송금액에 따라 달라지지 않는다. 비트코인 송금 시 수수료는 정해지지 않았고 송금자가 정할 수 있다. 수수료를 높게 설정할수록 채굴자에게 동기 부여가 되기 때문에 송금 속도가 더 빨라진다.

비트코인의 해외 송금은 절차가 단순하다. 한국에 있는 사람이 해외 거주자에게 송금하는 경우, 한국 거주자는 우선 국내 가상화폐 거래소 계좌에 돈을 입금하고 그 돈으로 비트코인을 산다. 그리고 매입한 비트코인을 해외 거주자에게 보내면 된다. 받는 곳을 해외 거주자의 해외 가상화폐 거래소로 하면 되는 것이다. 해외 거주자는 비트코인을 받아 해외 거래소에서 매도해 화폐로 교환하면 된다. 생각보다 쉬운 과정을 거쳐 송금이 이루어진다. 가상화폐 거래소 가입 방식에 대해서는 5장에서 자세히 설명한다.

비트코인을 이용해 송금하는 경우 평균 1시간이 소요된다. 수수료를 전혀 지급하지 않는 경우 좀 더 오래 걸린다. 그래도 며칠 걸리는 은행 SWIFT 국제 송금에 비하면 굉장히 빠른 것이다. 최근에는 비트코인의 가격이 오르면서 송금 수수료가 비싸졌다. 그래서 비트코인 대신 송금에 특화된 가상화폐가 등장하고 있는데, 이에 관해서는 7장 다양한 코인의 세계에서 자세히 살펴본다.

전자지갑, 핫월렛과 콜드월렛

가상화폐도 은행 계좌처럼 화폐를 보관할 수 있는 계정이 있는데 이를 지갑 또는 월렛(wallet)이라고 한다. 가상화폐 지갑은 주소 형태로 되어 있으며 현금 지갑과 비슷한 역할을 한다. 일상적인 용도로 소액 현금을 지갑에 넣고 다니듯이 가상화폐를 인터넷이 연결된 컴퓨터에 넣어두고 사용할 수 있다.

가상화폐에서 계좌번호의 역할을 하는 것이 가상화폐 주소이고, 비밀번호 역할을 하는 것이 개인키이다. 계좌번호 역할을 하는 가상화폐 주소는 공개된 것이므로 공개키라고도 불린다. 가상화폐 거래 계좌번호는 공개되지만, 거래 시마다 새롭게 바꿀 수 있고 계좌번호의 주인이 누구인지는 아무도 모른다. 앞에서 이야기한 '공개키와 개인키' 항목과 연결하면 이해하기 쉽다.

가상화폐를 소유하게 되면 지갑에 넣어서 보관하게 된다. 즉 가상화폐 거래 내역이 담긴 공개된 주소와 이에 대한 비밀키를 보관하는 것이다. 이런 전자지갑은 은행의 계좌와 유사하다. 은행에서 개인 계좌에 예금을 보관해주는 것처럼, 개인은 전자지갑에 가상화폐 소유를 증명할 수 있는 비밀키를 보관한다.

> 가상화폐를 보관할 수 있는 계정을 지갑 또는 월렛(wallet)이라고 한다. 가상화폐 지갑은 지갑의 주소와 암호로 구성되는데, 이를 각각 공개키와 개인키라 한다. 가상화폐 지갑에는 핫월렛과 콜드월렛이 있다.

이때 비밀키, 즉 암호는 매우 중요하다. 종종 거래소가 해킹되어 가상화폐가 털리는 경우가 발생하는데, 가상화폐 주소와 암호가 유출되어 가상화폐를 도난당한 것으로 보면 된다. 거래소는 가상화폐를 물리적으로 보관하는 곳이 아니라, 가상화폐 소유자들의 가상화폐 주소와 매칭되는 개인키를 보관하는 곳이다. 이런 가상화폐 주소와 매칭되는 비밀키가 유출되면 가상화폐를 도난당할 위험도 존재하므로 비밀키는 안전한 곳에 보관해야 한다.

가상화폐를 보관하는 개인 지갑은 핫월렛(hot wallet)과 콜드월렛(cold wallet)으로 구분된다. 핫월렛은 온라인에 존재하는 지갑이고 콜드월렛은 인터넷에 접속되지 않은 지갑을 말한다. 핫월렛에는 컴퓨터 안에 두는 데스크탑 월렛, 인터넷의 웹 월렛, 스마트폰의 모바일 월렛이 있다. 핫월렛은 사용하기 편하다는 장점이 있으나 해킹에 취약해 소액을 제외하고는 사용하지 않는 것이 안전하다. 콜드월렛에는 전용 단말기를 사용하는 하드웨어 월렛이 있다. 가장 단순하고 안전하게 가상화폐를 보관하는 방법은 하드웨어 월렛을 이용하는 것이다.

가상화폐 지갑은 개인이 PC에서 만들 수도 있지만, 관리가 불편하기 때문에 대개는 가상화폐 거래소에서 제공하는 웹 지갑을 사용한다. 지갑의 주소가 너무 길고 복잡해서, 거래소들은 지갑의 주소를 표시한 QR코드를 스마트폰으로 촬영해 인식할 수 있는 기능을 제공하고 있다.

이번 장에서는 블록체인 기술에 대해 핵심적인 내용을 정리했습니다. 첫 투자자도 쉽게 이해할 수 있도록 일상적인 비유를 들어 풀어내고자 했습니다. 코인 투자를 하다 보면, 채굴(mining)이니 노드(nod)니 논스(nonce)니 해시(hash)니 하는 전문용어들을 자주 접하게 되는데 애매하게 이해했던 개념들을 여기서 확실히 잡고 넘어가길 바랍니다. 특히 가상화폐 채굴에 대해 관심 있는 분들이 많을 텐데 여기서는 채굴의 개념과 방식 및 과정에 대해 설명하고 있습니다. 또한 블록체인상의 중요한 개념인 스마트 컨트랙트(Smart Contract)에 대해서도 분명하게 짚고 넘어가길 바랍니다. 여기 설명된 개념을 토대로 본문을 읽으면 더욱 이해하기 쉬울 것입니다.

2장

블록체인과 채굴의 이해

01 쉽게 이해하는 블록체인 용어들

투명한 거래, 공개 검증

기업에서 이루어지는 모든 거래는 회계부서가 기록한다. 회계부서가 기록하는 거래 내역을 장부라고 한다. 회계부서는 기업의 영업과 별개로 독립적으로 관리되는 게 일반적이다. 분식회계 같은 문제를 막기 위해서라도 회계는 독립성이 생명이기 때문이다.

이와 달리, 가상화폐는 누구나 회계를 담당할 수 있고 장부 작성에 참여할 수 있다. 참여자의 자격 조건은 없다. 그런데도 기업에서 작성되는 독립적인 장부보다 가상화폐의 공공 장부가 더욱 믿을 만하고 조작되기 어려운 것은 바로 블록체인(blockchain) 기술 덕분이다.

가상화폐의 단위 거래 기록은 여러 데이터로 이루어지는데 이를 한 덩어리로 묶은 것을 블록이라 한다. 그 블록을 이전의 블록들과 연결시켜 변경 및 조작을 어렵게 하는 것이 바로 블록체인 기술이며 그 기술로 만들어진 가상화폐 거래 장부가 블록체인이다. 그런 블록체인을 거래자 전부에게 공개해 대조하게 함으로써 거래는 더욱 안전해지고 믿을 만해지는 것이다.

이때 두 블록을 연결하는 접착제 기능을 하는 숫자를 논스(nonce)라고 한다. 이런 논스값을 찾아내고 이를 네트워크의 다른 거래자들에게 정답이라고 인정받으면 그 거래가 블록체인 장부에 공개된다. 그 논스값이 맞고 정확한 거래임이 확인되면 이 블록은 승인되고 타임스탬프가 찍혀 직전 블록의 뒤에 연결된다. 그런 블록들이 시간순으로 연결된 것이 블록체인임을 앞서 보았다. 따라서 블록체인에는 과거의 모든 가상화폐 거래가 기록된다.

블록체인 네트워크는 중앙의 통제가 없고, 대신에 노드(node)라 불리는 개인 컴퓨터들이 블록체인 장부를 공동으로 분할, 관리한다. 정확한 논스값을 가장 먼저 찾아낸 노드가 P2P 네트워크에 전송하면 다른 노드들은 그 값이 맞는지 틀리는지, 해당 거래가 정확한지를 검증한다.

논스란 달리 말해, 두 블록을 연결하는 유효값에 해당한다. 그 논스값을 찾는 작업을 채굴(mining)이라고 하는데, 채굴은 꽤나 까다로운 작업이어서 그 보상으로 채굴자(miner)에게 가상화폐, 즉 코인이 주어진다. 채굴자들에게 가상화폐를 지급하는 것은 비싼 장비와 높은 전기료를 감당하면서까지 노드를 유지하는 데 대한 보상이다.

노드가 없다면 채굴도 블록체인도 없다.

> 가상화폐의 1 거래 내역을 한 덩이로 묶은 것을 블록이라 한다. 이런 블록들이 연결된 것을 블록체인이라 한다. 즉 블록체인은 가상화폐 회계 장부다.

> 블록체인의 두 블록을 연결하는 접착제 기능을 하는 숫자를 논스(nonce)라고 한다. 논스값을 찾는 작업을 채굴(mining)이라 한다. 블록체인에 참여하는 각각의 개인 컴퓨터를 노드(nod)라고 한다.

따라서 채굴자들에게 가상화폐를 지급하는 것은 블록체인을 유지하는 데 대한 보상으로도 볼 수 있다.

논스값 찾기와 작업증명

채굴에서 문제는 올바른 논스값을 찾아내기 위한 효율적인 계산식이 존재하지 않는다는 것이다. 유효한 논스값을 찾아내려면 숫자를 일일이 대입하는 수밖에 없는데 그 속도는 컴퓨팅 성능이 좌우한다. 채굴을 위해 대규모 연산 처리가 가능한 고성능 컴퓨터가 필요한 까닭이다. 그래서 채굴에 시간과 비용이 소요되는 것이다.

 채굴을 많이 한 노드에게 더 많은 코인을 얻을 기회를 주는 방식을 작업증명(POW: proof of work)이라 한다. 작업증명 방식에서는 수많은 노드 중에서 가장 많은 채굴에 성공한 노드가 더 많은 결정 권한을 가진다. 쉽게 말해, 컴퓨터 연산을 좀 더 빠르고 많이 풀수록 블록에 기록할 권한이 더 많이 부여되고 보상도 더 많이 주어진다.

 채굴이 완료되어 블록에 기록되는 모든 내용은 16개로 구성된 숫자 및 문자(1, 2, 3, 4, 5, 6, 7, 8, 9, 0, a, b, c, d, e, f)의 조합으로 '암호화'된다. 이런 암호화 과정을 해싱(hashing)이라 하고, 암호화가 완료된 문자열을 해시(hash) 또는 해시값이라고 한다. 해시를 달리 표현하면, 채굴자들이 남긴 숫자와 문자의 나열인데 그 역할은 거래 완료된 내용을 조작하지 못하도록 봉인하는 것이다. 논스값과 해시값을 비교해서 설명해보면, 논스값은 이 해시값을 출력하기 위한 입력값이라고 이해할 수 있다. 작업증명 방식을 달리 표현하면, 많은 해시를 보유한 사람일수록 코인을 얻을 수 있는 블록을 더 많이 가질 수 있는 방식이다.

보유량 기준의 지분증명

비트코인과 이더리움 등 많은 가상화폐들이 작업증명 방식을 채택하고 있다. 현재 채굴 가능한 대다수의 가상화폐는 작업증명 방식을 취하고 있고, 시장 규모로 보아도 작업증명 방식을 채택한 코인이 훨씬 많다. 그러나 일부 코인들은 작업증명이 아닌 지분증명(POS: proof of stake) 방식을 취한다.

지분증명 방식에서는 블록에 대해 검증자가 현재 보유하고 있는 코인 지분의 양에 비례해 데이터 업데이트 권한을 획득하게 된다. 즉 지분증명 방식에서는 컴퓨팅 파워의 전력 소비가 아닌, 자신이 가진 코인 지분에 따라 블록을 생성한다. 지분증명도 작업증명과 마찬가지로 블록이 생성될 때 보상이 지급되는데, 이때 보상은 지분에 대한 이자와 같은 개념이다.

> 채굴자들이 남긴 숫자와 문자의 나열(암호화된 내용)을 해시(hash)라고 한다.
> 작업증명(POW)이란 많은 해시를 보유한 사람일수록 더 많은 블록 생성의 기회를 가지는 방식이다.
> 지분증명(POS)은 코인을 많이 보유한 사람에게 많은 코인이 돌아가는 방식이다.

작업증명 방식은 많은 시간과 전력을 소모하고, 해시 파워 독점으로 인한 보안상 취약점도 있다. 이런 문제들을 해결하기 위해 등장한 것이 바로 지분증명 방식이다. 작업증명과 달리 지분증명 방식은 인터넷이 연결된 컴퓨터

한 대만 있으면 된다. 작업증명은 블록체인 작업증명을 하고 해시를 남기는 방식이라면, 지분증명에서는 보유한 가상화폐의 양이 기준이 된다. 따라서 지분증명에서는 블록체인의 보안을 위해 대량의 해시가 필요하지 않고 각 개인이 가상화폐를 보유하고 그 지갑을 연동해놓는 것으로도 충분히 강력한 보안 장벽을 만들어낼 수 있다.

작업증명과 지분증명을 혼합한 하이브리드 방식도 각광받고 있다. 하이브리드 방식은 작업증명과 지분증명 방식을 동시에 유지하는 게 아니라, 가상화폐 발행 초기에는 작업증명을 통해 일정량을 채굴할 수 있게 하고 이후에는 지분증명 방식을 선택해 가상화폐 소유자에게 보너스로 가상화폐를 주는 방식을 취한다.

하드포크 vs. 소프트포크

블록체인은 탈중앙화된 네트워크이기 때문에 네트워크 참여자들인 노드들의 원활한 협업을 위해 규칙을 지켜야 한다. 이런 규칙을 프로토콜(protocol)이라고 한다. 프로그램의 오류를 수정하고 성능을 향상시키기 위해 지속적인 업데이트도 필요로 한다.

블록체인상에서 업데이트가 일어나는 경우, 기존의 프로토콜을 따르려는 블록과 새로운 프로토콜을 따르려는 블록으로 나뉠 때가 있다. 이때 블록이 갈라지는 모양이

> 블록체인의 프로토콜이 바뀌어 새로운 블록체인이 생성되는 경우를 포크(fork)라 하며, 소프트포크와 하드포크로 구분된다. 소프트포크의 경우 기존 블록체인과 호환이 가능하다.

포크 같다고 해서 이를 포크(fork)라고 부른다. 포크에는 하드포크와 소프트포크 두 종류가 있다. 하드포크는 프로토콜의 전면 개정을, 소프트포크는 프로토콜의 일부 개정의 경우에 해당한다. 소프트포크에서는 기존의 프로토콜에서 큰 틀은 바뀌지 않고 부분적인 업데이트만 일어나기 때문에 기존 블록체인과 새롭게 분기된 블록체인이 호환 가능하다. 반면 하드포크는 블록의 규칙을 근본적으로 바꾸는 업데이트이기 때문에 분기되기 전의 블록체인과 새롭게 분기된 블록체인의 호환은 불가능하다.

가상화폐에서 하드포크가 일어났다면, 투자자들은 주의를 기울여야 한다. 왜냐하면 하드포크는 일반적으로 블록체인에 무슨 문제가 있거나, 아니면 개발자들 간에 프로젝트에 관한 의견이 엇갈려 합의에 이르지 못한 경우 발생하기 때문이다. 이는 마치 기업에서 한 부문만 떼어내어 별도의 회사를 차리는 것과 유사하다.

하드포크가 일어나도 기존의 가상화폐를 소유하고 있던 소유자들은 기존 가상화폐에 새롭게 분기된 가상화폐를 추가로 받게 되므로 손해를 보지 않는다. 이런 경우는 오히려 호재일 수 있다. 다만, 해킹이나 블록체인 오류 때문에 하드포크를 하는 경우라면 이는 코인 투자자에게는 악재라고 볼 수도 있다.

비트코인과 이더리움도 하드포크된 바 있다. 비트코인은 비트코인골드와 비트코인캐시로, 비트코인캐시에서 다시 비트코인SV가 분기했다. 이더리움은 이더리움과 이더리움 클래식으로 분기했다. 하드포크된 코인에 관해서는 7장에서 자세히 설명한다.

하드포크가 일어났다면 메인넷(mainnet)도 살펴보아야 한다. 메인넷이란 기존 블록체인에서 독립해 새로운 블록체인 생태계를 구성하는 것을 말한다. 특정 쇼핑몰에 입점해 장사를 하다가 장사가 잘되어 독립된 유통업체를 차리는 것과 비슷하다.

어떤 코인이 이더리움 메인넷이라고 하면 이더리움을 기반으로 만들어진 코인이며, 비트코인 메인넷이라면 비트코인을 기반으로 한 코인이다. 이처럼 메인넷은 독립해 자기 사업을 하겠다는 의미이므로 호재로 보는 경우가 많지만, 오히려 부정적인 인식을 얻어 가격이 하락하는 경우도 있으니 주의할 필요가 있다.

02 가상화폐 채굴 어떻게 할까?

가상화폐 채굴기

채굴을 위해서는 가상화폐 채굴기가 필요한데, 인터넷에서 가상화폐 채굴기를 검색하면 많은 정보를 얻을 수 있다. 예를 들어 '이더리움 채굴기'라고 검색하면 특히 많은 결과가 나온다. 이더리움에 대해 최근 높아진 관심을 반영하는 현상으로 보인다.

채굴기는 일반적인 인터넷 쇼핑몰에서 쉽게 구입할 수 있는 상품이다. 네이버 쇼핑만 검색해 보더라도 채굴기 성능에 따라 50만~60만 원짜리부터 2천만 원~3천만 원짜리까지 다양한 종류가 나온다. 채굴기를 조립해서 파는 사람들도 있고 대여해주는 서비스 업자들도 많다.

그러나 채굴로 얻는 가상화폐만 생각할 것이 아니라 여기에 들어가는 비용도 따져보아야 한다. 성능이 좋을수록 채굴기는 비싸기 때문이다. 다시 말

[그림 2-1] 가상화폐 채굴기 가격

해, 성능이 좋은 비싼 채굴기를 사야 가상화폐를 더 잘 획득할 수 있다. 채굴이 무엇인지 생각해보면 그 이유를 금방 알 수 있을 것이다.

  가상화폐 채굴이란 고성능 컴퓨터를 이용해 특정 가상화폐에 대응하는 아주 복잡한 연산 문제를 해독하는 것임을 앞서도 보았다. 암호 해독에 성공하면 새로운 가상화폐가 만들어지고 그것이 내 소유가 되는 것이다. 좋은 성능의 채굴기일수록 암호 해독 능력이 좋을 수밖에 없다. 그래서 더 좋은 채굴기를 갖추려고 하는 것이다.

비트코인 채굴 과정

A의 지갑에서 B의 지갑으로 1비트코인(BTC)을 송금한다고 했을 때 거래가 발생하면, 해당 거래는 비트코인 네트워크에 참여하는 모든 노드에 알려지게 된다. 이 과정을 브로드케스트라고 한다. 채굴은 이런 거래를 기록하고 공식화하는 과정으로도 정의할 수 있다.

채굴 과정은 블록 단위로 일어나는데, 블록이란 거래 정보를 집합한 한 덩어리의 장부라고 보면 된다. 이런 블록들을 연결해놓은 것이 블록체인이다. 블록체인은 현재까지의 블록이 모두 연결된 형태를 띠며, 지금까지 일어난 모든 비트코인 거래가 블록체인에 시간순으로 기록된다. 블록체인은 시간 순서대로 연결돼 저장되는 특성이 있기 때문에 특정한 과거 거래 내역을 조작할 수 없다는 특징이 있다.

> 비트코인 블록은 약 10분마다 생성된다. 작업증명은 그 10분의 검증 시간을 확보하기 위해 생긴 것이다. 작업증명이 이루어지는 동안 새로운 블록 정보가 네트워크에 진입하는 것을 막는다.

새로운 블록은 일정한 규칙에 따라 채굴자가 처리하게 된다. 가장 먼저 처리를 끝낸 채굴자가 이것이 원본임을 모든 채굴자들에게 알리고, 이를 다른 채굴자들이 확인하고 받아들이는 과정을 거치게 된다. 모든 채굴자들에게 검증이 끝난 블록은 완전한 블록으로 인정되어 블록체인에 연결돼 나간다. 채굴이란 이렇게 블록을 공식화하고 블록체인을 늘려가는 과정으로도 말할 수 있다.

비트코인 네트워크는 중앙 서버가 없기 때문에 새로운 거래 정보가 네트워크 전체로 전파되고 검증되는 데 일정한 시간이 필요하다. 그런 이유로 비트코인 블록은 약 10분마다 생성되도록 설계되어 있다. 작업증명이라는 개념도 10분이라는 검증 시간을 확보하기 위해 생긴 것이다. 작업증명을 하는 동안 새로운 블록 정보가 비트코인 네트워크에 전달되는 시간을 늦추어 조작된 블록체인이 네트워크에 전파되는 것을 막는다.

만약, 해커가 블록체인을 조작하려면 그는 비트코인 네트워크 전체 참여자의 절반 이상의 연산력을 갖추어야 한다. 즉 비트코인 네트워크를 조작하기 위해서는 세계 최대의 슈퍼컴퓨터 수십 대가 필요하다. 그래서 블록체인 해킹은 불가능하다고 볼 수 있다.

누군가 비트코인을 채굴하게 되면 채굴자들의 참여가 늘어나는 것이고, 그만큼 해킹은 더욱 어려워지고 안정성이 높아지는 구조가 만들어진다. 그런 안정성을 높여주는 채굴자들에게 그 보상으로 비트코인이 지급되는 것이다.

위탁 채굴

직접 채굴은 장점이 많으나 관리에 여러 가지 어려움이 있다. 게다가 직장인, 자영업자 등 본업이 있는 사람이 채굴에 시간과 비용을 투자하기란 쉬운 일이 아니다. 이처럼 여건상 직접 채굴이 어려운 사람들을 위해 간접 채굴 방식이 많이 나와 있다. 간접 채굴이란 일종의 펀드 혹은 위탁받아 운영하는 신탁과 비슷한 개념으로 이해하면 된다. 대표적인 간접 채굴에는 위탁 채굴과 클라우드 채굴이 있다.

위탁 채굴이란 채굴기를 구입하고 채굴기의 운영만 전문 관리 업체에 맡기는 방식을 말한다. 채굴기는 전적으로 구매자 소유이고, 전문 위탁업체는 소유자가 맡긴 채굴기를 유지, 보수, 관리하는 업무만 수행한다. 위탁업체의 관리 범위, 전기세 포함 여부, 문제 발생에 따른 보상 여부 등에 따라 계약 내용은 물론이고 관리 비용 역시 천차만별이므로 충분히 따져본 뒤 관리 업체를 선정하는 것이 좋다.

클라우드 채굴

클라우드 채굴이란 일종의 펀드 같은 형태로, 전문 광산업체의 지분을 사는 것으로 이해할 수 있다. 채굴기를 구입할 필요도 없고 유지 보수에 신경 쓸 필요도 없어서 채굴 과정이 매우 간편하다는 것이 클라우드 채굴의 장점이다. 단점은 자신이 실제 하드웨어를 컨트롤 할 수 없고, 수익의 투명성을 수시로 체크할 수 없어서 리스크가 있다는 것이다.

> 직접 채굴할 시간이 없는 사람들을 위해 간접 채굴 방식이 있다. 채굴기를 구입해 운영만 전문 업체에 맡기는 위탁 채굴, 전문 광산업체의 지분을 사는 일종의 펀드 방식의 클라우드 채굴이 그렇다.

03 블록체인 계약서, 스마트 컨트랙트

획기적인 발명품, 스마트 컨트랙트

블록체인과 가상화폐를 접하다 보면 '스마트 컨트랙트(Smart Contract)'라는 말을 흔히 듣게 된다. 스마트 컨트랙트 혹은 스마트 계약이란 쉽게 말해 컴퓨터 프로그래밍 언어로 이루어진 전자계약을 뜻한다. 특히 블록체인과 가상화폐에서 응용되는 스마트 컨트랙트는 사전에 약속된 조건을 충족하면 자동으로 계약이 실행되도록 하는 획기적인 기능을 가진다.

> 스마트 컨트랙트(Smart Contract)란 컴퓨터 프로그래밍 언어로 된 전자계약으로 블록체인상에서는 사전에 약속된 조건을 충족하면 자동으로 계약이 실행되도록 하는 것이다.

스마트는 기술에, 컨트랙트는 법에 관련된 표현이므로 스마트 컨트랙트는 기술과 법을 융합한 용어라고 말할 수 있다. 스마트 컨트랙트를 기술적인 관점에서 보면, 유효성을 보증하면서 계약을 보존 및 이행하기 위한 프로그램 또는 코드라고 이해할 수 있다. 스마트 컨트랙트에는 분산원장 기술로 실현되는 계약과 그렇지 않은 계약이 존재한다.

여기서 분산원장 기술(DLT: Distributed Ledger Technology)이란 탈중앙화된 P2P 네트워크에 참여하는 노드들이 암호화 기술을 이용해 거래 정보를 검증하고 합의한 원장을 공동으로 관리하는 기술을 말한다. 쉽게 말해, 블록체인상에 참여한 개인 컴퓨터들이 거래 장부인 원장을 공동 관리하는 기술을 분산원장 기술이라 한다. 이런 의미로 사용되는 스마트 계약은 법적 의미가 있는 계약뿐만 아니라, 사내에서 데이터베이스의 실행 프로세스 통제에 관한 것 또한 될 수 있다.

> 분산원장 기술(DLT: Distributed Ledger Technology)이란 블록체인상에 참여한 노드(nod)들이 거래 장부인 원장을 공동으로 관리하는 기술로, 스마트 컨트랙트 이행의 바탕이 된다.

스마트 컨트랙트의 주요 쟁점은 법과 경제학의 관점에서 계약으로 성립되기 위해 어떻게 디자인되어야 하는지, 전통적인 법의 관점에서 특정 기술로 구현된 계약이 과연 성립될 수 있는지, 유효성이 존재하는지에 해당하며 이 문제는 현재 진행형이라고 볼 수 있다.

스마트 컨트랙트의 사용 영역

스마트 컨트랙트가 가장 빠르게 적용되는 분야는 블록체인과 가상화폐이다. 특히 이더리움(ETH)은 블록체인 기반으로 스마트 컨트랙트를 사용할 수 있도록 개발된 가상화폐이다. 블록체인 기반의 스마트 컨트랙트에서는 데이터와 기록에 근거해 계약이 자동적으로 실행되고 누구나 그 데이터를 파악할 수 있으므로 자의적인 계약 이행이 어렵다.

다시 말해, 스마트 컨트랙트란 블록체인의 분산원장 기술로 작성된 스마트 계약서에 계약 조건을 기술해 그 조건이 충족될 시에 자동으로 계약이 집행되도록 한 것을 말한다. 이런 기능을 탑재한 이더리움의 경우 계약 조건이 충족되면 가상화폐가 송금되며, 가상화폐가 송금되었다는 것은 반대로 계약이 성립했음을 의미한다. 이처럼 스마트 컨트랙트 기술은 블록체인 영역에서 비즈니스를 좀 더 효율적이고 안전하게 수행하도록 하는 중요한 역할을 한다.

Part 2

실전 코인 투자:
"코인은 처음이에요."

투자 마인드, 거래소 가입, 종목 선정

PART 2부터는 본격적인 코인 투자로 들어갑니다. 3장은 코인의 특성을 주식과 비교해 살펴보고 돈 버는 코인 투자를 위한 투자 마인드를 설명합니다. 기관투자자들과 메이저 기업의 투자 동향을 파악하는 방법 또한 알려드립니다. 요컨대 코인 시장의 흐름을 읽어낼 수 있는 거시적 관점을 갖추도록 했습니다. 코인의 시초는 2009년 비트코인으로 역사가 매우 짧지요. 시장의 규제나 투자자 보호 장치가 완벽하게 마련되지 않은 만큼 코인 투자는 분명 위험이 도사리고 있지만, 그만큼 지금 매수하면 벼락부자가 될 기회가 있는 시장이라고 봅니다. 이때 투자의 위험을 낮추고 장기적으로 고수익을 올릴 수 있는 투자 마인드가 매우 중요한데요. 이 점에 대해 소홀히 하지 않길 바랍니다. 자칫 도박과 투기로 흐를 수 있는 코인 투자의 방향을 바로잡는 기준이 될 것입니다.

3장

코인 투자자를 위한 돈 버는 마인드

01 코인과 주식, 어떻게 다른가?

아직 공인되지 않은 금융자산

가치의 저장 기능을 한다는 점에서 가상화폐는 주식과 매우 유사하다. 가상화폐와 주식은 거래 방식이 비슷하고, 호가창과 차트가 존재한다는 점에서도 비슷한 점이 많다. 다만 가상화폐는 주식과 달리, 아직 정부에서 공인한 금융자산이 아니어서 불확실성이 비교적 큰 게 사실이다. 그러나 가상화폐 시장도 거래소 규제와 금융정보 규제, 세금 등 각종 규제를 만들어내면서 주식시장과 비슷한 모습을 갖추어 나가고 있다. 정부에서 규제를 어떻게 설정하느냐에 따라 가상화폐 시장은 안정을 찾아갈 것으로 보인다.

주식시장은 1602년 동인도 은행을 시작으로 형성된 것으로 매우 오랜 역사를 가지고 있다. 그에 비해 가상화폐는 2009년 공개된 비트코인을 시초로 비교적 짧은 역사를 지닌다. 주식시장은 거래소의 서킷브레이커(circuit breakers) 등 투자자 보호 조치 및 다양한 공시제도가 존재한다. 그에 비해 가상화폐 시장은 거래소 규제가 걸음마 단계에 있고, 자금세탁 방지에 관한 법률과 세법 등이 명확히 정리되지 않았다.

2020년 소득세법 개정에 따라 개인의 가상자산 거래 소득은 기타소득으로 분리과세되어야 했으나 실제 시행은 세 차례 연기 끝에 2027년 1월 1일로 확정되었다.

24시간 무한정 국경 없는 거래

가상화폐는 화폐의 기능을 하므로 전 세계 언제 어디서나 24시간 거래할 수 있다는 특징이 있다. 이른 새벽에 가상화폐 등락폭이 커질 게 예상되면 밤잠을 설치는 투자자들이 많은 이유다. 이는 매매 시간이 제한된 주식과 큰 차이점이다.

우량 종목을 발굴해 투자하는 방식은 주식과 가상화폐가 비슷하지만, 무엇이 우량 종목이냐를 판단하는 방식에서는 차이를

> 가상화폐 우량 종목을 발굴하는 첫 번째 기준은 재단(foundation)에서 발행하는 백서(white paper)다.

보인다. 주식은 해당 종목의 재무제표와 업종 이슈를 살펴보고, 다양한 뉴스와 도구를 이용해 성장 가능성을 분석해 우량 주식을 찾아낸다. 반면 가상화폐는 재단(foundation)에서 발행한 백서(white paper)와 개발 및 마케팅 이슈를 분석해 좋은 종목을 발굴한다. 가상화폐의 백서와 각종 이슈들은 해당 재단의 홈페이지와 거래소 등에서 찾아볼 수 있다. 가상화폐 종목을 발

굴하는 자세한 방식은 6장에서 살펴보도록 한다.

가상화폐는 매매 후 곧바로 각국 거래소의 화폐로 바꿀 수 있지만, 주식은 D+2일 인출이라는 제도 때문에 바로 현금화할 수 없다. 이 같은 여러 차이에도 불구하고, 투자자 입장에서 체감하는 주식과 가상화폐의 가장 큰 차이는 상한가와 하한가의 존재 여부라고 보인다.

> 가상화폐는 주식과 달리 24시간 연중 무휴로 거래되고, 상한가와 하한가가 존재하지 않으며 바로 현금화할 수 있다.

주식은 매일 상한가와 하한가가 존재해 가격 변동폭을 줄여주는 역할을 하고 비정상적인 심리 요인을 일부 완화해 준다. 그러나 가상화폐는 상한가, 하한가라는 제도가 없어서 불안정한 투자 심리나 각종 뉴스에 따라 가격이 하루에도 큰 폭으로 요동칠 수 있다. 24시간 거래 가능하다는 점도 가상화폐의 가격 변동에 큰 영향을 미친다.

이런 차이점은 가상화폐 투자자들에게 득이 되기도 하고 독이 되기도 한다. 주식보다 가상화폐 투자자가 벼락부자가 많은 게 사실인 한편, 원금을 잃는 가상화폐 투자자가 더 많은 것도 사실이다. 가상화폐 시장은 파생상품 시장보다 더 위험하다고 보기는 어렵지만 리스크가 매우 큰 시장임에는 틀림없다.

02 코인 투자 과연 안전한가?

벼락부자의 기회는 코인뿐?

혹시 현금이 최고라고 생각하는 독자가 있을지도 모르겠다. 그러나 중앙은행이 화폐를 발행할수록 화폐 가치는 떨어지고, 다른 자산들의 가치는 상대적으로 올라간다. 해마다 큰 폭으로 상승하는 물가를 생각해보면 쉽게 수긍이 될 것이다. 그래서 현금을 좋아하는 사람 중에 부자가 많지 않은 것이기도 하다. 부자들은 화폐보다는 실물 자산(부동산, 주식 등)을 선호할 수밖에 없다. 이는 경제학적으로 당연한 원리다.

벼락부자라는 말처럼 최근에는 벼락거지라는 말도 등장했다. 투자를 잘못해서 한꺼번에 큰돈을 잃어도 벼락거지가 될 수 있지만, 부동산이나 주식 등의 자산 가격이 폭등

> 벼락부자가 되려면 안전자산보다는 위험자산에 투자해야 한다. 가상화폐는 위험자산이지만, 공부와 분석을 통해 투자의 위험을 낮출 수 있다.

할 때 현금만 가지고 있어서 상대적으로 그 수혜를 입지 못한 계층도 벼락거지라고 부른다. 가상화폐 시장은 아직도 기회만 잘 잡으면 벼락부자가 될 수 있는 시장이라고 본다.

물론, 가상화폐는 아직 검증이 완료되지 않은 위험한 자산에 속한다. 그러나 위험자산일수록 수익률이 높은 것은 당연한 이치이다. 가장 안전한 자산인 현금이 수익률이 가장 낮을 수밖에 없다. 그래서 부자들은 안전자산보다는 위험자산에 집중하고, 분석해 투자하는 것이다.

그렇다고 무턱대고 위험자산에 올인해서는 정말 위험한 일이 벌어진다. 위험자산일수록 자산의 구조가 복잡하고 전문적일 수밖에 없기에 공부가 필요하다. 공부와 철저한 분석을 통해 투자의 위험을 낮춰야 한다.

가상화폐에도 버블이 생길까?

비트코인이 탄생한 2009년부터 가상화폐 투자자들은 대부분 개인투자자였다. 주식시장의 큰손들이 대부분 기관투자자들인 것과는 사뭇 다른 현상이다. 가상화폐가 돈이 된다는 사실을 뒤늦게 깨달은 기업가들은 회사를 설립하고 비트코인을 채굴하기 시작했고, 채굴 시장도 기업적으로 성장했다. 일례로 중국의 우지한이 설립한 비트메인(Bitmain)이라는 기업은 가상화폐 초창기에 특수 채굴기를 들여와 비트코인 대량 채굴에 성공해 큰돈을 벌었다.

그러나 채굴이 아닌 가상화폐에 투자한 투자자들은 대부분 개인투자자였다. 2018년 첫 번째 가상화폐 버블이 있었는데, 당시 가상화폐 시장은 개인들을 중심으로 과열되었다가 폭락해 침체되었으며 지금은 계속된 정체기에 접어들었다. 가상화폐 시장이 다시 성장하는 모멘텀은 기관투자자들에게 달렸다고 본다.

> 2020년 이후 기관투자자들과 비금융회사들이 가상화폐 투자에 뛰어들고 있다. 헤지펀드, 자산운용사, 투자회사, 연기금, 증권사, 보험사를 비롯 테슬라, 아마존, 애플 등이 그렇다.

2020년 이후 가상화폐 시장에 기관투자자들이 참여하기 시작했다. 기관투자자들 중에 선봉에 있는 것은 헤지펀드라고 할 수 있다. 헤지펀드는 위험자산을 통한 고수익을 추구하며 규제가 느슨하다고 판단되면 다른 기관투자자들보다 빠른 의사 결정을 보인다. 그다음으로 자산운용사와 투자회사들을 중심으로 가상화폐 투자가 이루어지고 있다. 가상화폐 기관투자자로서 후발주자는 연기금, 증권사, 보험사 등이다. 테슬라, 아마존, 애플 같은 비금융회사들도 가상화폐 투자를 시작했다. 즉, 가상화폐 시장에 드디어 큰손들이 등장하기 시작한 것이다.

가상화폐를 ETF(Exchange Traded Fund)로 구성해 상장하게 되면 주식시장과 마찬가지로 제도권의 인정을 받은 금융상품처럼 거래가 활성화될 것으로 보인다. 이 경우에는 개인투자자들도 ETF에 손쉽게 투자하면서 가상화폐 시장에 자유로이 투자할 수 있는 환경이 조성될 것이다. 안정화 시기가 오기 직전에 시장의 호재 요인들이 발표된다면 다시 한번 버블이 오면서 가상화폐 가격 상승을 기대해볼 수도 있을 것이다.

비금융사들이 코인 투자를 하는 이유

애플, 구글 같은 메이저 글로벌 기업들은 현금 및 현금성 자산을 어마어마하게 보유하고 있다. 그 이유는 수익성이 있는 프로젝트에 투입해 더 큰 수익을 내기 위함이다. 은행 이자율보다 높은 수익이 확실히 보장되지 않는다면 굳이 은행이 아닌 다른 곳에 투자할 이유가 없다.

재미있는 사실은 이런 메이저 기업들은 주식투자는 잘 하지 않는다는 것이다. 그 이유를 각종 공정거래 규제나 금융 규제 때문이라고 말할지 모르지만, 실상은 경제 분석 결과에 충실해서 그런 경우가 많다. 주식은 변동성이 심한 시장이다. 실제로 돈을 써야 하는 시점에 주식시장이 침체되는 경우 손절을 해야 하는데 그러다가 기업의 성과가 악화될 위험이 높다. 일부 기업은 여유자금으로 안전한 주식 종목에 투자하기도 하지만, 영업활동 외의 수익은 추구하지 않는 것이 일반적이다.

회사 자금을 은행에 넣어두면 오히려 수익성이 악화될 수 있다. 그러므로 많은 기업이 회사 자금을 투자자산에 투입하는 것이다. 가상화폐에도 일부 자금을 투자하는 회사가 늘고 있다. 게임 회사 위메이드는 2018년 블록체인 자회사 '위메이드트리'를 설립해 관련 기술 개발을 추진했으며, 이후 2021년 본사에 통합하여 블록체인 사업을 직접 전개하고 있다.

> 가상화폐에 자금을 투자하는 회사로는 게임 회사인 위메이드, 보험회사 매스뮤추얼, 자동차 회사 테슬라가 대표적이다. 이유는 뭐니 뭐니 해도 수익률이다.

미국의 메이저 보험사 '매스뮤추얼'이나 전기 자동차 회사 '테슬라'가 가상화폐 투자에 뛰어든 것처럼 우리나라에서도 삼성생명이나 삼성전자가 가상화폐에 투자한다면, 개인투자자들의 자금이 가상화폐 시장으로 몰려들 여지가 있다. 그러나 미국과 국내 사정은 많이 달라서, 우리 정부는 가상화폐 투자에 대해 각종 규제 방안을 내놓기 시작했지만 명확한 가이드라인이 부재한 상태다. 메이저 회사들이 가상화폐에 막대한 자금을 투자하기에는 아직 어려움이 있는 이유이다.

가상자산 거래를 제공하는 회사들

가상자산을 거래하거나 결제에 사용할 수 있도록 지원하는 회사들은 최근 핀테크와 블록체인 기술이 결합되면서 다양하게 등장하고 있다. 이러한 회사들은 전통적인 결제 서비스에 암호화폐 기능을 추가하거나 투자·송금·보관 기능을 통합하여 사용자 편의성을 높이고 있다.

가장 대표적인 예는 페이팔(PayPal)이다. 페이팔은 미국과 영국 등 일부 국가에서 비트코인, 이더리움, 라이트코인, 비트코인캐시 등을 직접 구매하고, 보관하고, 판매할 수 있는 기능을 제공한다. 최근에는 자체 스테이블코인인 PYUSD까지 출시하면서 본격적인 블록체인 결제 생태계를 구축하려고 시도하고 있다.

미국의 Cash App은 '블록(Block Inc.)'이 운영하는 모바일 금융 앱으로, 비트코인을 간편하게 사고팔 수 있을 뿐 아니라 송금과 출금까지 가능하게 해준다. 강력한 비트코인 지지자인 블록의 CEO 잭 도시(Jack Dorsey)는 블록체인을 기반으로 한 탈중앙 금융 시스템 구축에도 적극적인 태도를 취하고 있다.

레볼루트(Revolut)는 영국을 중심으로 유럽에서 활발히 사용되는 디지털 뱅킹 앱으로, 100개 이상의 암호화폐 거래를 지원하고 있다. 기존의 외화 환전, 주식 거래, 금·은 투자 서비스와 함께 코인 투자도 가능하여 투자 플랫폼으로서 입지를 넓히고 있다.

로빈후드(Robinhood)는 미국의 젊은 투자자들에게 인기 있는 앱으로, 주식과 함께 주요 가상자산의 거래도 지원하고 있다. 최근에는 암호화폐의 외부 지갑 전송 기능도 점차 확대하면서 투자 플랫폼으로서 기능을 강화하고 있다.

페이팔의 자회사인 벤모(Venmo)도 코인 매매 기능을 탑재하고 있으며 소파이(SoFi), 웰스심플(Wealthsimple), 스트라이크(Strike) 등도 가상자산 기능을 통합한 투자 및 결제 플랫폼으로 확장하고 있다. 특히 스트라이크는 라이트닝 네트워크를 활용해 빠르고 저렴한 비트코인 결제를 지원하며, 글로벌 송금 시장에서 주목받고 있는 기업이다.

이외에도 크립토닷컴(Crypto.com), 비트페이(BitPay)는 암호화폐를 실제 결제에 사용할 수 있는 카드 서비스를 제공하고 있으며, 문페이(MoonPay), 램프네트워크(Ramp Network)는 다른 웹사이트나 앱이 암호화폐 결제를 연동할 수 있도록 API와 온보딩 솔루션을 제공하고 있다.

글로벌 빅테크 기업들도 가상자산 관련 기능을 제한적으로나마 도입하고 있다. 애플은 직접 코인 거래 기능은 없지만, 애플페이(Apple Pay)에 코인 기반 카드(예: Coinbase Card)를 연동할 수 있도록 지원하고 있다. 구글 또한 구글 플레이(Google Pay)를 통해 암호화폐 카드 연동을 허용하고 있으며, 메타는 과거 디엠(Diem) 프로젝트를 추진했으나 중단한 이후 NFT와 메타버스 중심으로 방향을 전환한 상태이다. 삼성은 일부 스마트폰에서 하드웨어 지갑과 가상자산 앱을 연동할 수 있는 기능을 제공하고 있다.

03 돈 버는 투자 마인드

계란은 한 바구니에 담지 말라

한때 주식시장에서 포트폴리오를 통한 분산투자가 유행한 적이 있는데, 이 투자 원칙은 코인 시장에서도 유효하다. 한 종목에만 '몰빵'하는 투자는 리스크를 극대화하는 전략이다. 몰빵한 코인 가격이 떨어지면 모든 것을 잃을 각오를 해야 한다. 리스크를 줄이면서 안정적인 이익을 얻고 싶다면, 분산투자를 고려할 필요가 있다.

코인 투자를 한 번이라도 해본 사람은 떨어지는 코인 가격을 바라보는 것이 얼마나 고통스러운 일인지 알 것이다. 흔히 전문가들이 투자에 따른 리스크라고 말하는 게 그것이다. 좋은 종목에 투자해서 수익만 올릴 수도 있겠지만, 그것은 우리 마음대로 되는 게 아니다. 내 생각과 달리 코인 가격은 하락할 수 있다. 코인 가격이 하락하면 당연히 원금도 날릴 수 있다.

경제학을 전공한 사람이라면 코인 시장의 예상 수익률이 은행예금의 금리보다 훨씬 높다는 것을 잘 안다. '하이 리스크, 하이 리턴(high risk, high return)'이라는 말이 있듯이 리스크가 큰 만큼 예상 수익률이 높아지는 것은 당연한 원리다. 투자자들의 각오와 용기에 비례해 잘하면 큰 이득을, 잘못하면 큰 손실을 입는 것이 바로 코인 투자다.

> 코인 분산투자란 성격이 다른 종목들에 나누어 투자하는 전략을 말한다. 비트코인과 리플처럼 성격이 반대인 종목에 투자금을 분산시킴으로써 극단적인 손실을 방지하는 전략이다.

이때 투자의 손실을 어느 정도 방지하는 전략이 바로 분산투자다. "계란을 한 바구니에 담지 말라."는 유명한 격언처럼 분산투자는 특정 코인의 가격이 떨어져서 손실이 났을 때 다른 코인의 가격이 올라서 이득을 봄으로써 손실을 상쇄하는 전략이다.

그렇다고 무조건 여러 종목을 매수하는 것은 올바른 분산투자가 아니다. 아는 종목만으로 포트폴리오를 구성하면 손실을 볼 때는 지속적으로 손실만 보는 극단적인 현상이 발생할 수 있다. 분산투자의 핵심은 성격이 다른 종목들에 나누어 투자하는 것이다. 이를테면 비트코인과 리플처럼 성격이 반대인 종목을 포트폴리오에 담는 것이다. 공격 투자를 선호하는 성향이라면 위험한 종목의 비중을 높이고, 안정적인 투자를 선호하는 성향이라면 가격 변동이 비교적 작은 코인의 비중을 늘리면 된다.

분산투자의 목표는 손실을 최소화하는 것임을 기억하자. 이왕 코인 투자를 장기적으로 할 생각이라면 성격이 다른 종목을 일정 비율로 계획성 있게 투자해보자.

프로젝트의 생존력을 보라

> 초보자라면 특히 가상화폐가 10년 뒤에도 살아남을 생존력이 있는지 살펴봐야 한다. 이런 생존력을 내재가치라고 한다. 거래소에 상장되어도 금세 사라지는 코인들이 아주 많다.

코인을 처음 시작한 초보자일수록 잘 따져봐야 할 것이 가상화폐 프로젝트의 생존력이다. 갑자기 상장폐지가 되어 코인이 휴지조각이 되어버리는 사태도 많기 때문이다. 투자하려는 종목이 10년 뒤에도 존재할지를 먼저 생각해야 한다. 주식투자의 대가 워런 버핏은 "10년을 투자할 가치가 없다면 10분도 투자하지 말라."고 했다. 코인 역시 시장에서 10년 이상 버틸 수 있는지 프로젝트 혹은 사업의 내재가치를 파악해보고 투자해야 한다.

3부에서 차트 분석 기법을 설명하고는 있지만, 차트를 보고 투자하는 사람들은 장기 수익률을 장담하기가 어렵다. 차트는 코인 가격의 과거 행적이자 그림자일 뿐 미래를 읽는 데는 한계가 있기 때문이다. 차트로는 3개월 이후의 미래도 예측하기가 어렵다.

지금의 현실은 가상자산 프로젝트 혹은 사업의 성과가 부진하면 코인 가격이 바로 떨어지고, 심지어 일정 요건에 미달한 코인은 곧바로 휴지조각이 돼버리지 않는가! 새롭게 상장된 코인이라 해도 투자자들의 관심을 받지 못하고 기술력이나 잠재력을 인정받지 못한다면 코인 시장에 얼마 살아남지 못할 것이 분명하다.

차트만 봐서는 코인의 미래를 알 수 없다. 10년 후의 미래가 어떻게 변할지를 생각하고 이와 관련된 산업에서 유망한 종목에 투자하려면 공부를 해야 한다. 코인의 내재가치를 파악하는 방식과 분석에 참고할 다양한 채널은 6장에서 설명하고 있다.

신중하게 사서 과감하게 팔라

코인 종목을 고를 때는 최대한 신중하게 분석하고 최대한 많이 공부해 투자에 임해야 한다. 반대로 코인을 팔 때는 너무 많이 고민하지 말고 팔아야겠다는 생각이 들면 과감하게 팔아야 한다. 이 점은 주식과 같다.

아직 내 돈이 종목 매수로 들어가지 않았다면, 매수할 종목을 좀 더 찬찬히 분석해보고 시장 상황도 살펴가며 투자해도 늦지 않다. 음식점에서 메뉴를 보고 무엇을 먹을지 결정할 때는 신중에 신중을 기하면서 코인을 살 때는 충동적인 사람들이 의외로 많다. 코인에 투자하게 되면 기본적으로 그 종목의 소유자로 오랫동안 운명을 같이해야 하는 만큼 그 코인에 대해 잘 알아보고 투자하는 것이 바람직하다. 그래야 수익률도 높일 수 있다.

물론 코인을 팔 때도 철저한 분석이 필요하다. 하지만 일단 팔아야겠다고 마음먹었다면 망설이는 것은 좋지 않다. 만약 자신이 예상한 목표 가격에 도달해서 수익을 실현해야겠다고 생각했다면 최대한 빨리 팔아야 한다.

> 막연한 희망과 기대, 혹은 원금은 건지겠다는 오기로 버티면 손실은 더욱 악화된다. 매도 타이밍이라는 판단이 들었을 때 빨리 손절매하는 전략이 필요하다.

주변에 코인 투자 하는 사람들을 보면 일반적으로 3~4개 종목을 보유하고 있는 것으로 보인다. 모든 종목에서 이득을 보고 높은 수익률을 올린다면 좋겠지만, 실상은 손실을 보는 종목이 적어도 하나는 있을 것이다. 손실이 나는 종목을 빨리 처분하는 것이 보통 사람에게는 쉬운 일이 아니다. 이미 1천만 원이나 손실을 보았다면, 그 종목이 언젠가는 오를 것이라며 희망 고문을 하고 있거나, 적어도 원금은 건져야 한다며 오기로 버티고 있을지도 모른다.

그러나 떨어지는 종목은 정말 한없이 떨어지는 것이 현실이다. 코인 가격이 바닥으로 고꾸라졌을 때는 "더 오르겠지." 하는 생각을 접는 것이 좋을 수 있다. 잘 확인해보면 코인 가격이 떨어지는 것은 그럴 만한 악재가 있기 때문이다. 그런 종목은 호재가 발생하지 않는 한 코인 가격의 반등을 기대하기가 어렵다.

내가 손절해야 할 적절한 타이밍과 바닥을 찍었을 때 과감하게 매수하는 방법은 8장 차트 분석 기법을 참고하라.

시장의 큰손들을 따라가라

주식시장에서 실패하지 않는 방법으로 거론되는 대표적인 전략이 외국인투자자와 기관투자자들을 따라가는 것이다. 흔히 '큰손'이라 불리는 이들은 손해를 보지 않는 투자 전문가들이기에 그렇다. 코인 시장도 마찬가지로 큰손들만 따라가면 이익을 높이고 손해는 줄일 수 있다.

> 코인 시장의 기관투자자 동향은 '비트코인 트레저리스(Bitcoin Treasuries)'와 그레이스케일 인베스트먼트(Grayscale Investments)의 투자 포트폴리오로 파악한다.

큰손들은 개미투자자보다 자금력이 막강하고 전략 분석도 상당히 전문적인 데다, 다양한 정보를 우선적으로 수집해 투자 결정을 내리기 때문에 그들을 이기기란 쉬운 일이 아니다. 첫 투자자라면 큰손들이 투자하는 방향과 동일한 포지션을 잡는 것이 좋은 이유이다.

그렇다면 코인 시장의 큰손은 누구일까? 주식시장에 외국인투자자들이 있다면 코인 시장에는 그레이스케일 인베스트먼트(Grayscale Investments)가 있다. 그레이스케일은 2013년에 설립된 미국의 가상자산 신탁펀드투자 회사로 미국증권거래위원회(SEC)에 공시 대상으로 등록한 가상자산 기관투자자 1호다. 이전에는 헤지펀드나 단일 기업 등에서 가상자산에 투자하는 형태가 기관투자의 전부였다.

[그림 3-1] 그레이스케일 인베스트먼트 포트폴리오

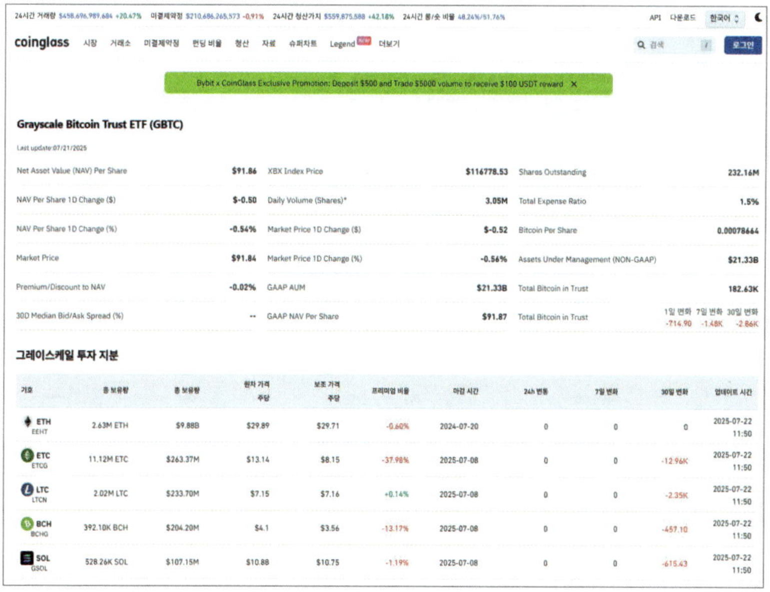

기호	총 보유량	총 보유량	원차 가격 주당	보조 가격 주당	프리미엄 비율	마감 시간	24h 변동	7일 변화	30일 변화	업데이트 시간
ETH EEHT	2.63M ETH	$9.88B	$29.89	$29.71	-0.60%	2024-07-20	0	0	0	2025-07-22 11:50
ETC ETCG	11.12M ETC	$263.37M	$13.14	$8.15	-37.98%	2025-07-08	0	0	-12.96K	2025-07-22 11:50
LTC LTCN	2.02M LTC	$233.70M	$7.15	$7.16	+0.14%	2025-07-08	0	0	-2.35K	2025-07-22 11:50
BCH BCHG	392.10K BCH	$204.20M	$4.1	$3.56	-13.17%	2025-07-08	0	0	-457.10	2025-07-22 11:50
SOL GSOL	528.26K SOL	$107.15M	$10.88	$10.75	-1.19%	2025-07-08	0	0	-615.43	2025-07-22 11:50

※ https://www.coinglass.com/ko/Grayscale#premium

그레이스케일은 코인 투자 포트폴리오를 공개하고 있다. 그레이스케일 등 기관투자자들의 거래는 OTC(over-the-counter, 장외거래) 거래로 호가에 바로 반영되지는 않지만, 이들의 포트폴리오상 코인별 보유 수량 증감에 따라서 거래소 가격이나 시가총액은 큰 영향을 받는다.

그레이스케일 펀드가 어떤 코인에 투자하고 있으며 어떻게 포트폴리오를 변화시키고 있는지 매일의 현황을 체크하는 것도 초보자로서는 좋은 방법일 수 있다. 그레이스케일이 투자하고 있는 코인들을 추종할 수도 있고, 그렇지 않다 해도 시장 상황을 파악하는 데는 참고 자료가 된다.

그 밖의 기관투자자들의 투자 동향은 '비트코인 트레저리스(Bitcoin

[그림 3-2] 기관투자자들의 투자 현황 - 비트코인 트레저리스

Entity	Country	Symbol:Exchange	Filings & Sources	# of BTC	Value Today	% of 21m
MicroStrategy	US	MSTR:NADQ	Filing	601,550	$72.24 B	2.865%
Marathon Digital Holdings Inc	US	MARA:NADQ	Filing	49,940	$6.00 B	0.238%
Twenty One Capital (XXI)	US	XXI:NASDAQ	Filing	37,229.7	$4.47 B	0.177%
Bullish	US	BLSH:NYSE	Filing	24,340	$2.92 B	0.116%
Riot Platforms, Inc.	US	RIOT:NADQ	Filing	19,273	$2.31 B	0.092%
Metaplanet Inc.	JP	3350.T:TYO	Filing	13,350	$1.60 B	0.064%
Galaxy Digital Holdings	US	BRPHF:OTCMKTS	Filing	12,830	$1.54 B	0.061%
CleanSpark	US	CLSK:NASDAQ	Filing	12,608	$1.51 B	0.06%
Bitcoin Group SE Bitcoin Holdings	DE	BTGGF:TCMKTS	Filing	12,387	$1.49 B	0.059%
Tesla, Inc	US	TSLA:NADQ	Filing	11,509	$1.38 B	0.055%
Hut 8 Corp	CA	HUT:NASDAQ	Filing	10,264	$1.23 B	0.049%
Coinbase Global, Inc.	US	COIN:NADQ	Filing	9,267	$1.11 B	0.044%
Block, Inc.	US	SQ:NYSE	Filing	8,584	$1.03 B	0.041%
Next Technology Holding Inc.	CN	NXTT:NASDAQ	Filing	5,833	$700.53 M	0.028%
ProCap BTC, LLC	US	CCCM:NASDAQ	Filing	4,932	$592.32 M	0.023%
GameStop Corp.	US	GME:NYSE	Filing	4,710	$565.66 M	0.022%
Semler Scientific	US	SMLR:NASDAQ	Filing	4,636.0	$556.77 M	0.022%
Cango Inc.	CN	CANG:NYSE	Filing	3,713	$445.92 M	0.018%
Boyaa Interactive International Limited	HK	0434.HK:HKEX	Filing	3,353	$402.69 M	0.016%

https://bitbo.io/treasuries/

Treasuries)'를 참고하면 좋다. 비트코인 트레저리스는 전 세계 기업 및 기관 투자자들의 비트코인 매수 정보를 추정해 공개한다.

비트코인 트레저리스에 접속해 현재 기업 및 기관투자자들이 공시한 비트코인 매수량을 확인하거나 OTC 마켓에서 거래된 것으로 추정되는 지갑을 확인하면 된다. 비트코인 트레저리스에서 확인할 수 있는 사항은 매수한 기관들의 명칭과 매수 시점에 투자한 금액, 현재 시점의 가치다. 이런 방법으로 기관투자자들의 투자 현황과 주요 기업들이 비트코인을 얼마나 보유하고 있는지 확인해볼 수 있다.

[그림 3-2]를 보면, 2025년 7월 23일 기준 비트코인을 가장 많이 보유한 기관투자자는 미국의 소프트웨어 기업 마이크로스트러티지(MicroStrategy)로, 601,550BTC를 소유하고 있고 미 달러로 환산한 투자액은 총 722억 4천만 달러다. 비트코인 보유 2위 기관투자자는 세계 최대 비트코인 채굴업체인 마라톤디지털홀딩스(Marathon Digital Holdings, MARA)이며, 전기 자동차 회사 테슬라(Tesla)는 10위에 랭크되어 있다.

04 나만의 투자 기준이 중요하다

적어도 리더는 보고 투자하라

워런 버핏은 "사람에 투자한다."라는 유명한 격언을 남겼다. 2025년 7월 기준, 블룸버그 지수에서 6위로 평가된 그의 투자 방식은 사람들에게 큰 영향을 미치고 있다. 다른 거물 투자자들에 비해 워런 버핏의 원칙은 담백하고 단순한데, 코인 투자에도 그의 원칙은 동일하게 적용된다. 핵심은 이해하기 쉬운 코인 프로젝트를 분석하고, 그 프로젝트를 움직이는 멤버들의 능력과 성품을 보고 투자하는 것이다. 가상자산 프로젝트도 결국 사람이 움직이는 것이므로, 프로젝트의 창립자 혹은 개발자의 의사 결정에 사업의 미래가 달렸다고 해도 과언이 아니기 때문이다.

코인 투자에서 프로젝트 멤버 분석은 정성 분석(qualitative analysis)에 속하며 계량화할 수 없는 주관적인 요소인 것이 사실이다. 그러나 리더들의 도

덕성과 경력, 경영철학은 그 가상자산 프로젝트 혹은 사업의 성패를 좌우할 정도로 중요하다. 미국 주식시장에서 스티브 잡스(Steve Jobs)의 높은 영향력을 생각하면 이해하기 쉬울 것이다. 잡스의 인물 프리미엄은 상상을 초월할 만큼 대단한데, 코인 투자에서 인물 프리미엄은 훨씬 더 심할 수 있다.

프로젝트 멤버들이 어떤 인물인지 파악하지도 않은 채 그 종목에 투자한다는 것은 마치 "배우자가 누구인지도 모르고 결혼하는 것"과 다를 바 없음을 기억하자.

독점력도 투자의 기준이다

가상자산 프로젝트의 10년, 20년 지속적인 성장력을 판단하는 기준으로 독점력을 꼽을 수 있다. 코인 시장에서 독점력은 어떻게 판단할까? 독점력은 기본적으로 코인의 기술력과 이에 대한 활용 가능성에서 발생하지만, 기술적 혁신이나 기술 활용성에서만 나오는 것은 아니다. 고객에게 인식되는 브랜드 가치와 고객 충성도, 진입장벽이 될 정도의 규모, 시장의 선두적 지위 등 다양한 요인이 독점력을 창출해낸다.

가상자산 프로젝트 혹은 사업 가운데 독점력을 갖춘 대표적인 것이 바로 비트코인이다. 1등인 비트코인과 2등인 이더리움의 격차는 상당하다. 이더리움의 높은 기능에도 불구하고 사람들의 인식에는 비트코인이 훨씬 크게 자리매김하고 있다

> 독점력을 갖춘 코인에 투자하는 것도 좋은 방법이다. 1등 비트코인이 바로 그런 예다. 독점력 있는 코인은 가격이 비싸지만 망할 가능성은 거의 없다.

는 이야기이다.

독점력을 통한 이익이 지속되느냐도 중요하게 고려해야 할 요소다. 지금 당장은 독점력이 있지만 조만간 다른 가상자산 프로젝트 혹은 사업에 그 자리를 내주어야 할 상황이라면, 코인 가격은 하락세를 탈 수 있다. 아무리 강력한 독점력을 지녔다 해도 독점시장 자체가 사라질 운명인 경우도 마찬가지로 해당 종목은 존속하기 어려울 것이다.

독점적 지위를 유지하고 지속적으로 이익을 창출할 수 있는지를 따져보려면 지금까지 지속적으로 성과를 내왔는지, 앞으로도 전망이 밝은지를 따져봐야 한다. 독점력이 있는 가상자산은 가격이 비교적 비싸다. 비트코인은 2025년 7월 기준 1개당 가격이 약 1억 6,000만 원 수준이다. 하지만 비트코인은 0.00000001BTC(1사토시) 단위로도 매수할 수 있어 원하는 만큼 소액 투자가 가능하다. 단가는 여전히 고가이므로, 매수 시점에 따라 평가 차이가 크게 발생할 수 있어 타이밍 전략이 중요하다.

코인의 매수 시점은 가격이 최저점으로 떨어졌을 때가 좋다. 가격이 싸게 형성되는 불황기나 악재로 인한 폭락장에 매수하라는 이야기이다. 특히, 독점력을 갖춘 가상자산은 망할 가능성이 거의 없다.

상한가와 하한가 전략

코인 가격이 떨어질 때 앞으로 더욱 하락할 것을 예상하고는 손해를 무릅쓰고 코인을 파는 행위를 손절매라고 한다. 대개는 가격의 하한선을 정해놓고 그 수치에 도달하면 손절매를 한다. 반대로 목표 가격의 상한선을 정해놓고 코인을 팔아서 수익을 실현하는 전략도 있다.

> 목표 가격의 상한선을 정해놓고 파는 전략, 하한선을 정해놓고 손절매하는 전략은 대표적인 데이트레이딩 방식이다.

많은 투자자가 코인 가격의 상한선을 정해놓고 투자에 돌입한다. 하지만 해당 코인의 가격이 얼마까지 오를지는 신도 모른다는 이야기가 있다. 그런데 전문가라고 알 수 있을까?

코인 가격이 얼마나 오를지를 미리 점치고 투자하는 것은 마치 자신의 잠재력을 정해놓고 인생을 살아가는 것과 같다. 코인의 성장성과 수익성은 무한한데 그 가능성을 제한하고 투자한다면 "나는 큰돈 벌기 싫다!"고 외치는 것과 다르지 않다.

손절매와 목표가 설정 이 두 가지는 데이트레이딩처럼 차트를 가지고 패턴으로 투자하는 단기투자자들에게나 의미 있는 개념이다. 내재가치를 보고 장기투자하는 입장에서 목표가는 가상자산 프로젝트가 성장하는 만큼이며, 성장 가능성이 전혀 없는 상태가 아닌 이상 손절매에 대해선 크게 관심을 두지 않는다.

매일 차트를 보면서 오르면 팔고 떨어지면 사는 데이트레이더들에게는 손절매가 큰 의미를 지닐 것이다. 그러나 다른 직업이 있는 건전한 투자자에게 목표가나 손절매를 따지는 행위는 인생의 가장 큰 자산인 시간을 낭비하는 일일 수 있다. 게다가 신기하게도, 목표가를 정하고 그 목표가에 종목을 처분한 뒤에도 코인 가격은 지속적으로 오른다.

상한선이나 하한선을 정하는 것은 크게 의미 있는 일이 아니다. 오히려 투자의 기간을 얼마로 정할지 고민하는 게 더 가치 있을 수 있다. 가격 상한선을 정하거나 손절매에 관심을 두게 되면 코인 투자는 일상을 방해하게 되고 도박이나 투기가 되기 십상이다. 게다가 코인 가격이 더 오르지 말라는 법도 없지 않은가! 특히 초보자라면 투자의 기준을 목표 가격이 아닌 가상자산 프로젝트의 내재가치에 두길 바란다. 그렇게 생각을 바꿔야 투자가 재미있어진다.

목표가는 어찌 보면 코인을 사서 파는 물건으로 바라볼 때 나올 수 있는 개념이다. "모든 경제활동에서 내가 산 물건이 가장 싱싱한 가격일 때 되파는 것이 이득이 아닌가?"라고 항변할 수 있지만, 그런 생각으로는 절대 큰 자산가가 될 수 없다. 고작 단기간에 몇 퍼센트의 수익률을 달성했다고 자랑하는 장사꾼은 될 수 있겠지만 말이다.

신규상장 코인에 투자하면 대박 난다던데

신규상장 코인에 투자하거나 상장 예정인 비상장 코인에 투자하면 분명 큰돈을 벌 가능성이 있다. 상장 초기에는 해당 가상자산의 내재가치가 시장에 잘 알려지지 않아 저평가될 수밖에 없기 때문이다. 그러나 속칭 '레몬'이라는 경제 용어를 기억할 필요가 있다.

레몬은 속이 시커멓게 썩어도 겉은 멀쩡해 보이는 속성이 있다. 이처럼 코인도 거래소에 멀쩡히 상장해도, 알고 보면 재무구조가 별로이고 수익성도 없으며, 미래 성장 가능성도 거의 없는 레몬일 수 있다. 레몬 코인이 의외로 많다. 따라서 신규상장 코인이라고 해서 무조건 투자하는 것은 위험한 일이다.

신규상장 코인이라고 해서 단기적으로 무조건 대박을 내는 것도 아니다. 상장한 지 얼마 안 돼 코인 발행자가 사기로 고소를 당하거나 상장폐지되는 어처구니없는 상황도 발생한다. 2021년 4월 22일 가상화폐 거래소 바이낸스가 비트코인SV의 상장폐지를 결정한 일이 있었는데 이는 큰 화제였다. 비트코인SV는 비트코인캐시에서 분리된 두 가상화폐(비트코인SV, 비트코인ABC) 중 하나로 시가총액 14위에 해당하는 우량 코인이었기 때문이다.

바이낸스는 상장폐지 이유를 "이용자 보호와 지속 가능한 블록체인 생태계 조성을 위한 결정"이라고 설명했지만 투자자들은 납득하기 어려웠다. 일반적으로 상장폐지되는 이유는 거래량이 적거나, 기술력이 부족하거나, 해킹을 당하거나 사기로 판명된 것을 들 수 있다. 국내 거래소 업비트도 2021년 3월 블록틱스, 살루스, 솔트, 윙스다오 총 4개의 코인의 상장폐지를 발표했는데, 그 이유를 "기술적 진전이 없고 실질적인 사용자가 없어서"라고 설명했다.

하루에도 수십 건의 신규상장 종목이 뜬다. 그 가운데서 옥석을 가려내려

[표 3-1] 분리되었거나 존속 상태가 변경된 가상화폐

가상화폐	시가총액(원)	현재 상태	비고
비트코인SV(BSV)	약 7조 원	거래소에 상장 유지	시가총액 약 6.3억 달러, 거래 활발
블랙틱스	정보 부족	활동 여부 불명	기술적 진전 없음, 상장폐지 여부 미확인
이더리움 클래식(ETC)	약 4조 원	거래소에 상장 유지	PoW 방식 유지, 별도 체인으로 존속
트레저 SL 코인	-	거래 정보 없음, 상장 미확인	거래 정보 없음, 상장 미확인 사실상 소멸 또는 사기성 가능성

※ 시가총액은 1달러 약 1,350원 기준 환산
※ 자료: CoinGecko, CoinMarketCap, Gate.io, CoinCost, CoinCarp, 위키백과(2025년 7월 기준)

면 가상자산 프로젝트 혹은 사업에 대해 부단히 알아보고 이슈를 분석해야 한다. 나아가 프로젝트 혹은 사업의 홈페이지 게시판에 글을 남긴다거나 담당자에게 연락해서 사업계획을 받아보는 노력도 필요하다.

첫 투자자는 얼마로 시작해야 할까?

코인에 처음 투자한다면 얼마를 투자해야 적정한지 궁금할 것이다. 나는 그런 질문을 받을 때마다 월급에서 일정 금액을 떼어 좋은 코인을 하나씩 사두라고 말한다. 큰돈을 투자해 단번에 부자가 되려고 하면 도박 마인드로 흐르기 쉽다. 적은 금액을 꾸준히 투자하는 것만이 장기간에 걸쳐 부자가 되는 길이라고 생각한다.

중요한 것은 투자금을 정말 피 같은 돈이라고 생각하는 것이다. 직장인이라면 매일 출퇴근하느라 피곤한 몸을 이끌고 상사의 듣기 싫은 잔소리까지 참아가며 번 돈으로 투자를 시작하는 것이다. 금수저로 태어나지 않은 이상 돈 버는 일이 얼마나 힘들고 치사한 것인지는 경제생활을 해본 사람이라면 누구나 안다. 이렇게 일해서 받은 돈을 고스란히 여가 생활이나 유흥에 탕진하는 일은 없길 바란다. 그 피 같은 돈이 훗날 당신을 더는 치사하게 살지 않도록 만들어줄 것임을 기억하라.

투자금을 얼마로 시작해야 하는지 정답은 없다. 다만 분명한 사실은, 코인 공부는 빠를수록 좋고, 좋은 종목을 수집하는 것도 빠를수록 좋다는 것이다. 월급을 받고 지출하고 남은 돈을 저축하는 사람들이 많다. 적금을 넣거나 보험에 가입하는 사람도 있고 금융기관에서 알아서 굴려줄 것을 기대하며 펀드에 가입하는 사람도 있다. 그것도 잘못된 것은 아니지만, 그렇게 해서는 당신이 상상하는 1,000% 이상의 수익을 내기는 어렵다.

   월급을 받으면 매월 지출액을 일정하게 통제하고 나머지는 무조건 주식이나 코인을 하나씩 사라. 이를 습관화하면 놀라운 일이 발생한다. 내 주변에는 코인 투자로 10억 원 이상을 번 친구들도 있다. 이들의 이야기를 들어보면 하나같이 월급에서 일정 금액을 떼서 코인을 매수하는 데 썼다고 한다. 이들은 코인을 사서 파는 물건으로 생각하지 않고, 그 프로젝트의 미래이며 꿈이라고 생각한다. 그런 생각으로 좋은 가상자산을 발굴하고 코인을 수집하기를 바란다.

4장에서는 가상화폐에 투자하는 다양한 방법에 대해 알아봅니다. 크게는 거래소를 통한 가상화폐 매매, 채굴, ICO에 참여하는 방법으로 구분됩니다. ICO는 코인이 거래소에 상장되기 전 백서만 보고 투자하는 일종의 사전 투자 과정을 말합니다. 현재 국내에서는 ICO 및 Pre ICO가 사실상 금지되어 있습니다. 이에 따라 대부분의 프로젝트는 해외 법인을 통해 ICO를 진행하고 있습니다. 그 밖에 스테이킹, 에어드롭, 렌딩 서비스 등 직접 투자 방식이 있고 펀드, ETF 등 간접 투자 방식도 있습니다. 본문에서 자세히 살펴보고 있습니다. 스타트업을 준비하는 이들을 위해 코인 ICO 절차도 자세히 설명하고 있습니다. 다른 스타트업과 달리 코인 스타트업은 자본금 없이도 아이디어만으로 충분히 성공할 수 있다는 점에서 매력적이기 때문입니다.

4장

코인 투자 다양한 방법이 있다

01 ▶ 코인 투자의 세 가지 범주

범주 1. 가상화폐 트레이딩

가상화폐 투자라고 하면 가상화폐를 사고파는 것만 생각하기 쉽다. 그러나 가상화폐에 투자하는 방법은 그 외에도 두 가지나 더 있다. 첫 번째, 가상화폐를 직접 매매하는 방법부터 차례로 살펴보자.

가상화폐도 주식처럼 사고팔고 수요와 공급에 따라 가격이 실시간으로 변화한다. 다만, 주식시장에 비해 가상화폐 시장은 참가자 수가 적기 때문에, 이른바 '큰손'들에 의해 가격 등락이 큰 편이다. 가상화폐가 일종의 투기성 자산이 된 것은 그런 요인도 작용한다.

> **장외거래(OTC):** 거래소를 통하지 않고 외부에서 매매하는 방법. 보통은 채굴자와 기관투자자들이 가상화폐를 대량 매매할 때 활용된다. 브로커를 통한 매매, OTC 트레이더를 통한 매매, OTC 데스크를 통한 매매가 있다.

반대로, 그런 점 때문에 가상화폐 매매로 시세 차익을 얻기에는 좋은 시장이 형성되었다고 할 수 있다. 주식이나 기타 파생상품에 비해 규제가 적고, 즉시 현금화가 가능하다는 점도 가상화폐 시장의 매력이다. 따라서 가상화폐 시장은 당일에 싸게 사서 당일에 비싸게 파는 데이트레이딩이 비교적 활발하다.

거래소 및 장외거래

가상화폐 매매는 사고자 하는 가격에 매수 주문을 하고, 팔려는 가격으로 매도 주문을 넣어 가격이 맞으면 거래가 성사된다. 이 점은 주식의 매매 방식과 같다. 가상화폐 매매는 다시 거래소를 통한 매매와 장외거래(OTC: Over-The-Counter)로 나뉜다. 많은 사람이 빗썸이나 코인원 같은 거래소 매매만 알겠지만, 거래소를 통하지 않고 외부에서 매매하는 방법도 있다. 이를 장외거래 또는 OTC라고 한다.

가상화폐 OTC는 주식 OTC 시장과는 성격이 좀 달라서, 채굴자와 기관 투자자들이 대량으로 가상화폐를 매매할 때 활용된다. 장외거래 시장에서는 거래 규모가 크기 때문에 거래소 시세와는 다소 차이가 나는 협의 가격으로 거래가 이뤄진다. 이는 시장 급등락에 따른 영향(슬리피지)을 줄이려는 조치로, 경우에 따라 시장가보다 유리한 조건에서 거래가 성사되기도 한다.

장외거래는 다시 거래 브로커를 통한 매매, OTC 트레이더를 통한 매매, OTC 데스크를 통한 매매로 구분된다. 거래 브로커란 중간에서 거래를 주선하는 사람, OTC 트레이더란 가상화폐를 직접 소유하면서 자신이 보유한 가상화폐를 거래하는 사람, OTC 데스크란 대형 거래소나 기관에서 공식적으로 운영하는 곳을 말한다.

범주 2. 가상화폐 채굴

법정화폐는 중앙은행에서 적정한 발행량을 조절하면서 인플레이션과 금리를 조절한다. 그래서 중앙은행의 역할이 매우 중요하고 법정화폐 공급은 일반인이 통제할 수 없는 변수이다. 그렇다면 가상화폐도 중앙에서 공급량을 통제하는 것일까?

정답은 케이스 바이 케이스! 가상화폐마다 다르다. 공급량이 무한정인 가상화폐가 있고, 최대 공급량이 정해진 가상화폐도 있다. 공급량이 무한정이든 최대 공급량이 정해졌든 보통은 누구나 가상화폐를 발행할 수 있다. 다만, 최대 공급량이 정해진 가상화폐의 경우, 발행량이 제한될 뿐이다. 가상화폐를 발행하는 행위를 채굴(mining)이라고 하며, 채굴자는 채굴의 대가로 가상화폐를 받음으로써 수익을 실현하게 된다.

가상화폐의 종류가 다양하고 그 구조가 모두 다르므로 채굴에 관해 일반화할 수는 없다. 가령 비트코인은 발행량이 2,100만 개로 고정되었기 때문에 이론적으로는 채굴량을 다 채우면 더는 발행되지 않는다.

> 가상화폐의 발행량은 정해지기도 하고 무한정이 되기도 하는데 이 점은 백서에서 밝힌다. 비트코인은 발행량이 2,100만 개로 고정되었다.

비트코인의 블록체인 기술로 만들어진 비트코인은 블록들의 연결로 구성되어 있는데, 연결을 이어갈 블록들을 생성해 나가는 과정에 채굴이라는 개념이 개입한다. 채굴자는 블록을 연결하는 암호값을 해독하게 되고, 가장 먼저 암호 해독에 성공한 사람에게 보상으로 비트코인이 지급된다. 열심히 수학 문제를 풀어서 비트코인을 얻게 되는 것이 마치 광산에서 금을 채굴하는 것 같다고 해서 이를 '채굴'이라 부르는 것이다. 채굴자들은 그렇게 획득한 비트코인을 매매하면서 수익을 창출한다.

범주 3. 가상화폐 ICO에 참여

이번에는 거래소 상장 전에 가상화폐에 투자하고 상장 이후 매도해 시세 차익을 얻는 방법에 대해 알아보자. 이는 주식시장의 IPO와 비슷한 개념이다. IPO(Initial Public Offering)란 주식을 외부 투자자에게 공개해 이를 매도하는 과정을 말하며, 기업공개라고도 한다. 이와 비슷하게 가상화폐를 공개해 외부 투자자들을 모집하고 매도하는 과정을 ICO(Initial Coin Offering) 혹은 가상화폐 공개라고 한다.

가상화폐 개발자는 ICO를 통해 초기 개발 자금을 확보하고, 투자자는 ICO에 참여함으로써 거래소 상장 전에 코인을 보유하게 된다. 거래소에 상장된 이후 코인 가격이 상승함에 따라 이를 매도해 수익을 실현할 수 있다.

> ICO(가상화폐 공개): 주식시장에서 기업공개를 IPO라고 한다면, ICO는 신규 가상화폐를 거래소에 등록하기 전 백서를 공개해 투자자를 모집하는 과정을 일컫는다. 가상화폐 공개라고도 한다. 현재 국내에서는 정부 방침에 따라 ICO가 전면적으로 제한되어 사실상 허용되지 않고 있다.

ICO 참여 시 주의해야 할 일반적인 사항이 있다. 새로운 코인은 개발 기간이 길어질 수 있고, 거래소 상장 이후 생각보다 거래가 잘 안 이루어질 수도 있으며 투자금보다 낮은 가격으로 매도해야 할 수도 있다. 따라서 ICO에 참여하기 전에 가상화폐의 백서나 마케팅 자료, 그리고 인지도 등을 비교적 철저히 검토할 필요가 있다. ICO에 참여하는 사전 투자에 관해서는 뒤이어 자세히 살펴보고 있다. 사전 투자의 장단점을 잘 따져보길 바란다.

지금까지 가상화폐 투자 방법을 크게 세 가지 범주로 살펴보았다. 그중 일반 투자자들이 하는 가장 일반적인 방법은 거래소에서 싼 가격에 코인을 사서 비싼 가격에 팔아 수익을 실현하는 가상화폐 트레이딩이다. 다음에서는 가상화폐 투자 방법을 직접 투자와 간접 투자로 구분해 각각에 대해 좀 더 자세히 살펴본다.

02 가상화폐 직접 투자

사전 투자에 참여하기

이번에는 가상화폐 직접 투자에 대해 구체적으로 알아본다. 가상화폐 직접 투자란 가상화폐를 직접 사고파는 것을 말한다. 소유권 개념으로 말하면 직접 투자란 투자자가 가상자산의 소유권을 직접 취득하는 방식에 해당한다. 반대로 간접 투자란 펀드 등을 통해 가상자산과 관련된 권리를 취득하는 투자를 말한다. 일반적으로 개인투자자는 직접 투자를 통해서 자산을 확보하는 경우가 다수이며, 법인인 경우 직접 투자와 간접 투자를 두루 사용한다.

직접 투자도 다시 여러 방식으로 구분할 수 있는데, 가장 일반적인 방식은 거래소에서 거래되고 있는 가상화폐를 직접 매매하

> 사전 투자에는 ICO와 Pre ICO가 있다. ICO는 거래소에 상장하기 전에 공개적으로 투자자를 모집하는 과정이고, Pre ICO는 가상화폐 개발 전에 비공개로 투자자를 모집하는 과정이다.

는 방법이다. 거래소에서 직접 가상화폐를 매매하는 방법은 별도로 살펴보고 여기서는 그 외의 직접 투자 방법을 알아보자. 첫 번째는 ICO와 Pre ICO에 직접 참여하는 방법이다. ICO와 Pre ICO는 모두 상장 전 투자를 유치하는 과정을 말한다.

신규 가상화폐가 개발되는 경우에 일반적으로 거래소 상장 전에 ICO 절차가 진행된다. 가상화폐를 거래소에 상장하기 전에 개발 단계에 공개해 외부 투자자들을 모집하고 매도하는 과정을 ICO라고 한다고 앞서 보았다. 주식의 IPO와는 다르게 ICO는 절차와 내용에 대한 규제가 특별히 없다. 그래서 가상자산 사업자가 정한 절차 및 내용(이는 백서에 기재됨)에 따라 ICO가 이루어진다.

사전 투자의 장단점

일반적으로 ICO는 가상화폐 개발 단계에서 자금을 모집하는 방식으로 이루어지나, 가상화폐 개발에 앞서 자금을 모집하는 Pre ICO도 활발하게 이루어지고 있다. 다만, ICO 및 Pre ICO는 투자자 보호 측면에서 국내에서는 사실상 금지된 상태이다. 해외에서 ICO 및 Pre ICO가 진행될 때도 한국인이나 한국 거주자를 상대로는 불법일 수 있으니 주의해야 한다.

ICO에 참여하는 가상화폐 투자자들은 현금 또는 비트코인, 이더리움 등을 지급하고 신규 가상화폐를 지급받는다. 이후 신규 가상화폐가 거래소에 상장되는 경우 보유하고 있는 가상화폐를 매각해 투자금을 회수할 수 있다.

백서가 작성되고 공개적으로 투자자를 유치하는 ICO 절차 이전에 비공개적으로 진행하는 자금 모집 방법을 Pre ICO라고 한다. 즉 가상화폐 개발 이전에 투자자를 유치하는 것이다. 보통 ICO라 할 때 Pre ICO를 포함해 말하기도 한다.

Pre ICO 단계에 참여하는 경우, 가상화폐를 취득하는 것이 아니라, 장래 발행 예정인 가상화폐를 취득할 권리를 취득하는 것이다. 즉 Pre ICO는 이른바 미래의 토큰을 위한 단순 계약(SAFT: Simple Agreement for Future Token) 방식으로 이루어진다.

SAFT 방식으로 투자하는 경우 가상화폐 발행 전에는 투자금 회수가 어렵고, 백서가 작성되기 전에 이루어지는 경우가 많으므로 실제 발행되는 가상화폐의 내용이 변경될 수도 있다는 점에서 투자의 위험성이 높다. 다만, 훨씬 저렴한 비용으로 코인을 매수할 수 있다는 점은 가상화폐 발행 전 사전 투자의 장점이다.

스테이킹으로 가상화폐 취득

헤징(hedging)으로 가상자산을 취득하는 방법도 있다. 헤징이란 가격 변동성에 대한 손실을 최대한 줄이기 위해 선물(forward), 옵션(콜옵션, 풋옵션) 등 파생상품을 구매하는 방법을 말한다. 가상화폐 헤징으로는 파생상품 구매와 스테이킹(staking) 등이 있다. 먼저, 스테이킹에 대해 알아보자.

스테이킹은 자신이 보유하고 있는 가상화폐를 블록체인 네트워크 운영자

> **스테이킹(staking):** 보유하고 있는 가상화폐의 일정량을 해당 블록체인 네트워크에 예치하고, 블록 생성 검증을 거쳐 가상화폐로 보상받는 절차를 말한다. 스테이킹은 은행의 예, 적금 이자와 비슷한 개념으로 이해할 수 있다. 스테이킹 이자율은 1~20%로 다양하다.

에게 위임해 특정 기간 동안 거래할 수 없도록 하는 대신, 해당 블록체인의 블록 생성 검증 등 네트워크 운영에 참여해, 자신의 지분(stake)만큼 보상을 받는 것을 말한다. 자신의 가상화폐 일정량을 네트워크 운영자에게 예치해 그 지분만큼 보상을 받는다는 의미에서, 스테이킹은 은행의 예, 적금 이자와 비슷한 개념으로 이해할 수 있다.

스테이킹 이율은 가상자산의 종류 및 내용에 따라 1~20% 정도로 다양하다. 가상화폐 시장이 불황일 경우 스테이킹을 고려해볼 수 있지만, 스테이킹 기간 동안 가상화폐 매각이 어렵기 때문에 갑작스럽게 가격이 급등하는 경우를 염두에 두는 신중한 자세가 필요하다.

스테이킹 서비스를 제공하는 업체가 가상자산 사업자로 신고를 했는지도 확인할 필요가 있다. 특정 금융거래정보의 보고 및 이용 등에 관한 법률(이하 특금법)은 '가상자산을 보관 또는 관리하는 행위'를 가상자산 사업자의 영업 행위로 열거하고 있는데, 스테이킹은 가상자산을 보관 또는 관리하는 행위에 해당하므로 스테이킹 업체는 가상자산 사업자로서 신고할 의무가 있다.

가상화폐 파생상품

가상화폐 파생상품으로는 선물과 옵션 등이 있으며, 이를 전문적으로 취급하는 거래소들도 있다. 대표적인 선물거래소로는 시카고상품거래소, 백트, 에 리스X 등이 있다. 시카고옵션거래소는 2019년 3월 이후 비트코인 선물 상품의 신규 상장을 중단했고, 현재는 해당 상품을 운용하지 않는다. 시카고상품거래소는 비트코인과 이더리움 선물을 현금 결제 방식으로 운용 중이다. 이후 등장한 백트(Bakkt)는 뉴욕증권거래소의 모회사인 ICE가 마이크로소프트, 스타벅스 등과 함께 설립한 선물거래소로, 실물 인수도(physical delivery) 방식을 채택한 비트코인 선물을 제공하고 있다.

국내에서는 가상자산 선물시장을 운영하는 것이 실무적으로 어려운 상황이다. 가상자산이 선물의 전제가 되는 기초자산에 해당하는지 여부가 불분명하고, 정부의 부정적인 입장으로 인해 가상자산 선물을 만들기 어렵기 때문이다.

에어드롭과 렌딩 서비스

에어드롭(airdrop)이란 홍보용 코인을 무상으로 지급하는 행위를 말한다. 보통 에어드롭은 기존 가상화폐 보유자들에게 무상으로 가상화폐를 배분해 지급하는 형태로 나타나는데, 주식으로 치면 무상증자나 주식배당과 비슷한 개념이다. 신규 가상화폐의 경우 인지도 상승 등 마케팅을 위해서도 에어드롭 서비스를 제공한다. 에어드롭으로 지급하는 가상화폐는 제공 업체의

- 에어드롭(airdrop): 홍보를 위해 가상화폐를 무상으로 지급하는 형태. 신규 가상화폐를 마케팅 차원에서 무상으로 지급하기도 한다.
- 렌딩(lending): 일종의 코인 담보대출 서비스. 특정 가상화폐를 담보로 다른 가상화폐 또는 현금을 대출해준다.

가상화폐와 동일한 것일 수도 있고 전혀 다른 종류일 수도 있다.

에어드롭이 코인 시장에서 호재로 작용한 사례로 쎄타토큰(thetatoken)을 들 수 있다. 쎄타토큰은 2017년 미국에서 발행된 미디어 및 비디오 스트리밍 플랫폼 지원 블록체인 프로젝트의 토큰이다. 2025년 7월 기준 1 THETA의 가격은 약 1,240원 수준이며, 시가총액은 약 1조 3,000억 원 선이다.

쎄타토큰 프로젝트팀은 2019년 3월에 메인넷 출시와 동시에 쎄타퓨엘이라는 토큰의 에어드롭을 발표했다. 당시 쎄타토큰은 시장에서 별 관심을 받지

[그림 4-1] 쎄타토큰 초기 화면

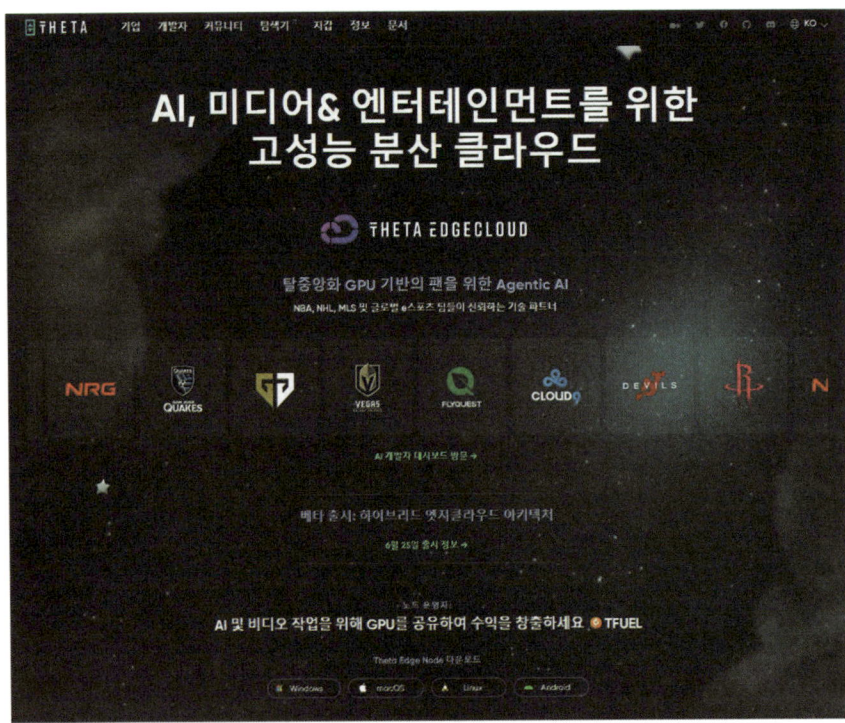

※ https://www.thetatoken.org

못하고 있었기에 쎄타퓨엘 또한 투자자들은 잘 모르고 있었다. 그러나 이 에어드롭 소식이 퍼지자 그해 2월에 90원 정도 하던 쎄타토큰이 3월에는 200원대를 돌파했다. 이 정보를 알았다면 분명 큰 시세차익을 챙겼을 것이다.

렌딩(lending) 서비스란 특정 가상화폐를 담보로 다른 가상화폐 또는 현금을 대출해주는 서비스를 말한다. 렌딩 서비스는 가격 변동성에 따른 시세차익 거래에 유리하다. 다만, 투자자는 담보 대비 대출받은 가상화폐의 비율을 일정 수준 이하로 유지해야 하며, 일정 수준을 초과하는 경우 자동 상환이 이루어질 수 있다.

03 가상화폐 간접 투자

코인이 담긴 펀드 구매

간접 투자란 직접 코인을 사고파는 것이 아니라 코인과 관련된 권리를 취득하는 방식을 말하며, 코인이 담긴 펀드를 구매하는 것이 대표적이다. 간접 투자는 거래소를 통해 이루어지지 않고 가상자산 사업자 혹은 엑셀러레이터 등을 통해 개별적으로 이루어진다. 따라서 개인투자자가 가상자산 간접 투자에 접근하기란 쉽지 않다. 간접 투자 방법은 투자 구조를 어떻게 짜느냐에 따라 달라질 수 있어서 일반화하기 어렵기 때문에 대표적인 방식만 살펴보자.

> 간접 투자란 코인이 담긴 펀드를 구매하는 것이다. 우리나라는 법률상 가상자산 사업자에게 투자하는 펀드를 구매하는 방법이 있다.

우선, 가상자산에 투자하는 펀드를 구매하는 방법이 있다. 다만, 우리나라 법률상 가상자산에 투자하는 펀드는 조성되기 어렵고 가상자산 '사업자'에게 투자하는 펀드를 구매하는 방법이 있다. 가상자산 사업자에게 투자하는 펀드에 참여하는 것은 특별히 문제되지 않는다. 자본시장과 금융투자업에 관한 법률에 따른 전문투자형 사모집합 투자기구, 벤처투자 촉진에 관한 법률에 따른 벤처투자조합 등이 발행한 펀드가 그렇다.

가상자산 사업자에게 투자하는 펀드를 조성할 때, 가상자산 사업자가 발행한 가상화폐에 대한 권리를 취득하는 구조가 되기도 한다. 가령, 가상자산을 특정한 가격에 취득할 수 있는 옵션이나 워런트에 투자하는 것이다. 다만, 이 경우 현행 법률에 부합하는지는 지속적으로 검토할 필요가 있다.

가상자산 ETF 투자

가상자산 상장지수펀드, 즉 ETF에 투자하는 방법도 있다. 국내에서는 가상자산의 ETF가 결성되는 것이 어렵지만 해외에서는 일부 가상자산을 기초로 ETF를 결성한 사례가 있다. 캐나다의 온타리오증권위원회는 자산운용사 퍼포즈 인베스트먼트(Purpose Investments)가 신청한 비트코인 ETF를 승인했고, 2021년 2월 18일부터 비트코인 ETF가 토론토 증권 거래소에서 거래되고 있다.

캐나다에 이어 미국에서도 다양한 자산운용사가 증권거래위원회(SEC)에 암호화폐 ETF 승인을 신청하며 주목받고 있다. 과거 비트코인 ETF 신청으로 유명했던 반에크(VanEck)와 솔리드엑스(SolidX)는 2019년에 신청을 철회했으나, 이후 반에

> 가상자산 ETF: 가상자산을 증권 거래소에 상장해 주식처럼 거래하도록 하는 상품을 말한다. 캐나다 토론토 증권 거래소에 상장된 비트코인 ETF가 대표적이다.

크는 2024년 스팟 비트코인과 스팟 이더리움 ETF를 성공적으로 상장했다. 2025년 현재 미국에서는 솔라나를 기반으로 한 ETF 상품이 일부 상장되었고, 스팟 ETF를 포함한 다양한 형태의 출시 가능성이 논의되고 있다. 과거 SEC는 자산운용사들의 ETF 신청에 관해 "비트코인 ETF 거래 계획이 사기나 시세 조작을 막고 투자자와 공익을 보호하기에 충분하지 않다."는 이유로 승인을 거절한 바 있다. 미국의 비트코인 ETF 승인은 가상화폐 투자의 획기적인 전환점이 될 것이다.

기타 가상화폐 서비스

> 커스터디(custody): 가상화폐의 보관, 관리 서비스를 업으로 하는 것. 대규모 자금을 보관해야 하는 기업 및 기관투자자들이 주로 이용한다.

가상화폐의 보관, 관리 행위 전반을 업으로 하는 것을 커스터디(custody) 서비스라고 한다. 주식 거래의 커스터디 서비스와 동일한 개념이다. 현재 커스터디 서비스는 주로 해외 업체에서 제공하고 있고, 국내에서는 은행을 중심으로 커스터디 사업을 추진 중이다. 대표적으로 신한은행, 코빗의 KDAC, KB국민은행의 KODA가 커스터디 서비스를 시행하고 있다. 대규모 자금을 보관해야 하는 기업 및 기관투자자들에게는 커스터디 서비스가 필요할 것이다.

가상화폐에 대한 커스터디 서비스는 특금법상 가상자산 사업자의 행위에 해당한다. 따라서 커스터디 서비스를 제공하는 자가 가상자산 사업자 신고를 했는지 확인하는 것이 바람직하다.

04 코인 사전 투자 완전 분석

ICO와 IPO의 공통점과 차이점

가상화폐 개발 단계에서 거래소에 상장하기 전에 자금을 모집하는 과정을 ICO라고 한다는 것을 앞서 보았다. 지금부터 ICO의 의미와 절차에 대해 좀 더 자세히 알아보자. 여기서 ICO는 Pre ICO도 포함한다.

ICO는 IPO와 비슷한 점이 많다. IPO란 주식시장 상장 전 기업공개를 뜻하며, 기업의 주식과 경영 내역을 공개하는 것을 말한다. IPO의 목적은 주식 상장과 대규모 자금 조달이다.

IPO를 기업공개라고 한다면, ICO는 가상화폐 공개라고 말할 수 있다. 다만 IPO는 회사의 형태를 갖추고 이미 매출 실적이 있는 기존의 회사를 주식시장에 상장시키기

> ICO 투자자는 자신이 보유한 가상화폐를 투자하고 개발자가 발행하게 될 가상화폐 또는 비트코인 등을 지급받는다. ICO는 가상화폐 개발 전 아이디어 단계에서 투자자를 유치한다는 점에서 장점이 있다.

위해 진행하는 절차인 것에 반해, ICO는 가상화폐 개발 단계인 아이디어 구상 단계에서 백서만 공개함으로써 투자자를 유치할 수 있다는 차이점이 있다.

IPO는 외부 투자자들에게 처음으로 주식을 공개 매도하는 형태로 진행되는 반면, ICO는 향후 판매할 가상화폐를 블록체인상에서 미리 분배하는 형태로 진행된다. 개발자 입장에서 ICO의 큰 장점은 필요한 자금을 언제 어디서든 쉽게 유치할 수 있다는 것이다. ICO에 참여한 투자자들은 자신이 보유한 가상화폐를 투자하고 개발자가 발행하게 될 가상화폐 또는 가상화폐의 기축통화 역할을 하는 비트코인이나 이더리움을 지급받는다.

스타트업에 유리한 ICO

ICO와 IPO의 가장 큰 차이는 그 시기에 있는 것 같다. 창업 이후 상당 기간 동안 영업활동을 한 이후에 진행되는 IPO와 달리, ICO는 사업에 대한 추상적인 구상만 가지고도 투자자 모집이 가능하다. IPO를 하려면 시간과 비용이 많이 들고, 법률 및 회계 자문에도 많은 노력을 기울여야 한다. 그래서 IPO는 신생 기업이 도전하기에 어려움이 있지만, ICO는 아이디어만으로 몇 달 만에 시도해볼 수 있다는 점에서 스타트업 측면에서는 유리하다.

블록체인 스타트업이 ICO를 하면 지분 구조를 자유롭게 형성할 수 있고 사업이 본격적으로 안정화되기 이전부터 사업을 대외적으로 알릴 수 있다. 그래서 전 세계적으로 ICO가 각광을 받고 있다. ICO를 시도하려는 스타트업은 비즈니스 모델 수립부터 플랫폼 개발까지 모두 혼자 하기는 어려우므로 각 분야 전문가들의 도움을 받아야 한다. 각종 커뮤니케이션을 담당할 인력도 필요할 뿐만 아니라 법률적, 회계적 자문도 많이 필요하기 때문이다.

사전 투자, 백서의 중요성

일반적인 스타트업이 투자를 받으려면 회사소개, 재무제표, 사업보고서, 사업계획서 등 회사의 재무정보와 사업계획을 상세히 소개하는 충실한 자료를 갖춰야 한다. 그러나 가상화폐 ICO에는 재단의 재무제표도, 사업보고서도 불필요하다. 가상화폐 투자 유치를 위해서는 오직 백서만 공개하면 된다. 백서는 가상화폐의 핵심 아이디어와 발행 재단에 관한 설명이 담긴 문서로 가상화폐 투자자들은 백서를 보고 투자 여부를 판단하게 된다.

백서에는 사업 체계와 그 기반이 되는 블록체인 기술, 개발자와 주요 인력들의 소개 등 가상화폐에 대한 전반적인 정보가 모두 담겨 있다. 가상화폐에 어떤 기술을 적용했는지, 개발자들은 어떤 철학으로 이 가상화폐를 만들었는지, 재단은 어떤 비전이 있는지 등의 내용을 백서에 담아낸다. 백서는 보통 인터넷에 공개되며, 상장 이후에는 거래소에서 쉽게 확인할 수 있다.

투자자는 백서를 잘 읽고 그 가상화폐에 대해 충분히 이해해야 한다. 그래야 어지간한 찌라시나 루머에 휘둘리지 않을 수 있다. 백서를 잘 읽으면 트렌드에 맞는, 트렌드를 예측하는 투자 또한 가능해진다.

문제는 ICO가 아직 제도적으로 정착되지 않아서 백서의 내용을 객관적으로 입증하기 어렵다는 것이다. 투자자는 백서가 주장하는 내용에 관해 스스로 판단해야 한다. 백서가 어떤 내용을 담고 있는지, 비트코인 백서를 참고하는 것도 좋은 방법이다. 비트코인 백서는 가상화폐 최초의 백서로, 백서의 기준이라 할 수 있기 때문이다.

비트코인 백서는 A4 기준 약 9페이지 분량의 소논문 형식으로 되어 있다. 백서의 제목은 〈비트코인: P2P 전자화폐 시스템(Bitcoin: A Peer-to-Peer Electronic Cash System)〉이다. 인터넷에 검색하면 영어로 된 원본(https://bitcoin.org/bitcoin.pdf)과 한국어 번역본을 확인할 수 있다(https://bitcoin.org/files/bitcoin-paper/bitcoin_ko.pdf).

스타트업을 위한 ICO 절차

지금부터 ICO 절차를 구체적으로 이해해보자. 무엇보다 가상화폐 스타트업을 꿈꾸는 창업자들에게 유용한 정보이겠지만, 가상화폐 투자자들도 그 과정을 이해하면 투자에 도움이 될 것이다.

(1) 아이디어 개발

스타트업은 아이디어가 우선이고 모든 사업 구상이 아이디어에서 시작된다. 이는 블록체인 기반의 스타트업에서도 마찬가지다. 자본금이 비즈니스 성패를 좌우한다고 하지만, 자본금이 부족해도 뛰어난 아이디어만 있다면 백서를 만들고 ICO를 통해 자금을 조달할 수 있다.

(2) 팀 구성

비즈니스는 사람이 하는 것이므로, 무엇보다 팀원의 역량과 팀워크가 중요하다. ICO를 준비하기에 앞서 사업에 필요한 핵심 역량을 고민하고, 그 역량을 갖춘 인재들을 핵심 팀원으로 영입해야 성공한다.

(3) 사업 기획

제공하고자 하는 가상화폐의 기능을 실현하기 위해 어떤 기술을 사용할지 구체화하는 사업 기획이 필요하다.

(4) 자문단 구성

ICO를 준비하는 단계에서 팀의 부족한 점을 보완하기 위해 자문단 구성이 필요하다. 전문가에게 자문을 받고 네트워킹에 도움을 받으면 시장에서 신뢰를 구축하는 데도 큰 힘이 된다. 자문단은 대중적으로 인기가 높은 인물보다 프로젝트에 실질적인 도움을 줄 수 있는 사람이 장기적으로 중요하다.

(5) 커뮤니티 마케팅

가상화폐 프로젝트를 지지하고 홍보해줄 커뮤니티를 장기적 관점에서 키워나갈 필요가 있다. 커뮤니티 마케팅을 위해 SNS 플랫폼은 좋은 수단이다. 팀은 커뮤니티 공간을 통해 사업을 소개하고, 비전과 제품 및 서비스를 공유할 수 있다. 커뮤니티 구성원들이 이후 프로젝트 후원자가 될 가능성이 높으므로 이 절차는 더욱 효과적이다.

(6) 백서 작성

백서에 담아낼 핵심 정보는 다음과 같다.
① 가상화폐의 기능 및 서비스에 대한 아이디어 소개
② 아이디어를 구현할 기술에 대한 설명
③ 아이디어와 이를 구현할 기술로 수익을 창출할 비즈니스 모델
④ 비즈니스 모델의 프로세스
⑤ 자금 모집을 위한 코인 발행 계획
⑥ 구체적인 ICO 일정 등

(7) 로드맵 발표

개발팀은 그들이 책임지고 실행할 수 있는 개발 계획 및 사업 일정을 수립해 커뮤니티 지지자들에게 공개한다.

(8) 법률 자문

ICO 및 회사의 구조를 설계할 변호사를 선임할 필요가 있다. ICO는 주로 스위스와 싱가포르 등지에서 이루어지는데, 관련 법규를 준수해야 하기 때문이다. ICO가 준수해야 할 법률로는 AML(Anti Money Laundering, 자금세탁 방지), KYC(Know Your Customer, 고객의 투자 성향 파악) 등이 있다. 변호사를 미리 선임해 사전에 법률을 파악하고 체크리스트를 작성해 법적인 문제를 해결할 필요가 있다.

(9) 세일즈 전략 수립

팀이 진행하는 비즈니스를 시장에 효과적으로 소개하고, 가상화폐 세일즈를 위한 전략을 수립한다. 개발 일정에 따라 가상화폐의 세일즈 가격을 달리함으로써 초기 시장에서 가상화폐를 많이 판매하고 시장의 관심과 지지를 받는 것이 핵심이다.

(10) 코드 공개 및 검증

가상화폐의 코드를 공개하고, 코드의 기술적 적합성에 대해 검증을 받는다. 기술적인 완전성을 검증받으려면 제삼자 기관의 평가를 받는 게 좋다.

(11) 가상화폐 사전판매(Pre ICO)

ICO를 하기 전에 비공개 사전판매를 통해 가상화폐 개발을 위한 자금을 확보할 수 있다. 가상화폐 사전판매를 할 때 비트코인이나 이더리움을 입금받은 후에 ICO를 거쳐 새로운 가상화폐를 분배해주는 것이 일반적이다.

(12) 사전판매 수익금 사용

사전판매에서 받은 비트코인이나 이더리움을 처분해 팀 운영을 위해 현금을 확보한다. 이 자금은 비즈니스 및 기술 구축에 사용한다.

(13) 프로토타입 공개 및 베타테스트

가상화폐의 프로토타입(prototype)을 공개하고, 가상화폐를 일반에 공개하기 전 베타테스트를 거쳐 버그 및 오류를 수정한다.

(14) ICO

가상화폐 상장 전 백서를 공개해 공개적으로 투자금을 조달한다. 모금 현황 및 실적을 투명하게 공개하는 것이 중요하다.

(15) 오퍼레이션

ICO가 최종 목표는 아니다. ICO 이후에 개발 진척 상황, 가상화폐 운영 현황을 꾸준히 공개하고 투명하게 관리해야 한다. 오퍼레이션을 통해 커뮤니티에서 지지자들과의 신뢰를 쌓아가는 것이 필요하다.

가상화폐 재단 설립

법인 또는 재단을 설립하는 과정도 ICO 과정에서 이루어지는 경우가 일반적이다. 이때 어떤 국가의 법률 적용을 받는지에 따라 규제가 달라질 수 있으므로, 법인을 설립할 나라를 신중히 결정해야 한다. 이때 고려할 것은 가상화폐를 위한 ICO에 친화적인 나라인지, 세금 혜택이 있는지 등이다. 보통은 스위스, 싱가포르, 영국령 버진아일랜드, 케이만제도 등을 선호한다.

> 가상화폐 재단은 해외에서 설립되는데 보통 스위스, 싱가포르, 영국령 버진아일랜드, 케이만제도가 선호된다. ICO에서 가상화폐가 증권 관련 규제를 받지 않도록 설계하는 것이 중요하다.

대부분의 국가에서 금융감독 당국의 법규 준수를 의무화하고 있는데, 금융감독 당국은 기본적으로 KYC와 AML 법규를 통해 규제한다.

ICO 관련해 가장 조심해야 할 부분은 증

권 관련 법규의 규제를 받지 않도록 하는 것이다. ICO에서 회사 주식을 분배한다면 증권 관련 법규의 규제를 받게 되므로 효율적인 자금 조달이 어려워질 것이다. 따라서 가상화폐를 설계할 때 ICO가 주식 교부 행위로 해석되지 않도록 각별히 주의해야 한다. 백서에도 가상화폐 및 ICO에 대해 명확하게 정의해 증권 관련 규제를 받지 않도록 해야 할 것이다.

ICO와 비슷한 IEO, IDO

IEO(Initial Exchange Offering)는 가상화폐 개발자가 자체적으로 진행하는 ICO를 가상화폐 거래소가 대행하는 것을 말한다. IDO(Initial DEX Offering)는 탈중앙화 거래소에서 진행하는 가상화폐 공개를 말한다. 탈중앙화 거래소를 덱스(DEX)라 하고 덱스에서 제공하는 금융 서비스를 디파이(DeFi: decentralized finance)라고 한다.

빗썸, 코인원, 업비트 같은 거래소는 중앙화된 거래소이며 탈중앙화 거래소는 운영 주체가 없이 블록체인상에서 운영된다. 덱스와 디파이 투자에 관해서는 4부를 참고하라.

IDO는 2020년부터 시작되었으나 당시엔 반응이 별로 없었고 2021년 들어 높은 관심을 받기 시작했다. 세계 최대 거래소인 바이낸스(Binance)가 선도적으로 BSCPAD라는 IDO 서비스를 론칭했고, 유니스왑(UNISWAP)도 상장 비용 절감과 새로

- IEO: 가상화폐 거래소가 개발자 대신 ICO를 대행해주는 서비스.
- IDO: 탈중앙화 거래소(DEX)에서 진행하는 가상화폐 공개.

운 종류의 코인을 배포하는 수단으로 IDO를 적극적으로 선택해 활용하고 있다.

투자자 입장에서 보면, IDO는 가상화폐 세일에 참여도 가능하고 스테이킹 서비스를 이용해 보상도 받을 수 있다는 장점이 있지만, 중개자와 관리자가 없어 투자자 스스로 리스크를 떠안아야 하고 스스로 관리해야 한다는 것은 단점이라 할 수 있다.

앞서 코인 투자 방법을 여러 가지로 살펴보았지만, 대개는 거래소를 통한 매매를 선택합니다. 따라서 이번 장에서는 가상화폐 거래소에 대해 공부하도록 하겠습니다. 거래소는 크게 중앙화된 거래소와 탈중앙화된 거래소로 나눕니다. 각각의 특징을 살펴보고, 어떤 거래소를 선택해야 좋을지 선택 기준에 대해서도 알아봅니다. 국내 4대 거래소라 일컫는 각 거래소의 특징을 분석해보았습니다. 거래량, 거래 속도, 수수료, 보안성 등 투자자 각자가 원하는 기준에 맞는 거래소를 선택할 수 있도록 했습니다. 이어서 가장 중요한 거래소 가입 절차를 자세히 설명했습니다. 회원가입 단계가 복잡하고 까다로워서 회원가입부터 다양한 인증 단계까지 자세히 이야기하고 있습니다. 이어서 거래소에서 입출금하고 매수 및 매도하는 방법도 살펴보고 있습니다.

5장

거래소 선택 기준과 가입 방법

01 가상화폐 거래소

중앙화 거래소, 탈중앙화 거래소

가상화폐 거래소란 투자자들이 코인을 거래할 수 있도록 기능을 제공하는 사업자라고 할 수 있다. 가상화폐 거래소는 가상자산을 매개로 송금, 디파이(DeFi) 금융, 스테이킹(staking) 서비스 등을 제공하고 코인의 매수, 매도가 이루어지는 경우 그에 따른 수수료 수익을 거둔다. 요컨대, 가상화폐 거래소는 특정 코인을 다른 코인과 거래하도록 하고 화폐를 코인으로, 코인을 다시 화폐로 바꾸는 기능을 제공한다.

> 가상화폐 거래소는 중앙화 거래소와 탈중앙화 거래소로 나눈다. 보통 거래소라고 하면 중앙화 거래소를 말하며 업비트, 코인원, 바이낸스 같은 업체들이 이에 해당한다. 탈중앙화된 거래소도 점점 늘어나는 추세다.

증권 거래소에서 투자자들이 자신의 이익을 극대화하기 위해 주식을 사고판다면, 가상화폐 거래소에서는 코인의 시세 차익을 얻기 위해서 매매를 한다. 가상화폐 거래소는 세계적으로 급증하는 추세인데 한국에는 업비트, 빗썸, 코인원, 코빗 등이 있고, 해외에는 바이낸스, 고팍스 등이 대형 거래소이다. 국내 거래소에 대해서는 뒤에서 자세히 알아본다.

거래소라 하면 보통은 중앙 관리자가 있는 중앙화 거래소(centralized exchange)를 뜻한다. 앞서 언급한 업비트, 빗썸, 바이낸스 같은 곳이 모두 중앙화 거래소다. 그렇다면 중앙화 거래소 없이 코인 거래는 불가능한 것일까? 결론부터 말하자면, 그렇지 않다. 블록체인상에서 P2P로 거래하는 방법이 있다.

블록체인상에서 P2P 거래를 주선하는 거래소를 탈중앙화 거래소 혹은 분산형 거래소라 하며 영문 약칭으로 덱스(DEX: decentralized exchange)라고도 한다. 덱스에서 제공하는 금융 서비스를 디파이(DeFi: decentralized finance)라고 한다. 코인마켓캡은 덱스 거래소들을 순위별로 나열하고 있고 각 거래소로 이동할 수 있는 서비스를 제공한다(https://coinmarketcap.com/ko/rankings/exchanges/dex/).

덱스와 디파이 금융에 대해서는 4부에서 자세히 알아보자.

기본적으로 가상화폐는 탈중앙화된 P2P 구조를 띠는 만큼, 중앙화 거래소는 오히려 비효율적인 장치라는 지적도 있다. 그러나 중앙화 거래소를 통해 다양한 가격 정보와 코인 관련 정보가 공시 및 유통됨으로써 코인 시장이 좀 더 효율적으로 형성되는 것은 사실이다. 중앙화 거래소는 정부 당국의 승인을 받아야 하는 만큼, 이 거래소를 이용하면 투자자도 어느 정도 법의 보호를 받을 수 있다.

거래소 얼마나 믿을 수 있을까?

중앙화 거래소는 거래소 회원들을 상대로 엄격한 KYC(투자자 성향 파악) 인증을 하고 있다. 중앙화 거래소는 회원가입 절차가 비교적 까다로운데 엄격한 관리를 통해 불법 자금의 유통을 차단하거나 추적하는 기능을 하기 위함이다. 중앙화 거래소는 회원들에게 코인 관련 정보를 제공하고 코인이 집합되는 플랫폼 역할을 하면서 시장으로서의 기능을 수행하고 있다.

중앙화 거래소의 역기능도 있다. 거래소의 주 수입원은 거래 수수료이므로 아무 가치가 없거나 사기성이 농후한 코인을 상장시켜 투자자들의 손실이 발생하는 사례도 드물지 않다. 그런 이유로 상장 수수료를 받는 가상자산 거래소 가운데는 부실한 검증으로 논란을 겪는 사례도 있었다. 다만, 특금법에 따라 불법적인 거래소는 어느 정도 정리되고 건전한 거래소만 운영되어 차츰 정상적인 가상화폐 시장이 형성될 것으로 전망하고 있다.

국내 메이저 거래소의 경우에는 운영을 중단하거나 투자자들에게 큰 피해를 일으킬 것으로 보이지는 않지만, 이 문제와 관련해 투자자 입장에서는 불안한 게 사실이다. 다만, 국내의 특금법이 개정된 이후 가상화폐 이용자 보호는 좀 더 강화된 것이 사실이다. 특금법 개정에 따라 거래소들은 금융당국에 실명 확인 입출금 계정, 정보 보호 관리 체계 인증 등 신고 요건을 갖추어야 하는데 그런 과정을 거쳐 투자자들의 보호 장치는 더욱 두터워질 것이다.

2025년 상반기 기준으로 금융정보분석원(FIU)에 신고 수리된 가상자산 사업자는 총 31곳이며, 이 중 원화마켓 거래소는 업비트, 빗썸, 코인원, 코빗의 4곳이다. 기존 코인마켓 사업자 중 지닥, 프로비트, 후오비코리아, 한빗코, 캐셔레스트, 플랫타익스체인지 등 일부 코인마켓 사업자는 갱신을 포기해 명단에서 제외되었으며, 신규 사업자들이 다수 진입하였다. 또한,

> 중앙화 거래소는 까다로운 회원 인증 단계를 통해 투자자 보호를 강화하고 있다. 국내 가상자산 사업자(거래소)로 신고 수리된 곳은 총 31개 업체고 그중 4개 업체를 메이저 거래소라 한다.

수탁업자인 한국디지털에셋(KODA)과 한국디지털자산수탁(KDAC)은 여전히 수탁업자 자격을 유지하고 있으며, 이 외에도 다양한 유형의 가상자산 사업자가 신고 수리를 받은 상태이다.

국내 거래소들은 비교적 투명하게 운영되고 있고 특히 메이저 거래소는 자체적으로도 투명한 운영을 위해 많은 노력을 기울이고 있는 듯하다. 거래

[그림 5-1] 가상화폐 거래소 재무제표 확인

소의 비용 구조를 보면 수익은 현재 상승 구조에 있으며 고객의 자산을 돌려주지 못할 정도로 부실하지는 않다고 보인다. 이는 전자공시시스템(http://dart.fss.or.kr, 이하 다트)에 공시된 재무제표만 보더라도 쉽게 확인할 수 있다. 거래소가 망할까 봐 걱정된다면, 거래소마다 감사보고서 등을 조회해볼 수 있으니 찾아보기 바란다.

빗썸을 예로 들면, '다트'에서 빗썸홀딩스를 검색해서 2024년 말의 연결 감사보고서를 조회해볼 수 있다. 그중 빗썸의 연결 손익계산서를 보면 영업수익은 4천억 원이 넘고, 영업비용은 378억 원 정도인 것으로 보아 흑자를 내고 있음을 확인해볼 수 있다.

연결 재무상태표의 유동자산 중에 현금성 자산을 얼마나 보유하고 있는지는 안정성에서 가장 중요한 요소인데, 빗썸은 2,572억 원 정도의 현금성 자산을 보유함으로써 우려와는 달리 안전한 회사임을 알 수 있다. 일부 부실한 거래소들은 고의로 폐업하고 도주할 우려도 있으므로 재무제표를 통해

[표 5-1] 빗썸홀딩스의 손익계산서

연 결 손 익 계 산 서
제 10(당) 기 : 2024년 01월 01일부터 2024년 12월 31일까지
제 9(전) 기 : 2023년 01월 01일부터 2023년 12월 31일까지

주식회사 빗썸홀딩스와 그 종속기업 (단위 : 원)

과 목	제 10(당)기		제 9(전)기	
I.영업수익		496,150,859,433		140,789,096,400
지분법이익(주석6)	38,040,079			
수수료매출	496,175,564,418		135,930,472,561	
금융수익	1,505,160,841		4,514,718,774	
수입임대료	2,286,000		119,811,617	
기타매출	429,808,095		224,093,448	
II.영업비용(주석20)		378,184,709,161		184,203,642,039

※ 2023년 1월 1일~2024년 12월 31일

[표 5-2] 빗썸홀딩스의 유동자산 현황

연 결 재 무 상 태 표
제 10(당) 기: 2024년 12월 31일 현재
제 9(전) 기: 2023년 12월 31일 현재

주식회사 빗썸홀딩스와 그 종속기업 (단위 : 원)

과 목	제 10(당)기		제 9(전)기	
자 산				
I.유동자산		3,225,520,601,422		1,658,384,794,221
(1)당좌자산		3,225,492,848,068		1,658,329,881,965
현금및현금성자산(주석3)	2,572,106,400,385		1,218,203,854,602	
단기금융상품(주석3)	472,823,717,362		280,265,126,614	
매출채권	3,219,139,067		2,812,173,641	
대손충당금	(242,352,718)		(242,352,718)	
단기대여금(주석22)	8,747,169,547		8,385,452,823	
대손충당금(주석22)	(5,561,180,535)		(5,561,180,535)	
당기손익인식지정자산(주석5)	4,401,071,735		2,226,494,814	
단기매매증권(주석7)	58,407,390,000		3,390,000,000	
미수회원예치금	700,773,919		700,773,919	
대손충당금	(671,252,493)		(671,252,493)	
미수금(주석22)	14,941,129,142		16,506,239,036	
대손충당금(주석22)	(11,867,294,310)		(11,709,678,577)	
미수수익	5,107,531,724		3,432,097,910	
대손충당금	(1,749,107,046)		(1,464,680,959)	
선급금	3,302,494,831		7,494,053,625	

※ 2023년 1월 1일~2024년 12월 31일

안정성을 판단해볼 필요가 있다.

한국의 메이저 거래소들은 세계적으로 안전성을 인정받고 있다. 거래량과 회원 수가 충분히 많고 사업연수도 오래되었다. 사고도 있었으나 그때마다 모두 충분한 보상을 했다. 그런 데다 한국의 메이저 거래소들은 현금성 자산을 충분히 보유하고 있고, 회계감사를 받는 등 재무적으로도 건전한 편이다. 해킹 문제에 대해서는 거래소가 자체적으로 보안 수준을 높이고 있기 때문에 믿을 수 있다.

회사가 사라지면 코인도 사라질까?

주식의 경우 주식의 운명은 회사의 성과에 따라 결정된다. 주식회사가 망하면 그 회사가 발행한 주식은 당연히 휴지조각이 된다. 반면, 코인은 블록체인 생태계에서 시스템을 유지하기 위한 내부 비용 지불 수단으로 탄생된 자산이다. 게다가 블록체인은 전 세계적으로 연결된 노드에 존재하므로, 한번 만들어진 뒤에는 절대 사라지지 않는다. 따라서 블록체인의 유용성이 없어진다 해도 코인의 가치는 사라지지 않는다. 코인의 가치는 낮아질 수 있어도 코인 자체가 증발하는 것은 아니다.

> 코인의 개발 회사가 사라져도 한번 만들어진 코인은 사라지지 않고 블록체인상에 남는다. 코인의 가치가 낮아질 수는 있어도 사라지는 것은 아니다. 코인의 가치는 금의 가치처럼 생산자와 상관없이 존재 가치가 있기 때문이다.

코인은 처음부터 주인이 없다고들 한다. 그러나 그 가치는 존재한다. 채굴자가 누구인지 알지 못해도 시장에서 코인은 거래된다. 우리가 금의 가치를 믿고 금을 거래하는 것과 같은 이치다. 누가 어떤 광산에서 캐낸 금인지, 어느 나라에서 생산된 금인지 사람들은 알 수 없고 알려고도 하지 않는다. 퍼블릭 블록체인의 가장 큰 특징도 바로 그것이다.

퍼블릭(public) 블록체인이란 누구나 네트워크에 참여할 수 있는 개방형 블록체인을 말한다. 특정 조직의 승인 절차 없이 누구든지 PC와 스마트폰, 채굴기 등을 통해 블록체인 네트워크에 참여할 수 있다. 퍼블릭 블록체인에 참여하는 개인을 노드라고 한다. 비트코인, 이더리움, 모네로 등 우리가 잘 알고 있는 코인들이 퍼블릭 블록체인을 기반으로 한다.

반대로 프라이빗(private) 블록체인은 허락된 소수만 참여할 수 있도록 설계된 개방되지 않은 블록체인을 말한다. 프라이빗 블록체인은 은행이나 공공기관에서 많이 사용한다. 퍼블릭 블록체인과 프라이빗 블록체인을 접목한 하이브리드(hybrid) 블록체인도 있다. 하이브리드 블록체인은 이용자 권한을 제한하면서도 투명성, 탈중앙화 같은 퍼블릭 블록체인의 장점을 담아내고자 탄생했다. 사물인터넷(IoT), 공공망 등에서 하이브리드 블록체인이 사용되며 그 플랫폼으로는 더블체인(double chain), 컨소시엄 블록체인(consortium blockchain), 인터체인(interchain) 등이 있다.

프라이빗 블록체인을 기반으로 한 코인의 경우, 코인 개발 회사가 망하면 코인의 가치도 거의 없어지겠지만, 그런 점에서는 퍼블릭 블록체인도 크게 다르지 않다.

주식시장과 달리 코인 시장에서 개발 회사가 망하는 것보다 더 큰 문제는 처음부터 아무런 가치가 없는 코인이 유통되는 것이라 할 수 있다. 어떤 이유에서든 코인을 발행했으나 그 프로젝트의 비전과 미션이 실질적인 활동으로 이어지지 않는 경우가 더

> 블록체인은 크게 퍼블릭, 프라이빗, 하이브리드 세 가지 유형으로 구분된다. 퍼블릭 블록체인은 불특정 다수가 참여할 수 있는 개방형이며, 프라이빗 블록체인은 이용자가 제한된 비개방형이다. 하이브리드 블록체인은 퍼블릭과 프라이빗을 접목한 형태다.

큰 문제라는 말이다. 이를 자금 모집 단계에서부터 알면서 코인을 발행하는 행위는 사실상 사기이다.

그래서 코인 투자자들은 해당 코인의 프로젝트를 꼼꼼하게 검토해야 한다. 대부분 눈에 보이지 않는 블록체인 프로젝트를 기반으로 코인을 발행해 투자자들을 끌어모으기 때문에 잘못하면 낭패를 보기 쉽다.

특금법에 따라 사기성 코인은 어느 정도 걸러지겠지만, 유사수신 행위로 투자자들을 모집해 그 자금을 횡령하는 일은 계속해서 일어날 것이다. 철저하게 알아보고 투자하지 않으면 내 돈을 고스란히 날릴 수 있고 범죄자로부터 보상을 받지 못하는 경우가 발생할 수도 있기 때문에 조심해야 한다.

코인 자동매매 괜찮을까?

코인을 자동매매한다는 것은 특정 매매 순간에 거래 가격을 지정하는 것이 아니고 사전에 지정한 가격에 자동으로 매매가 일어나도록 하는 것을 의미한다. 주식에서 자동 거래 체결 기능과 같다고 보면 된다. 코인 자동매매로는 두 가지 방법이 있다.

첫째, 거래소 기능 중 거래 가격선을 미리 설정해두는 기능을 활용한 자동매매이다. 핵심은 매수하고 싶은 저가선과 매도하고 싶은 고가선을 미리 설정해두는 것이다. 설정해둔 저가선 또는 고가선에 가격이 이르면 자동으로 매수와 매도가 일어나게 된다. 이 기능의 장점은 다른 일을 하면서도 원하는 가격에 코인을 매매할 수 있다는 것이다. 종일 차트를 들여다보아야 직성이 풀리는 사람에게는 잘 안 맞는 기능일 수 있다.

> 코인 자동매매란 미리 저가선과 고가선을 설정해두고 설정된 가격에 이르면 자동으로 매수 및 매도가 이루어지는 기능이다. 거래소에서 제공하는 서비스도 있고 자동매매 프로그램도 있다.

둘째, 자동매매 프로그램을 이용하는 방법이 있다. 네이버나 구글에서 '자동매매 봇'을 입력하면, 코인 자동매매 서비스를 제공하겠다는 업체가 많이

[그림 5-2] 빗썸 자동매매 제휴서비스

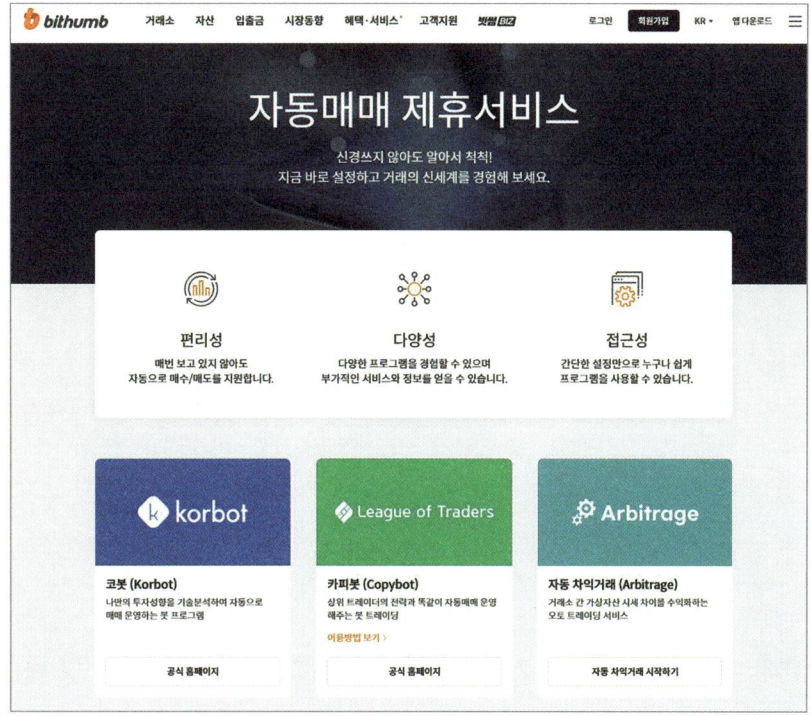

※ bithumb.com/additional_service/automatic_sale

나온다. 자동매매 봇이란 일종의 AI 차익 거래와 비슷한 기능을 한다. 이런 프로그램을 개발해 판매하는 업체도 있고 회원제로 일정한 수수료를 받고 대행하는 곳도 있다.

빗썸은 코봇(Korbot), 카피봇(Copybot), 헌터봇(Hunterbot) 같은 자동매매 봇을 통해 자동매매 제휴서비스를 제공하고 있다.

02 가상화폐 거래소 선택 기준은?

국내 4대 거래소

국내의 대표적인 가상화폐 거래소를 꼽으면 업비트, 빗썸, 코인원, 코빗 네 가지를 들 수 있다. 이들을 4대 메이저 거래소라고 한다. 그 외의 거래소를 마이너 거래소로 분류하는데, 메이저와 마이너를 구분하는 기준은 이용자의 수와 거래 규모다. 따라서 첫 거래를 시작하려는 투자자라면 4대 거래소 중에 선택하는 게 좋다.

업비트

그중 첫 번째 업비트(UPbit)부터 살펴보자. 업비트는 증권플러스 앱으로도 알려진 핀테크 기업 두나무(Dunamu)가 운영하는 국내 최대 규모의 가상화폐 거래소다. 2017년 10월 오픈베타 테스트를 거쳐 거래소를 오픈한 이

[그림 5-3] 업비트 초기 화면

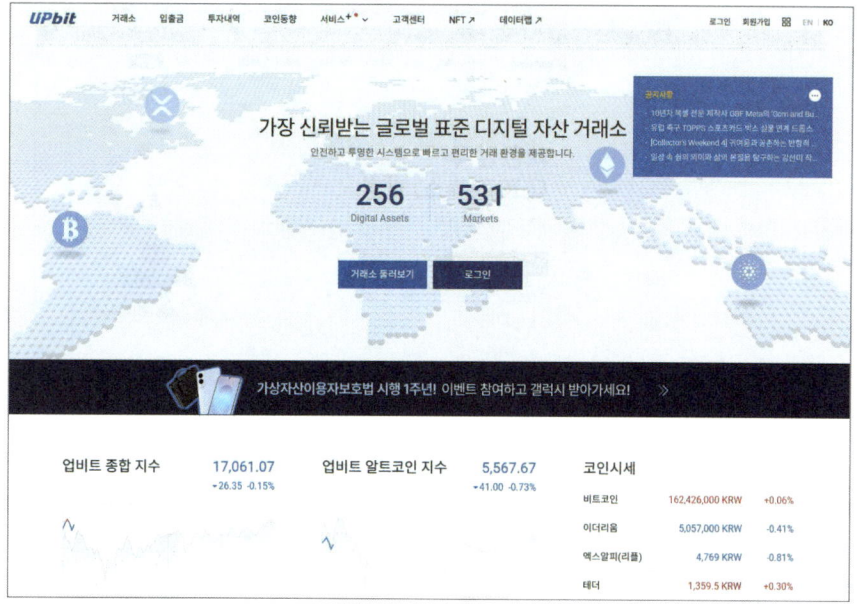

※ https://upbit.com/home

후 2021년에는 거래량 기준 국내 1위를 기록했다. 2017년 비트렉스(Bittrex) 와 제휴해 마켓(BTC·ETH·USDT)을 함께 운영했으나, 2019년 9월 이 관계를 종료하여 현재는 업비트 자체 주문만 가능하다. 업비트는 원화(KRW)뿐 아니라 BTC/USDT 마켓 거래량을 CoinMarketCap에 통합해 등록했으며, 2018년에는 원화 마켓 거래량만으로 글로벌 1위를 기록했다. 회원 가입을 하려면 카카오 계정과 실명 인증된 케이뱅크 등 원화 계좌가 필수다.

빗썸

빗썸(Bithumb)은 한때 세계 1위 거래량을 자랑하기도 한 거래소였으나, 후

[그림 5-4] 빗썸 초기 화면

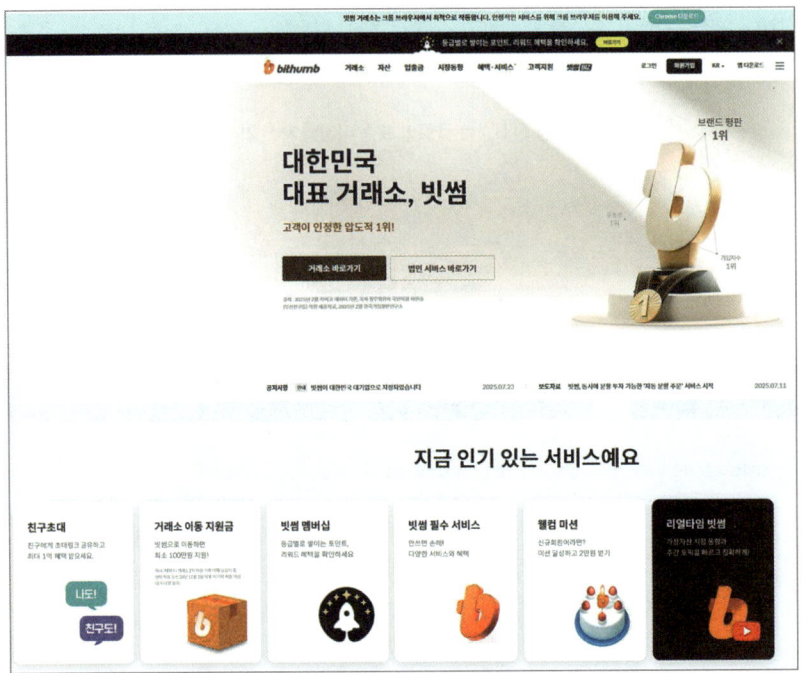

※ https://www.bithumb.com/

발주자인 업비트에 현재 다소 밀리고 있는 양상이다. 빗썸은 2014년 1월 운영을 시작한 1세대 가상화폐 거래소다. 단일 플랫폼 마켓 기준으로 국내 거래량만으로도 전 세계 인기 거래소 상위권에 있다. 빗썸에 가입하려면 국민은행 계좌가 필요하다.

코인원

코인원(Coinone)은 우수한 유저 인터페이스, 활동성이 뛰어난 차트, 실시간 채팅 등 다양한 기능을 가진 가상화폐 거래소다. 2014년 8월 오픈했다.

[그림 5-5] 코인원 초기 화면

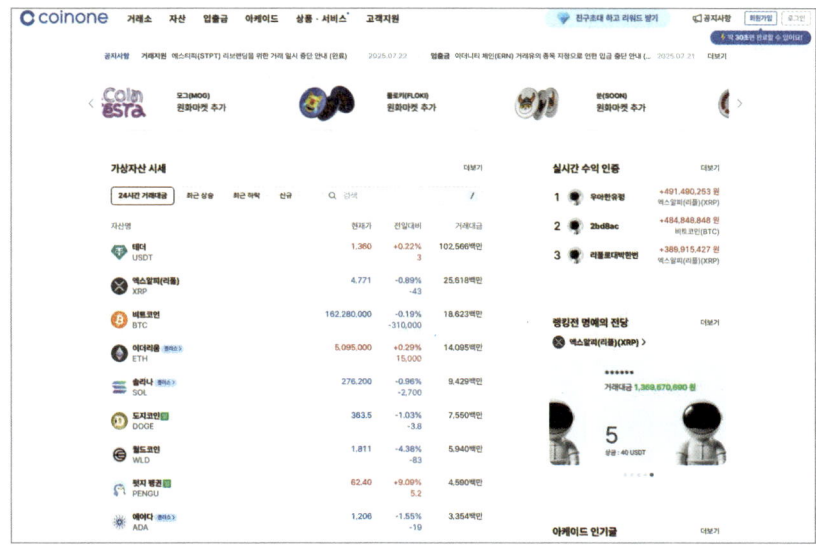

※ https://coinone.co.kr/

보안에 대한 신뢰도를 강조함으로써 도약을 노리고 있다. 실명 계좌를 받은 거래소 중 유일하게 마진 거래를 지원한 바 있다. 코인원에 가입하려면 농협 은행 실명 계좌가 필요하다.

코빗

코빗(Korbit)은 2013년 설립된 대한민국 최초의 가상화폐 거래소다. 설립 초기에는 '한국비트코인거래소'라는 명칭으로도 알려졌다. 과거에는 업비트, 빗썸, 코인원과 함께 국내 4대 거래소로 언급되었으나, 현재는 상대적으로 거래 규모가 작고 상장된 코인 수가 적다. 신한은행 실명 계좌만 연동 가능하며, 사용자 인터페이스에 대한 불편함을 제기하는 의견도 있다.

[그림 5-6] 코빗 초기 화면

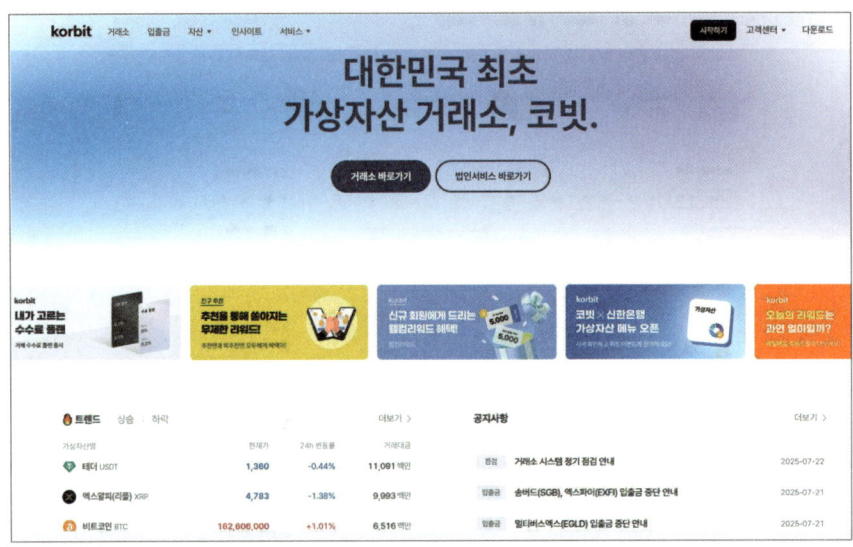

※ https://www.korbit.co.kr/

4대 거래소 특징

가상화폐 거래소를 선택할 때 기준은 보안, 거래량, 종목 수, 수수료 이 네 가지를 보는 것이 좋다. 업비트는 국내에서 거래량이 가장 많은 대표 거래소이며, 빗썸은 다양한 코인 상장과 오랜 업력으로 사용자층을 유지하고 있다. 코인원은 보안 강화를 강조해온 점이 특징이며, 코빗은 국내 최초의 가상화폐 거래소로서 안정적 운영을 이어가고 있다.

가상화폐 시장은 차트를 사용한 기술적 분석이 가능하고 투자를 통해 수익을 창출한다는 점에서 주식시장과 비슷하다. 다만, 가상화폐 시장은 거래소를 통해 가상화폐와 원화가 바로 교환되고 가상화폐끼리 맞교환이 이루어지는 구조라는 점에서 주식시장과 차이가 있다. 가상화폐가 24시간 동안 거래가 가능한 점, 아직 시장의 규제가 느슨한 편이라는 점은 주식시장과 큰 차이점이다. 이 점을 숙지하고 가상화폐 거래소를 선택할 필요가 있다.

가상화폐 거래소 선택 기준은 보통 다음 4가지로 볼 수 있다.

① 보안이 안전한가?
② 거래량이 매매가 원활할 정도로 충분한가?
③ 종목 수가 충분한가?
④ 수수료가 적당한가?

빗썸

빗썸은 한때 보안성과 서버 안정성 문제로 비판받았으나 현재는 ISMS 인증 등으로 보안 인프라를 강화했다. 기본 거래 수수료는 0.25%이며, 수수료 쿠폰을 활용하면 최대 0.01%까지 할인받을 수 있다. 자체 서비스인 '빗썸캐시'를 통해 외부 제휴 쇼핑몰에서 상품권 등으로 사용할 수 있는 점도 특징이다. 국내 거래량은 업비트 다음으로 높은 수준이며, 상장 코인 종류가 많아 간편한 매매를 원하는 이용자에게 적합한 거래소다.

업비트

업비트는 깔끔하고 직관적인 사용자 인터페이스로 편리한 사용 경험을 제공하며, 다양한 가상자산을 지원해 거래 선택 폭이 넓은 것이 장점이다. 기본 거래 수수료는 0.25%로 업계 평균이며, 체결 속도와 매끄러운 사용자 경험에서 높은 평가를 받고 있다. 다만, 빗썸 등에 비해 에어드롭 이벤트가 적고, 인증 등급에 따라 일일 출금 한도가 낮게 설정되어 있다. 이런 특성으로 업비트는 빠른 체결과 간편한 인터페이스를 중시하는 사용자에게 적합한 거래소로 평가받는다.

코인원

코인원은 화이트 해커 출신의 보안 전문가가 설립한 거래소로 ISMS 인증, 다중 인증 체계, FDS(이상 거래 탐지 시스템) 등 다양한 보안 장치를 갖추고 있다. 국내 거래량 기준으로 업비트, 빗썸에 이어 상위권을 유지하고 있으며, 약 300종에 가까운 가상자산을 지원한다. 거래량과 등급에 따라 0.02~0.1%의 차등 수수료가 적용되며, 매주 'Coin Clip'이라는 주간 리포트를 통해 시장 정보를 제공한다. 이러한 특성 덕분에 코인원은 보안을 중시하고 안정적인 거래를 원하는 투자자에게 적합한 플랫폼으로 평가받는다.

코빗

코빗은 2013년 설립된 대한민국 최초의 가상자산 거래소로, 안정성과 보안성 측면에서 높은 신뢰를 받고 있다. ISO/IEC 27001, ISMS 등 보안 관련 인증을 보유하고 있으며, 서버 장애나 보안 사고 없이 안정적으로 운영되어 온 점이 특징이다. 최근 24시간 기준 비트코인 거래량은 수백억 원대 수준으로, 업계 상위 거래소보다는 적지만 꾸준한 유동성을 유지하고 있다. 거래량에 따라 메이커 수수료는 최대 0.1%에서 0%, 테이커 수수료는 0.2%로 차등 적용되며, 파생상품 없이 스팟 거래에 집중하는 이용자에게 적합한 플랫폼이다.

03 가상화폐 거래하기

회원가입 및 로그인하기

국내에 다양한 거래소들이 있지만 유저 인터페이스가 가장 무난하고 사용 기능이 좋다고 알려진 '코인원'을 중심으로 가상화폐 거래소 이용 방법에 대해 소개해보겠다.

우선, 거래소 회원가입부터 시작하자(그림 5-7 참조). 코인원 사이트(coinone. co.kr)에 접속해 회원가입 버튼을 클릭한다. 약관 동의 화면이 나오면 동의에 체크한다. 이용 약관 및 개인정보처리 방침 등을 확인한 후 체크해야 한다.

이어서 이메일을 입력하는데, 이메일은 아이디로 사용된다. 비밀번호 설정과 캡챠(CAPTCHA) 인증 화면이 나오는데 비밀번호를 넣고 로봇이 아님을 인증하면 된다.

다음으로, 이메일 인증을 거쳐야 한다. 인증 메일이 발송되었다는 화면이

[그림 5-7] 거래소 회원가입 절차

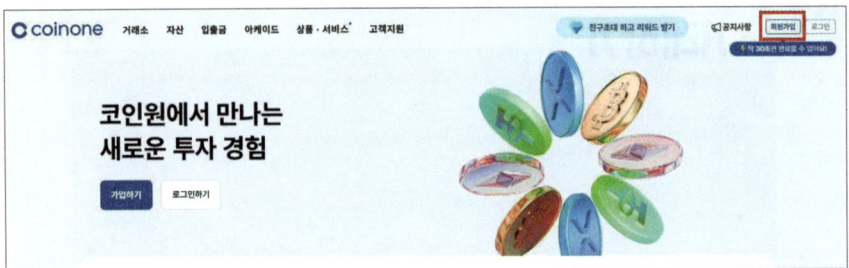

① 회원가입 버튼 클릭

② 약관 동의

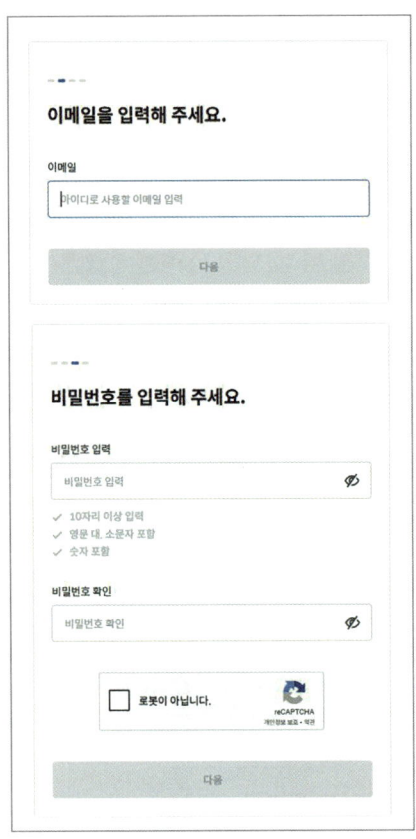

③ 이메일과 비밀번호 입력

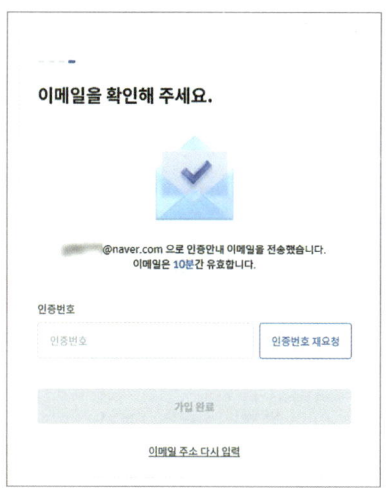

④ 이메일 인증

떴다면, 가입 신청 완료 시 입력한 이메일로 인증 메일이 전송되었을 것이다. 인증 메일을 확인한 후 [그림 5-7-④]와 같이 인증번호를 넣으면 회원가입이 완료된다.

회원 인증 절차 밟기

회원 인증 절차

회원가입이 완료되면 본격적으로 거래를 시작하기 위해 추가 인증 절차를 거쳐야 한다. 인증 단계 페이지에 접속해 로그인 후 [마이페이지]로 이동한 다음 화면에 표시된 QR코드를 휴대폰으로 스캔해 코인원 앱으로 이동한다.

앱 로그인 및 PIN/생체 인증

앱에서 재로그인 후 6자리 PIN 번호 입력 또는 생체 인증을 진행하며 인증이 완료되면 거래소 이용이 가능해진다.

[그림 5-8] 거래소 회원 인증 절차

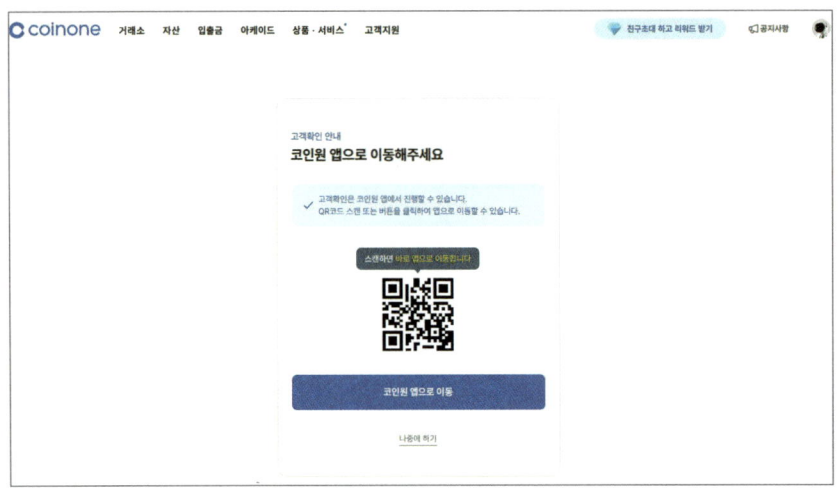

① 마이페이지 > 인증단계

② 코인원 앱 이동 화면

거래 계좌 인증

앱 로그인 후 '고객 확인하기' 절차를 진행한다.

- **종목 뷰 설정**: 강조형, 정보형, 차트형 중 하나를 선택한다.
- **계좌 인증**: 카카오뱅크 계좌가 있다면 '카카오뱅크 인증하기'를 선택하며 신분증 촬영, 영문 이름·주소·직업·거래정보를 입력한다.
- **개인정보 확인**: 입력 정보를 확인한 후 완료를 누르면 거래 준비가 끝나고 바로 원화 입금 화면으로 이동할 수 있다.

[그림 5-9] 종목 뷰 설정

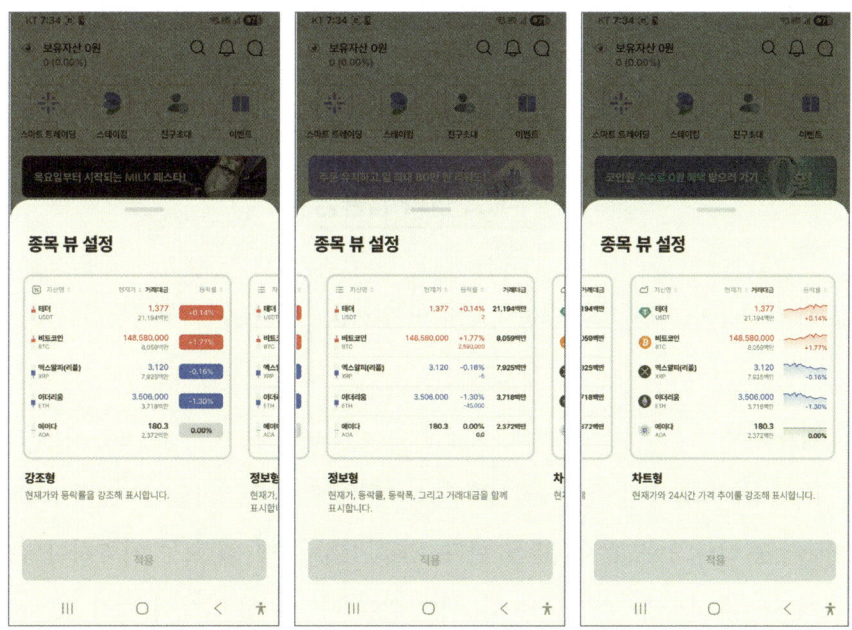

5장: 거래소 선택 기준과 가입 방법

[그림 5-10] 거래소 계좌 인증

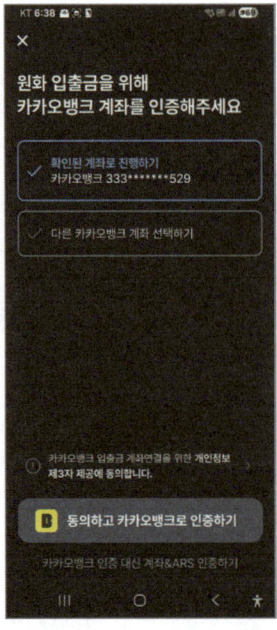

거래소 원화 입출금

휴대폰 인증과 은행 계좌 인증이 끝나면 원화(KRW) 입출금이 가능하다.

입금 절차

[입출금] 메뉴에서 '입금'을 선택하고 추가채널 인증(카카오톡·네이버·PASS 인증서 중 하나)으로 전자서명을 한다. 입금 신청은 웹·앱 모두 가능하나 전자서명은 휴대폰에서만 가능하다. 서명 완료 시 입력한 금액이 즉시 코인원

계정으로 입금된다.

출금 절차

원화 최소 출금 금액은 5,000원이고 수수료는 1,000원(일반회원 기준)이지만 코인별 최소 출금 수량이나 수수료가 다르며 원화·코인 모두 미체결 주문이 있으면 출금할 수 없다.

> 원화 출금 시 유의 사항
> 최소 출금 금액: 5,000원
> 원화 출금 수수료: 1,000원
> 모든 미체결 주문 취소 후 출금 가능

[그림 5-11] 거래소 원화 입출금

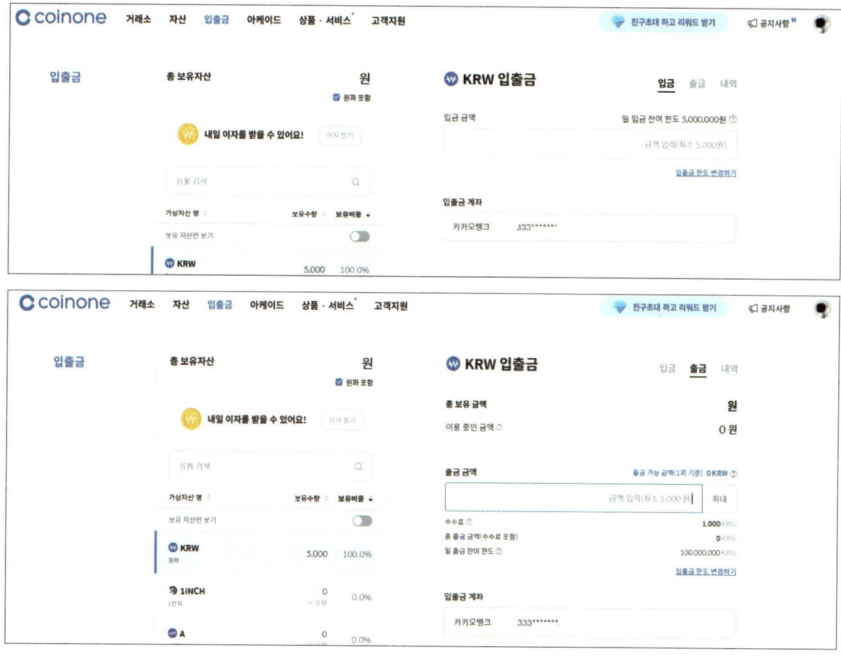

5장: 거래소 선택 기준과 가입 방법

거래소에서 코인 거래하기

코인 주문은 [거래소] 메뉴에서 진행한다. 웹 화면은 좌측 호가창-중앙 차트-우측 주문창 구조로 되어 있다.

주문 유형

- **지정가**: 원하는 가격·수량을 직접 입력 → 해당 가격에서만 체결
- **시장가**: 즉시 체결 목적, 매수 시 총액 입력 → 가능한 수량 자동 계산
- **예약가**: 감시가와 주문가 설정 → 조건 충족 시 자동 주문 실행

> 비트코인의 최소 주문 단위는 0.0001BTC이며 코인별 단위는 거래 페이지 상단에서 확인할 수 있다.

매도도 매수와 동일하게 지정가·시장가·예약가를 사용하면 된다.

호가

호가는 매수·매도 주문이 대기 중인 가격과 수량 정보로 호가창으로 표시되어 있다. 매수 호가는 현재 거래소에서 가장 높은 가격에 사겠다고 대기 중인 주문들이고 매도 호가는 현재 거래소에서 가장 낮은 가격에 팔겠다고 대기 중인 주문들이다. 따라서 최우선 매수·매도 호가를 통해 시장의 즉시 체결 가능 가격을 확인할 수 있으며, 호가창의 가격대별 주문 잔량을 분석하면 매수·매도세의 균형, 유동성 상태를 한눈에 파악할 수 있다.

클릭 주문

호가창에서 원하는 가격을 클릭하면 자동으로 주문 가격란에 입력되는 기능으로 주문 가격을 직접 입력할 필요 없이 빠르게 거래가 가능하며, 단타, 스캘핑 등 신속한 주문이 필요한 경우 유용하다. 하지만 잘못 클릭하면 원치 않는 가격에 주문이 들어갈 수 있으므로 주문 확인창이나 수량 설정을 반드시 점검해야 한다.

[그림 5-12] 거래소 코인 거래

① 매수와 매도 창

 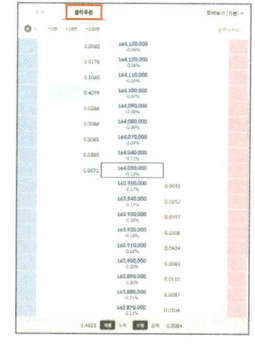

② 호가와 클릭 주문

5장: 거래소 선택 기준과 가입 방법   147

주문 취소

- **주문 전**: 클릭 주문을 잘못했을 경우 취소할 수 있다. 주문 버튼을 누르기 전이라면 가격 입력란을 직접 지우거나 다른 가격을 다시 입력하면 된다.

  > 주문창 설정에서 '호가 클릭 시 가격 자동입력(클릭 주문)' 기능을 오프(OFF)로 하면 실수할 가능성을 줄일 수 있다.

  수량란도 비우면 주문 조건이 초기화되어 실수 주문을 방지할 수 있다.

- **주문 후**: 이미 주문 버튼을 눌러서 체결 대기 상태라면 웹에서는 '미체결 주문' 목록에서 해당 주문 우측의 '취소' 버튼을 클릭하면 된다. 모바일 앱에서는 주문 내역 옆의 휴지통 아이콘을 터치하면 된다.

가상화폐 시장은 급격히 성장하고 있습니다. 국내 시장은 법적 규제가 비교적 많은 편이지만 가상화폐의 전 세계적인 열풍은 거스를 수 없는 흐름인 것 같습니다. 가상화폐의 역사가 짧다 보니, 부동산이나 주식처럼 코인의 가치를 객관화할 수 있는 지표가 드문 것이 사실입니다. 이번 장에서는 가상화폐 종목 선정의 기준을 소개합니다. 가상화폐의 객관적 가치는 어떻게 판단할지, 시가총액과 거래량을 확인하는 법과 함께 코인 투자할 때 필수적으로 검토해야 할 8가지로 시가총액 및 거래량 분석, 프로젝트의 목적과 백서 분석, 개발팀 및 커뮤니티의 신뢰도, 토크노믹스 구조 분석, 기술적 구조 및 거버넌스 모델, 온체인 지표와 실시간 데이터, 시장 트렌드 및 섹터 분석, 규제 환경 및 상장 거래소 확인을 정리했습니다.

6장

코인 투자, 종목 선정의 지름길

01 종목 선정의 기준

가상화폐의 객관적 가치는 어떻게 판단할까

블록체인과 가상화폐는 급격하게 성장하고 있는 새로운 시장이다. 가상화폐 및 거기서 파생되는 상품의 종류도 빠르게 증가하고 있다. 이런 변화는 점점 더 가속화되고 두드러질 것으로 본다. 가상화폐의 발달은 거스를 수 없는 물결인 것 같다.

 2025년 7월 현재 전 세계 가상화폐의 종류는 약 26,000개, 가상화폐 거래소는 550개 이상으로 집계되고 있다. 이는 2020년 초 약 5,000종에 불과하던 가상화폐 수가 5년 만에 5배 이상 증가한 수치다. 개발자들은 여전히 다양한 기능과 목적을 가진 신규 코인을 지속적으로 출시하고 있으며, 하루에도 수십 개의 새로운 코인이 시장에 등장하고 있다. 이들 중에는 인공지능, 실물자산 연동, 탈중앙화 금융(DeFi), 게임 및 메타버스 기반의 높은 성장

가능성을 지닌 프로젝트도 있는 반면, 시장의 주목을 받지 못하고 사라지는 이른바 '블랙 코인'들도 여전히 존재하는 것이 현실이다. 투자해야 할 코인을 추려내는 것 자체가 중요한 능력이 되었다.

주식의 경우, 기업의 전체 가치에서 부채를 차감하면 자기자본이 산출되고, 이를 주식 수로 나누면 주당 가치(PBV)를 대략 계산해볼 수 있다. 물론 이러한 계산은 재무제표를 읽고 해석할 수 있다는 전제가 필요하며, 어디까지나 간단한 추정에 불과하다. 부동산도 마찬가지다. 공시지가를 기준으로 특정 요인을 대입해 비교 분석하면 대략적인 가치를 가늠할 수 있다. 이런 방식은 감정평가 용어로 '탁상감정평가'라고 한다. 하지만 가상화폐는 실물 자산도, 기업도 아니기 때문에 이처럼 명확한 평가 기준이 존재하지 않아 가치 판단이 훨씬 어렵다.

가상화폐 투자에서 가장 기본이 되는 판단 기준은 바로 '백서(White Paper)'이다. 백서에는 해당 가상화폐의 기술적 특징과 프로젝트의 비전, 개발자 및 자문진의 신뢰도, 법인의 지분 구조 등이 자세히 설명되어 있다. 투자자는 이러한 요소들을 면밀히 검토한 뒤 투자 여부를 결정해야 한다.

시가총액과 거래량을 확인하는 법

가상화폐 투자를 처음 시작하는 초보자라면 가장 먼저 참고해야 할 사이트는 코인마켓캡(CoinMarketCap)이다(https://coinmarketcap.com/ko/).

이 사이트는 전 세계 주요 가상자산들의 시세, 시가총액, 거래량, 유통량,

프로젝트 정보 등을 보기 쉽게 정리해 입문자에게 매우 유용하다. 그중에서도 특히 시가총액과 거래량은 해당 코인의 시장 내 위치와 유동성을 판단하는 데 중요한 기준이 되므로 반드시 눈여겨볼 필요가 있다.

코인마켓캡은 시가총액을 기준으로 가상화폐의 순위를 매기고 있다. 이 중 상위에 랭크된 가상화폐들을 우선 투자 대상에 포함해보는 것이 바람직하다.

시가총액뿐 아니라 거래량도 중요한 투자 판단 기준 중 하나이다. 코인마켓캡은 각 가상화폐의 시가총액 외에도 거래량, 현재 가격, 유통 공급량 등 다양한 지표를 제공하고 있다.

주식시장과 마찬가지로, 가상화폐 시장에서도 거래량이 많고 시가총액이 높은 종목은 비교적 시장의 신뢰를 얻고 있다고 볼 수 있다. 거래량이 많다는 것은 시장 참여자들의 관심이 높고, 그로써 가격 상승 가능성도 크다는 뜻이다. 또한 시가총액이 높을수록 해당 가상화폐에 자금이 많이 유입되고 있다는 의미이며, 이는 시장이 그 가상화폐에 상당한 가치를 부여하고 있다는 신호로 해석할 수 있다.

와이스 레이팅스의 신용등급

신용평가기관 와이스 레이팅스(Weiss Ratings)는 업계 최초로 가상화폐 거래소에 상장된 가상화폐들의 신용등급을 자체적으로 평가하고 그 결과를 공개하고 있다. 와이스 레이팅스 웹사이트에 접속하면 이를 확인할 수 있다(그

[그림 6-1] 시가총액 상위 가상화폐 목록

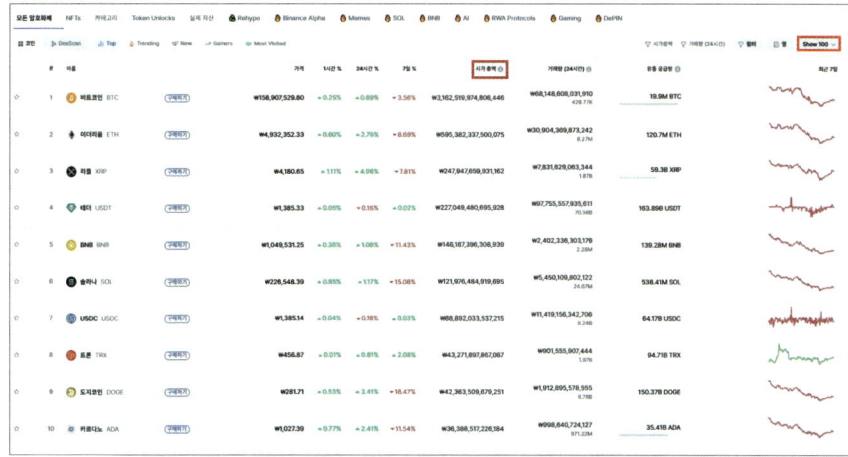

※ 코인마켓캡(https://coinmarketcap.com/ko/)

[그림 6-2] 가상화폐별 현재 가격, 거래량, 공급량

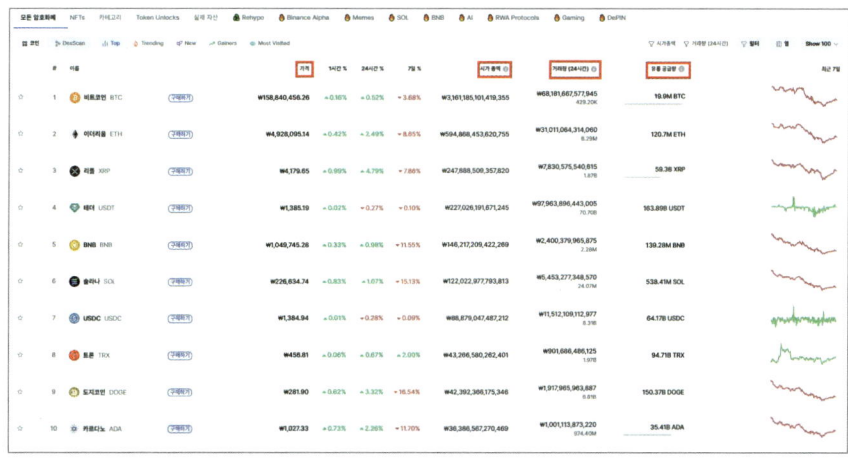

※ 코인마켓캡(https://coinmarketcap.com/ko/)

> 와이스 레이팅스의 신용등급을 기준으로 가상화폐의 가치를 따져보면 좋은데, 가급적 A, B 등급 위주로 선택하는 것이 안전하다.

림 6-3 참조).

와이스 레이팅스 사이트에 접속해 왼쪽 중간의 가상화폐(Crypto)를 클릭하면 다양한 투자 지표를 볼 수 있다. 와이즈 50 가상화폐 인덱스(Weiss 50 Crypto Index)를 비롯해 여러 가지 투자 지표를 참고하라.

와이스 레이팅스 신용등급은 각 분야의 전문가를 통해 블록체인 기술, 비즈니스 실현 가능성, 시장성, 투자성, 투자 리스크를 종합 평가해 점수를 매긴 후에 산정된다. 가상화폐 투자를 고려한다면, 이 신용등급이 좋은 기준이 될 것이다.

[그림 6-3]에서 왼쪽 중간의 Crypto Ratings를 클릭하면 코인의 항목마

[그림 6-3] 신용평가기관 와이스 레이팅스

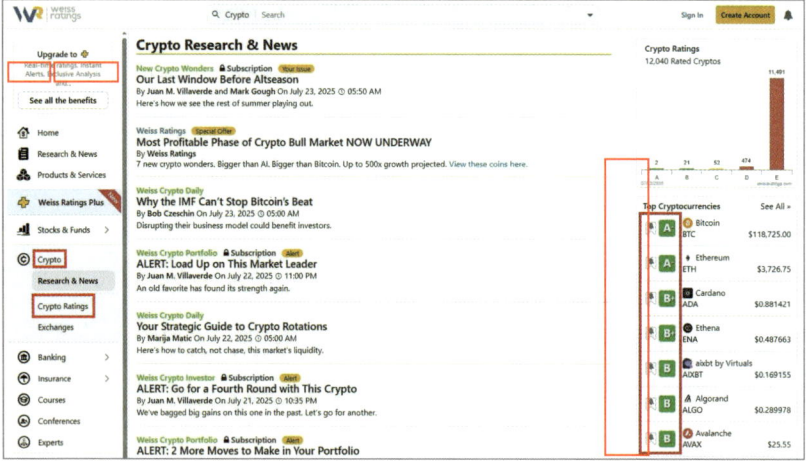

※ 와이스 레이팅스(https://weissratings.com/en/crypto)

[그림 6-4] 코인 등급(Crypto Ratings) 확인하기

Crypto Rating	Name	Ticker	Tech/ Adoption Grade	Market Performance Grade	Price	1-Hour Price Change	24-Hour Price Change	7-Day Price Change	24-Hour Volume	Market Cap	7-Day Price History
A-	Bitcoin	BTC	A	B	$118,742.00	-0.27%	1.26%	0.90%	$55.33B	$2.36T	
A-	Ethereum	ETH	A	C	$3,726.41	-0.39%	-0.03%	18.94%	$49.98B	$449.88B	
B	Ripple	XRP	B	B	$3.49	-0.57%	0.02%	19.61%	$6.97B	$206.69B	
S	Tether	USDT	--	--	$1.00	0.00%	0.00%	0.00%	$154.11B	$162.00B	
C+	BNB	BNB	C+	C	$796.50	0.49%	4.70%	15.46%	$3.21B	$110.99B	
B	Solana	SOL	B	C+	$201.82	-0.26%	1.28%	23.09%	$27.02B	$108.63B	
S	USD Coin	USDC	--	--	$0.999808	-0.01%	-0.01%	-0.01%	$9.62B	$64.73B	
C-	Dogecoin	DOGE	B-	D	$0.264966	-0.57%	-0.44%	33.28%	$11.36B	$39.79B	
D	Lido Staked Ether	STETH	D+	C	$3,711.70	-0.44%	-0.01%	18.55%	$133.53M	$33.79B	
B-	Cardano	ADA	A-	C+	$0.881662	-0.33%	0.03%	17.98%	$1.63B	$31.87B	
C-	TRON	TRX	C+	B	$0.316643	0.02%	2.03%	5.39%	$3.64B	$30.00B	
C-	Wrapped Bitcoin	WBTC	D	B+	$118,535.00	-0.40%	1.29%	0.85%	$298.77M	$15.27B	
D	Hyperliquid	HYPE	D	C	$45.18	-0.66%	2.35%	-5.88%	$409.67M	$15.09B	
D+	Wrapped stETH	WSTETH	D	C	$4,488.12	-0.26%	0.11%	18.60%	$59.15M	$14.55B	
B	Stellar	XLM	B	B-	$0.467070	-0.42%	1.68%	3.55%	$616.18M	$14.54B	
B	Sui	SUI	B	C+	$3.95	-0.25%	0.02%	-3.18%	$1.80B	$13.64B	
C+	ChainLink	LINK	C+	C-	$19.51	0.00%	0.25%	21.33%	$982.12M	$13.22B	
E+	Wrapped Beacon ETH	WBETH	E-	C	$3,999.44	-0.54%	0.02%	18.82%	$30.88M	$11.86B	
B	Hedera	HBAR	B	C+	$0.270187	-0.29%	0.97%	16.31%	$566.67M	$11.46B	

※ 와이스 레이팅스 Crypto Ratings(https://www.weissratings.com/en/crypto/coins)

다 상위 랭킹을 확인할 수 있으며 이를 투자 기준으로 삼으면 도움이 될 것이다. 등급 중에서 A는 매우 훌륭하다는 의미이고, B는 그냥 훌륭하다는 의미, C는 보통, D는 취약하다는 의미, E는 매우 취약하다는 의미를 지닌다. 와이스 레이팅스 등급의 D등급부터는 투자에 따른 리스크가 크다는 것을 참고해야 하며, E등급의 경우 투자를 하면 안 되는 가상화폐라고 생각해도 무방할 것으로 보인다.

시장의 1등에 주목하라

종목 분석이 복잡하고 어렵게 느껴진다면, 일반적으로 시장의 1등에 투자하는 것도 좋은 방법이다. 이는 주식투자와 같은 원리다. 시장의 1등은 항상 주목을 받게 되어 있기 때문이다.

어느 업종이나 1등은 많은 주목을 받고 그래서 더 많이 팔린다. 책도 베스트셀러에 오른 책이 더 많이 팔리고, 1등 맛집이라고 소문난 식당에 많은 손님이 몰리며 긴 줄도 마다하지 않는다. 주식도 시가총액 1위인 삼성전자가 독보적인 관심을 차지한다. 코인 시장의 1등은 단연 비트코인이다.

2025년 7월 기준, 비트코인의 1개당 가격은 약 11만 8,500달러, 시가총액은 약 2조 3,800억 달러로 암호화폐 시가총액 1위를 유지하고 있다. 같은 시기 이더리움은 1개당 약 3,700달러이며, 시가총액은 약 4,340억 달러로 2위를 지키고 있다. 두 코인 간 가격 차이는 약 11만 4,800달러에 이르며, 이전보다 격차가 더욱 벌어진 양상이다.

> 가상화폐 시장의 1등은 비트코인이다. 시가총액, 거래량 등에서 다른 대형 코인들을 다 합친 것보다도 압도적인 1위를 보인다.

이처럼 비트코인이 압도적인 1등을 차지하는 이유는 뭘까? 여러 요인이 있겠지만, 비트코인은 가상화폐 시장에 최초로 나타난 코인으로 기축통화 역할을 하고 있고 그로 인한 상징성과 높은 브랜드 가치 때문으로 보인다.

'커피' 하면 스타벅스, '빵집' 하면 파리바게트, '김밥' 하면 김밥천국을 떠올리는 것처럼, '코인' 하면 많은 사람이 비트코인을 떠올린다. 이더리움(ETH), 리플(XRP), 비트코인캐시(BCH) 등 여러 대형 화폐를 다 합쳐도 비트코인 가격이나 시가총액을 따라잡기 어려울 정도이다.

코인의 기능을 따져보라

그런데 왜 이렇게 코인이 많은 걸까? 가상화폐로서의 기능 외에 코인마다 기능이 다른 것일까? 답부터 말하자면 "그렇다." 코인별 용도가 다른데 여기서는 시장에서 현재 주목받고 있는 주요 코인의 기능만 소개하고자 한다. 코인별 특성에 관한 좀 더 자세한 정보는 7장에 정리했다. 가상화폐 홈페이지나 인터넷에 공개된 백서에도 용도 및 기능 등 자세한 정보가 나온다.

비트코인 다음으로 많이 알려진 이더리움은 우수한 기능성과 실용성 덕분에 많은 인기를 끌고 있다. 이더리움의 기능을 한마디로 정리하면, 블록체인 기술을 기반으로 스마트 컨트랙트 기능을 구현하기 위한 분산 컴퓨팅 플랫폼이자 운영체제라고 할 수 있다. 스마트 컨트랙트에 대해서는 뒤에서 자세히 설명하겠다. 이더리움이 제공하는 가상화폐는 이더(ETH)로 표시하며 비트코인 외에 시가총액이 가장 높은 대표적인 알트코인이다. 알트코인이란 비트코인 이후 등장한 후발 가상화폐를 일컫는 편의상의 용어다.

리플(XRP)은 국제 송금에 특화된 디지털 자산으로, Ripple Labs가 개발한 블록체인 기반 프로토콜에서 활용된다. 리플은 실시간 자금 이체를 위한 소프트웨어 솔루션을 금융기관에 제공하며, 일부 기관은 리플을 중개 자산으로 활용한다. 리플의 결제 속도는 평균 4초 내외로,

> 알트코인(Altcoin): 비트코인 이후 등장한 가상화폐들을 가리켜 알트코인이라고 한다.

[표 6-1] 주요 코인의 기능 및 용도

비트코인(BTC)	최초의 암호화폐로 총발행량이 고정되어 있으며 '디지털 금'으로 불린다. 가치 저장 수단으로 사용되며 채굴로 생성된다.
이더리움(ETH)	스마트 계약 기능을 갖춘 블록체인 플랫폼의 기반 코인이다. 디파이, NFT 등 다양한 애플리케이션에 활용되며, 현재는 지분증명(PoS) 방식으로 운영된다.
비트코인캐시(BCH)	비트코인에서 하드포크로 분리된 코인으로, 블록 크기를 확대해 더 빠르고 저렴한 결제를 지향한다. 일상 소액 결제에 적합한 구조다.
리플(XRP)	국제 송금을 위한 블록체인 기반 결제 네트워크(RippleNet)에서 사용되는 디지털 자산이다. 일부 금융기관에서 XRP를 중개 통화로 활용한다. 결제 속도가 매우 빠르다.

이더리움이나 비트코인보다 빠른 처리 속도를 강점으로 한다. 다만 모든 파트너사가 리플을 사용하는 것은 아니며, RippleNet 솔루션만 사용하는 금융기관도 많다.

외환거래 시 국제은행 간 통신협회를 이용하는 기존 체제는 느리고 오류도 많으며 수수료도 비싼데, 리플은 이를 해결해줄 수 있다는 측면에서 획기적인 코인이다. 리플코인이라고도 부르며 타원형 디지털 서명 알고리즘을 사용한다. 다만, 리플은 중앙화된 가상화폐로 채굴이 없고 합의에 의해 운영된다.

02 코인 투자할 때 필수적으로 검토해야 할 8가지

가상화폐 투자는 전통적인 주식 투자와 달리 규제와 정보의 비대칭성이 크기 때문에 종목 선정 단계부터 체계적인 기준을 적용하는 것이 매우 중요하다. 다음은 종목을 선별할 때 반드시 검토해야 할 핵심 항목들이다.

시가총액 및 거래량 분석

시가총액은 해당 코인의 시장 내 위치를 파악하는 기본 지표이다. 일반적으로 시가총액이 높을수록 시장의 신뢰도가 높고 안정성이 있다. 거래량은 유동성을 판단하는 기준으로 활용되며, 거래량이 풍부한 종목일수록 매수·매도 시 슬리피지 없이 진입과 청산이 용이하다. 시가총액 상위 종목은 장기적으로 생존 가능성이 크며, 초보 투자자는 시총 100위 이내의 코인 위주로 접근하는 것이 안정적이다.

프로젝트의 목적과 백서 분석

해당 코인이 해결하고자 하는 문제가 무엇인지, 어떤 기술을 통해 접근하는지를 이해해야 한다. 그러려면 프로젝트의 백서를 꼼꼼히 읽는 것이 필수적이다. 백서에는 기술적 구조, 토큰 발행 계획, 로드맵, 사용처 등이 상세히 설명되어 있다. 실생활에서의 적용 가능성과 기술적 실현 가능성 그리고 해당 프로젝트가 기존 시장에서 어떤 차별성을 가지는지 분석하는 것이 중요하다.

예를 들어, 이더리움(ETH)의 백서는 비탈리크 부테린이 2013년 제안한 내용으로, 스마트 계약(Smart Contract) 기능을 블록체인에 구현함으로써 단순한 결제 수단을 넘어 탈중앙화된 애플리케이션 생태계를 구축하는 데 목적이 있다. 백서에는 이더리움의 계층적 구조, 이더(Ether)의 역할 그리고 개발자 생태계 확대 전략이 기술되어 있다.

또한 체인링크(LINK)는 탈중앙화 오라클 네트워크를 통해 블록체인 외부의 데이터를 스마트 계약에 안전하게 연결하려는 프로젝트로, 백서에는 오라클 문제에 대한 기술적 접근과 보안 메커니즘, LINK 토큰의 유틸리티에 대해 상세히 설명되어 있다. 이처럼 백서는 단순한 설명서가 아니라 해당 프로젝트의 철학과 실행력, 차별화 요소를 판단할 수 있는 핵심 자료이다.

비트코인의 백서

비트코인(BTC)의 백서는 2008년 10월 31일 사토시 나카모토라는 가명을 사용하는 인물이 『비트코인: 피어 투 피어 전자 현금 시스템(Bitcoin: A Peer-to-Peer Electronic Cash System)』이라는 제목으로 발표하였다. 이 백서는 기존 금융 시스템의 문제점, 즉 중앙화된 금융 기관에 대한 의존성, 수수료, 신뢰 기반의 거래 방식 등을 해결하고자 하는 철학에서 출발하였다. 비트코인은 탈중앙화된 P2P 네트워크를 통해 중개자 없이 직접 송금이 가능한 디지털 화폐로 설계되었으며, 블록체인이라는 기술을 통해 거래의 무결성과 신뢰성을 확보한다는 내용을 담고 있다. 특히 이 백서의 핵심은 더블 스펜딩(double-spending) 문제를 해결하기 위한 '작업증명(Proof of Work)' 합의 알고리즘과 체인 구조에 기반한 타임스탬프 기법을 제시한 것이다.

개발팀 및 커뮤니티의 신뢰도

팀 구성원이 누구인지, 과거 어떤 프로젝트를 수행했는지, 실명 기반의 활동을 하고 있는지가 중요하다. 익명성이 강한 팀의 경우 러그풀(Rug Pull, 먹튀)의 위험성이 크다. 개발팀의 깃허브(Github) 활동 여부, 업데이트 빈도, 커뮤니티에서의 소통(디스코드, 트위터 등)으로 실질적인 프로젝트 운영 여부를 확인할 수 있다. 대규모 커뮤니티와 활발한 피드백이 있는 프로젝트는 일반적으로 생존력이 높다.

> **코인 사기의 대표사례**
>
> 2021년 하반기, 넷플릭스 인기 드라마를 모티브로 만든 '스퀴드게임 토큰(SQUID)'이 단기간에 수천 퍼센트 상승하면서 주목받았다. 하지만 이 프로젝트는 공식적인 개발팀 정보가 없었고, 웹사이트와 SNS 채널 모두 익명 기반으로 운영되었다. 급등 직후 개발팀은 모든 유동성을 인출하고 사라졌으며, 가격은 몇 초 만에 99.99% 폭락하였다. 이 사건은 대표적인 'Rug Pull' 사례로 기록되었으며, 투자자에게 개발팀의 신뢰성과 투명성이 얼마나 중요한지를 각인시켰다.

토크노믹스 구조 분석

토큰의 발행 총량, 유통량, 팀과 VC의 보유량, 락업(잠금) 해제 일정 등은 향후 가격 흐름에 직접 영향을 미친다. 발행량이 무제한이거나 유통량이 과도하게 늘어나는 구조라면 인플레이션으로 장기 보유가 어렵다. 또한 락업이 해제되는 시점에는 매도 물량이 한꺼번에 쏟아질 수 있으므로 해당 일정을 반드시 확인해야 한다.

무엇보다 토크노믹스 구조를 분석해야 가격 방향을 예측할 수 있다.

엑시 인피니티(Axie Infinity)는 NFT 기반 게임 플랫폼으로, 2021년 중반 플레이투언(Play-to-Earn) 붐을 이끌었다. AXS 토큰은 게임 내 보상, 스테이킹, 거버넌스에 활용되며, 초기에는 제한된 유통량과 강한 커뮤니티에 힘입어 급등하였다. 그러나 토큰 발행 구조상 2022년과 2023년에 걸쳐 대규모 락업 해제가 예정되어 있었고, 실제로 이 시기에 시장에 많은 물량이 풀리며 가격이 급락하였다. 특히 팀 및 초기 투자자에게 배정된 물량이 많고, 락업 해제 일정이 집중되어 있었던 점이 가격 하락의 트리거가 되었다. 이 사례는 토크노믹스 구조 분석의 중요성을 잘 보여주며, 투자자는 반드시 유통 스케줄과 보유 구조를 검토해야 한다.

기술적 구조 및 거버넌스 모델

해당 프로젝트가 어떤 합의 알고리즘(PoW, PoS, DPoS 등)을 사용하는지는 물론 트랜잭션 처리속도, 확장성 등의 기술적 요소를 검토해야 한다. 특히 최근에는 거버넌스(의사결정 구조)가 중요한 기준으로 작용하고 있다. 토큰 홀더가 프로젝트 운영에 참여할 수 있는 구조를 갖춘 프로젝트는 투명성이 높고 커뮤니티의 자발적 확장 가능성이 크다.

온체인 지표와 실시간 데이터

최근에는 온체인 데이터를 기반으로 투자 결정을 내리는 사례가 증가하고 있다. 대표적 지표로는 MVRV(시장가치/실현가치), SOPR(지출된 이익 비율), NUPL(미실현 손익), 해시레이트 등이 있다. 이러한 데이터를 통해 해당 종목이 저평가되어 있는지, 투자자들의 매수 심리가 어떤지를 파악할 수 있다.

온체인 데이터는 블록체인 네트워크에 기록된 모든 거래와 활동 데이터를 의미하며, 투명하고 변조 불가능한 특성 덕분에 가상화폐 투자에서 중요한 인사이트를 제공한다. 이러한 온체인 데이터를 기반으로 투자 결정을 내리는 몇 가지 주요 사례를 제시한다.

고래 움직임 분석

가상화폐 시장에서 '고래(Whale)'는 대규모 자산을 보유한 주소를 의미하는데, 이들의 움직임은 시장에 큰 영향을 미칠 수 있기에 이들의 온체인 데이터는 중요한 투자 지표가 된다. 예를 들어, 고래들이 대량의 가상화폐를 거래소로 옮기는 것은 매도 의향을 나타낼 수 있어 잠재적인 매도 압력을 예측하고 투자 전략을 수정하는 데 도움이 된다. 반대로 개인 지갑으로 옮기는 것은 장기 보유(HODL) 의향을 나타낼 수 있다. 또한 유명 투자자나 기관의 지갑 주소를 파악하고 이들의 매수/매도 행태를 추적하여 투자 아이디어를 얻을 수도 있다.

온체인 데이터를 통한 시장 심리 및 추세 파악

MVRV(Market Value to Realized Value) 비율은 시장가치와 실현가치를 비교하는 지표로, 이 비율이 높으면 코인이 고평가되어 매도 압력이 높아질 수 있음을, 낮으면 저평가되어 매수 기회일 수 있음을 시사한다. SOPR(Spent Output Profit Ratio)은 특정 코인이 이동했을 때 실현된 이익 또는 손실을 나타내는데, 이를 통해 시장 참여자들의 이익 실현 또는 손실 회피 심리를 엿볼 수 있다. 또한 활성 주소 수(Active Addresses)는 특정 블록체인 네트워크에서 활동하는 고유 주소의 수를 나타내며, 이 수가 증가하면 네트워크 사용량이 늘고 있다는 신호이자 해당 가상화폐의 수요 증가와 연결될 수 있다.

디파이와 NFT시장 분석

디파이 프로토콜에 예치된 총자산의 가치를 나타내는 TVL(Total Value Locked)은 해당 프로토콜의 성장과 신뢰도 상승을 의미하며, 투자 매력을 높이는 요인이 된다. NFT 시장에서는 특정 NFT 컬렉션을 소유한 홀더들의 집중도를 분석하여 컬렉션의 건전성과 투자 안정성을 평가할 수 있다. 홀더 집중도가 낮고 다양한 홀더에게 분산되어 있을수록 안정적인 것으로 판단할 수 있다. 나아가 새로운 디파이 프로토콜이나 DApp에 대한 유동성 공급의 급증은 초기 단계의 관심과 성장 가능성을 시사할 수 있으며, 반대로 고래들이 특정 DApp 토큰을 대량으로 덤핑하는 움직임은 위험 신호일 수 있다.

위험 회피 및 사기 감지

예를 들어, FTX 붕괴 직전 대규모 출금 요청이 온체인상에서 포착된 사례처럼, 거래소나 특정 프로젝트에서 비정상적인 자금 유출이 감지되면 이는 위험 신호로 해석될 수 있다. 또 자금 세탁이나 테러 자금 조달 등 불법 활동에 사용되는 지갑 주소나 거래 패턴을 온체인 데이터를 통해 추적함으로써 규제 및 준법 감시 활동을 지원하기도 한다.

이처럼 온체인 데이터는 블록체인 기반 자산의 투명성을 활용하여 시장의 흐름, 투자자 심리, 잠재적 위험 등을 다각도로 분석하고 더 나은 투자 결정을 내리는 데 필수적인 도구로 활용되고 있다.

시장 트렌드 및 섹터 분석

가상자산 시장은 특정 테마가 유행처럼 번지며 섹터별로 강세를 보이는 경향이 있다. 예컨대 2020년에는 디파이, 2021년에는 NFT와 메타버스, 2023년 이후에는 RWA, AI 기반 코인이 주목받았다. 시장의 자금이 어느 분야로 몰리고 있는지를 파악하고 섹터별 1등 코인에 주목하는 전략이 유효하다.

매크로 경제 및 거시적 트렌드 분석도 중요하다. 가상화폐 시장은 전통 금융 시장과 점점 더 연동되는 경향을 보이므로, 거시경제 지표와 정책을 이해하는 것이 필수적이다. 각국의 금리 인상 또는 인하는 가상화폐 시장의 유동성에 직접 영향을 미쳐 가격에도 영향을 줄 수 있다. 또 인플레이션이나 경기 침체 우려는 투자 심리를 위축시키거나 비트코인 같은 가치 저장 자산에 대한 관심을 높일 수 있다. 정부의 가상화폐 규제 움직임 또한 시장에 큰 영향을 미치는데, 최근 비트코인 현물 ETF 승인과 같은 사례는 제도권 편입에 대한 긍정적 트렌드를 보여준다.

더 나아가 기술 트렌드 및 생태계 분석이다. 블록체인 기술의 발전과 새로운 프로젝트의 등장은 가상화폐 시장의 주요 트렌드를 형성한다. 이더리움 등의 메인넷(레이어1) 확장성 문제를 해결하기 위한 레이어2 솔루션(예: Arbitrum, Optimism 등)의 발전은 중요한 트렌드인데, 이는 더 많은 사용자 유입과 애플리케이션 개발을 가능하게 한다. 대출, 예치, 스왑 등 전통 금융 서비스를 블록체인상에서 제공하는 디파이(탈중앙 금융)는 지속적으로 성장하는 분야로, TVL(Total Value Locked) 같은 지표를 통해 생태계의 건전성을 파악하고 유망한 프로토콜을 발굴할 수 있다. 예술, 게임, 메타버스 등 다양한 분야에서 활용되는 NFT의 성장세와 함께 새로운 유틸리티를 제공하는 NFT 프로젝트에 주목해야 하며, 블록체인 기반 게임과 메타버스 프로젝트인 게임파이(GameFi)는 P2E(Play-to-Earn) 모델을 통해 사용자들에게 새로운 경제 활동 기회를 제공하므로 관련 토큰에 대한 투자를 고려할 수 있다.

마지막으로, 개인 데이터 소유권을 사용자에게 돌려주는 웹3.0의 개념과 이를 구현하는 DID(분산 신원 증명) 기술의 발전은 장기적 관점에서 주목할 만한 트렌드이다.

규제 환경 및 상장 거래소 확인

특정 종목이 규제 위험에 얼마나 노출되어 있는지 또는 어떤 국가의 거래소에 상장되어 있는지에 따라 투자 안정성이 달라진다. 예컨대 미국 SEC가 증권형으로 간주한 코인은 상장폐지 위험이 존재할 수 있다. 글로벌 상위 거래소(Binance, Coinbase 등)에 상장되어 있고, 실명 인증이 완료된 프로젝트가 상대적으로 안전하다.

이번 장에서는 가상화폐 투자자들의 종목 선정에 도움이 되고자 주요 코인들을 소개하고자 합니다. 투자의 대상을 고려할 때 참고가 되도록 시장에서 주목을 받고 있고 미래가 촉망되는 주요 코인들을 모아보았습니다. 각 코인의 특징들을 보고 투자에 참고하시기 바랍니다. 비트코인은 반감기(halving)를 설계함으로써 채굴 보상과 발행량을 조절하고 있고 가격을 안정화하고 있습니다. 또한 기축통화로서 알트코인의 거래 수단이 되고 있습니다. 비트코인에 이은 유망주 이더리움과 거기서 하드포크된 이더리움 클래식에 대해서도 알아보았습니다. 요즘 관심의 대상이 되고 있는 스테이블코인에 대해서도 정리했습니다.

7장

다양한 코인의 세계

01 모든 코인의 중심 비트코인

제한된 발행량과 반감기

비트코인은 단위 가격에서나 시가총액에서나 1등 코인임을 앞서 보았다. 발행량은 2,100만 개로 고정되었다. 21만 블록당 발행량이 반감하는 구조로 설계되었고, 2025년 기준 비트코인 발행량의 93% 이상이 발행되었다.

> 비트코인은 4년마다 발행량과 채굴 보상을 반으로 줄이는 반감기(having)를 두었다. 지금까지 총 4회의 반감기가 있었고 2025년 현재 블록당 채굴 보상은 3.125BTC다. 현재 93.5% 이상이 발행된 상태다.

비트코인의 특이한 사항은 반감기(halving)가 있다는 것이다. 비트코인은 채굴에 대한 보상으로 비트코인을 지급하는데 발행량이 제한되었기 때문에 보상액도 4년마다 절반으로 감소하도록 설계했는데, 보상과 발행량이 반으로 감소하는 4년 주기를 반감기라고 한다. 한정된 발행량과 반감기를 설계해 수량을 통제한 것은 비트코인의 가

[표 7-1] 비트코인 반감기와 채굴 보상

차수	비트코인 반감(연도)	블록당 채굴 보상
0	2009	50BTC
1	2012	25BTC
2	2016	12.5BTC
3	2020	6.25BTC
4	2024	3.125BTC
5	2028	1.5625BTC

격 하락을 막으려는 의도였다.

비트코인 반감기는 2012년, 2016년, 2020년, 2024년 총 4회 있었고 다음 반감기는 2028년으로 예상한다. 채굴에 대한 보상은 블록당 50BTC 하던 것이 2012년 25BTC, 2016년 12.5BTC, 2020년 6.25BTC, 2024년 3.125BTC 로 줄었고, 2028년에는 1.5625BTC가 될 것이다.

이론적으로, 발행량이 줄어들면 유통량도 줄어들고 그 희소성으로 인해 코인의 가격은 상승한다. 금의 가치가 높은 이유가 희소성 때문인 것과 같은 이치다.

왜 기축통화인가?

비트코인은 가상화폐 시장에서 기축통화 역할을 한다. 기축통화란 미국 달

> 가상화폐 거래에서 비트코인은 기축통화 역할을 한다. 즉 코인을 매수하려면 비트코인을 매수하는 과정을 거쳐야 한다. 국내 거래소들은 원화 마켓을 상장해 원화로 직거래할 수 있게 했다.

러화처럼 국제 간 결제나 금융거래의 기준이 되는 통화를 뜻한다. 외환거래에서 미국 달러화가 중심이 되는 것처럼 가상화폐 시장에서 비트코인은 결제의 수단으로 사용되고 있다.

코인은 크게 비트코인과 알트코인으로 분류하는데 알트코인을 거래할 때 비트코인을 화폐처럼 이용한다. 즉, 알트코인을 매수하기에 앞서 비트코인을 매수하는 과정을 거쳐야 한다. 다만, 국내 거래소들은 비트코인으로 환전하는 과정 없이 원화로 직거래할 수 있도록 원화 마켓을 상장해놓기도 했다. 예를 들어, 업비트 홈페이지에 들어가면 오른쪽 상단에 원화 마켓이 있다(그

[그림 7-1] 코인별 실시간 원화 가치

※ 업비트(https://upbit.com/exchange?code=CRIX.UPBIT.KRW-BTC)

[그림 7-2] 코인별 실시간 달러 가치

림 7-1). 1비트코인(BTC)이 원화(KRW)로 얼마인지를 실시간으로 확인할 수 있다.

원화 대신 미 달러화를 기준으로 거래할 수도 있는데, 바로 테더코인 (USDT)으로 거래하는 방식이다. 테더코인은 미화 1달러로 가격이 고정되어 있어서 달러로 얼마인지를 알게 해준다. 원화 마켓에서처럼 일부 코인은 비트코인을 거치지 않고 테더코인으로 직접 거래할 수 있다. 업비트 홈페이지에서 오른쪽 상단의 USDT를 클릭하면 코인별 실시간 미 달러 가치를 확인할 수 있다(그림 7-2).

알트코인의 거래 수단

하지만 이렇게 원화와 테더코인으로 살 수 있는 코인은 전체 코인 중 일부에 불과하다. 따라서 우리는 비트코인을 통해서 알트코인을 거래하는 방법 및 기준을 살펴보기로 한다.

계속해서 업비트를 예로 설명하면, 거래소 우측 상단의 BTC라는 탭을 클릭하면, 비트코인과 다른 코인의 교환 비율을 확인할 수 있다(그림 7-3).

BTC 탭을 클릭했을 때 최상단에 바이프로스트가 올랐는데 현재가가 0.00000511BTC이다. 비트코인은 일반적인 화폐와 달리 소수점 8자리 숫자

[그림 7-3] 비트코인과 알트코인의 교환 비율

※ 업비트(https://upbit.com/exchange?code=CRIX.UPBIT.KRW-BTC)

까지 가격으로 사용되고 있다. 0.00000001 이 비트코인의 최소 단위이고 이 최소 단위를 비트코인을 만든 사토시 나카모토의 이름을 좇아 '사토시'라고 부른다. 즉 1사토시

> 비트코인 가격은 1억 분의 1까지 사용된다. 즉 비트코인의 최소 단위는 0.00000001이고 이를 1사토시라고 한다.

는 0.00000001BTC에 해당하며, 비트코인을 1억 분의 1로 나눈 가격이 된다. 2025년 7월 현재 비트코인 1개의 가격은 약 1억 6,386만 원이다. 비트코인은 1억 개의 '사토시'로 나뉘므로 1사토시의 가치는 약 1.64원이다. 그러므로 사토시 가격이 오르면 비트코인 가격은 상승하는 것이며, 사토시 가격이 하락하면 비트코인 가격도 하락하는 것이다. 비트코인은 2021년부터 2025년까지 유동성이 풀리는 기간마다 급등을 반복하면서 우상향해 왔다.

한편 이더리움은 유동성이 풀리는 코로나 펜데믹 직후에 급등하였다가 금리가 상승하는 시기에 급락 후 다시 금리하락기에 접어들면서 급등을 한 이후 등락을 반복하고 있다. 2025년 들어 다시 박스권 하단을 터치하고 상승흐름을 보이고 있다(그림 7-4 참조). 비트코인과 이더리움을 비교하기는 어려운 시기가 되었지만 두 종목의 공통점은 시장에 돈이 풀리고 금리가 하락하는 시기에는 대세상승을 즐길 수 있고, 반대로 시장에 돈이 회수되고 금리가 상승하는 시기에는 단기적으로 하락을 맞이할 수 있다는 점이다. 다만, 공급물량이 감소하고 하나의 자산으로 자리매김한 비트코인의 경우에는 지속적으로 상승할 만한 요인이 많다는 것이 시장의 지배적인 평가이다.

비트코인과 나스닥 지수가 매우 비슷하게 움직이는 것을 알 수 있는데(그림 7-5 참조), 빅테크 기업의 트렌드와 비트코인의 트렌드가 비슷하기도 하거니와 유동성이 시장에 풀리는 시기도 비슷하게 맞아떨어지기 때문이다. 금

가격 상승과 맞물려서 비트코인이 상승한 이유도 비슷하다.

[그림 7-4] 비트코인과 이더리움 기본 차트

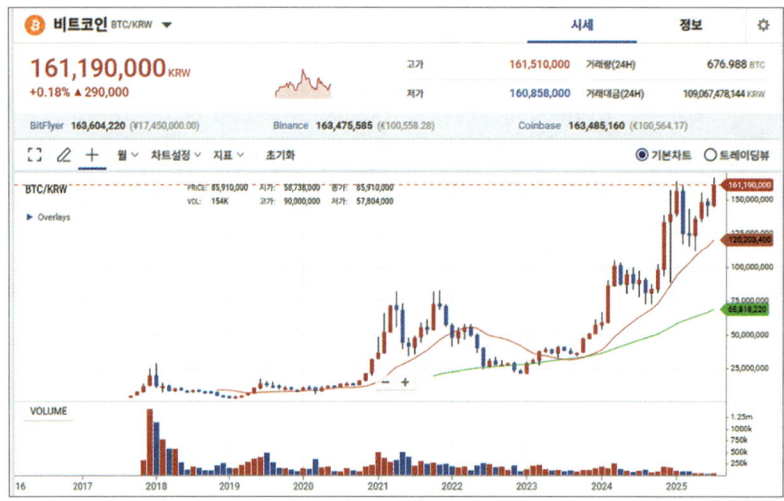

① 비트코인/원화

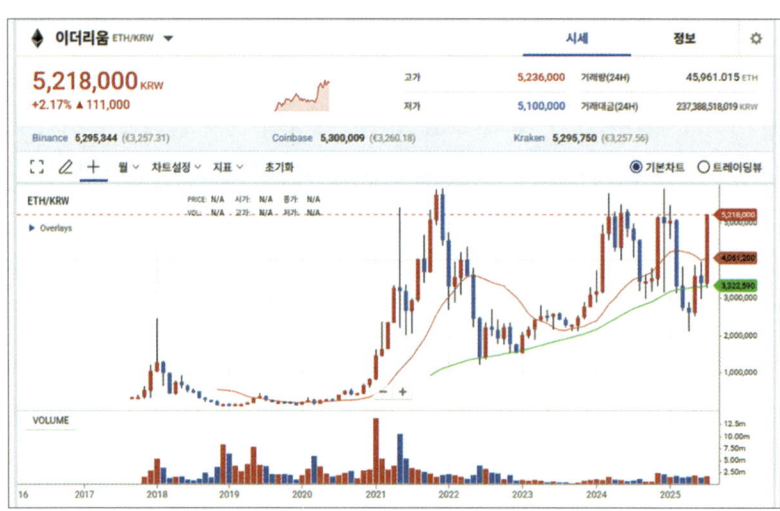

② 이더리움/원화

[그림 7-5] 비트코인과 나스닥 지수

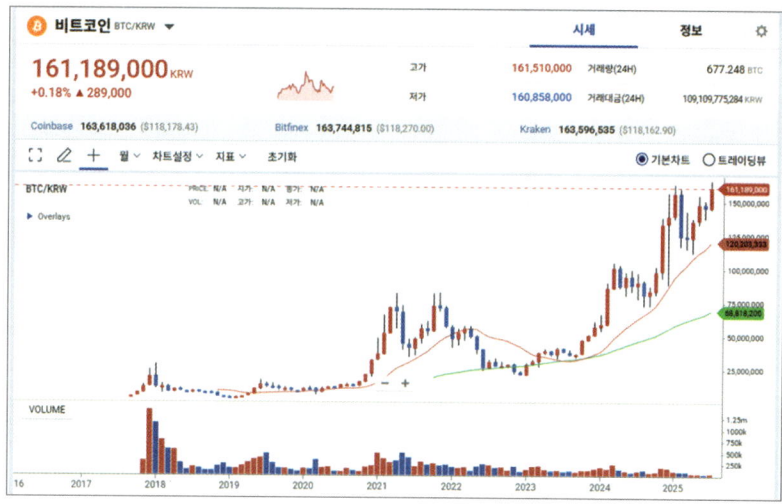

7장: 다양한 코인의 세계

02 미래 유망주 이더리움

놀라운 상승세의 숨은 이유?

1등 코인이 비트코인이라면 2등 코인은 이더리움(ETH)이라는 데 이견이 없을 것이다. 2025년 8월 4일 기준 이더리움의 1개 가격은 약 3,560USD(한화 약 4,995,000원 수준, 환율 1 USD≈1,403KRW 기준)이며, 시가총액은 약 4,290억 USD 수준(순환 공급 기준 약 1억 2,071만ETH)으로 비트코인에 이어 가격과 시가총액 모두 2위를 유지하고 있다.

이더리움도 비트코인처럼 지난 수년 동안 엄청난 가격 상승을 기록해왔다. 2017년 초에는 ETH가 약 10USD 수준에 불과했지만 1년 만에 수백 달러를 돌파했고, 이후에도 꾸준한 상승세를 이어가 2025년 현재까지 약 3,500~3,600USD 수준, 즉 한화로 450만 원 이상의 가격대를 유지하고 있다.

이더리움의 이런 높은 인기와 상승세를 어떤 요인들이 뒷받침하고 있을까? 단기 지지선과 저항선 흐름, 연간 수급, ETF 기반 수요와 기술 업데이트까지 함께 살펴보자.

이더리움의 상승 요인 중 대표적인 것은 EEA(Enterprise Ethereum Alliance)다. 이더리움 기술 기반 기업형 블록체인 표준을 개발하기 위해 다국적 기업들이 구성한 비영리 컨소시엄이다. 한국에서는 삼성SDS가 참여했으며, 해외에서는 마이크로소프트, JP모건 등이 ConsenSys 등과 함께 EEA 내에서 이더리움 기반 솔루션의 상호운용성과 확장성을 높이고 있다. 이로써 금융, 제조, 공급망, 로지스틱스 등 다양한 산업에서 적용 사례가 증가하는 중이다.

[그림 7-6] 이더리움 차트

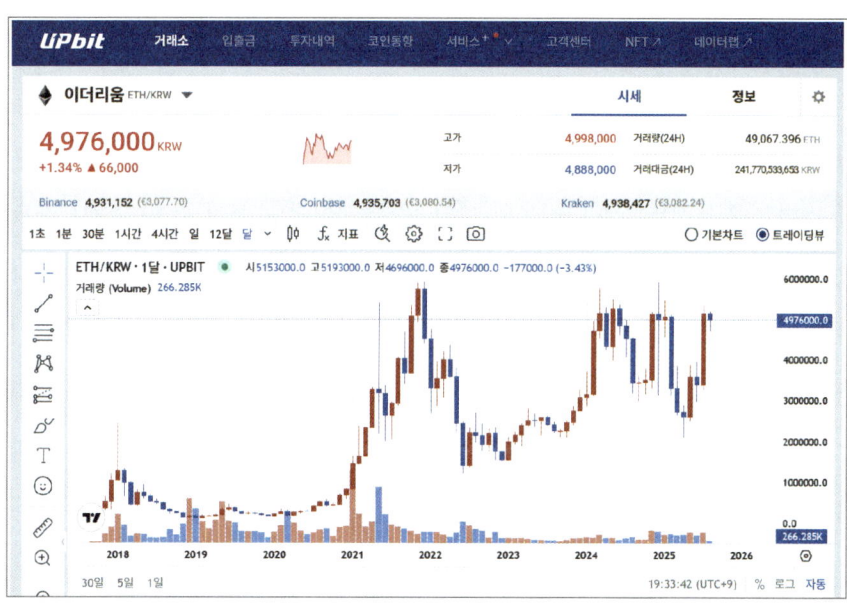

※ 업비트: 2025년 8월 4일 기준

스마트 컨트랙트와 이더리움

비트코인과 달리 이더리움에는 실존 창시자가 있다. 캐나다계 러시아 출신의 비탈리크 부테린은 2013년에 이더리움을 제안하고 2015년에 정식 출시했다. 부테린은 컴퓨터 과학자인 아버지 드미트리(Dmitry)의 영향으로 17세부터 비트코인을 접했고 그 후 비트코인 광팬이 되었다. 그는 비트코인 사용자로서 시스템 개선 활동에 참여하고 싶었다고 한다. 그러나 개발팀의 허가라는 제약 때문에 그 소망은 물거품이 되었고, 그런저런 이유로 완벽히 탈중앙화된 독립적인 플랫폼을 꿈꾸게 된다.

이더리움은 완전히 탈중앙화된 단 하나의 컴퓨터 네트워크라는 꿈을 실현한 플랫폼이다. 세계 어디서든 누구든 그 누구의 허가도 받을 필요 없이 자유롭게 네트워크에 참여해 가상화폐 거래를 인증하고 볼 수 있게 되기를 바랐던 부테린은 그 꿈을 실현했다. 그리고 그 수단이 바로 스마트 컨트랙트(smart contract)였다.

스마트 컨트랙트는 이더리움의 가장 큰 특징이기도 하다. 스마트 컨트랙트는 쉽게 말해 블록체인상에 가상화폐 거래 기록뿐 아니라 SNS, 이메일, 전자투표 등 온갖 다양한 정보를 기록할 수 있는 시스템을 말한다. 특정 조건이 충족되면 특정 계약이 성립된다는 계약서를 디지털 명령어로 작성하고 개인 대 개인(P2P) 방식으로 체결한다. 계약 당사자끼리 합의한 조건에 따라 계약 내용이 자동으로 실행된다.

스마트 컨트랙트를 처음 개발한 사람은 닉 사보였지만(1994년에 개발) 이를 블록체인과 가상화폐에서 처음 구현한 사람은 비탈리크 부테린이다. 이더리움 채굴자들이 스마트 컨트랙트의 유효성을 입증하고 승인하면 그 보상으로 '이더(ETH)'라는 가상화폐를 받는다.

비트코인보다 높은 기술력

비트코인을 흔히 '디지털의 금'이라고 표현하는데 비트코인이 송금, 출금, 지출 등 화폐로서 기능하도록 만들어졌기에 그렇다. 화폐는 계약서와 달리 교환이라는 단순하고 이해하기 쉬운 기능을 수행한다. 이처럼 비트코인의 기능은 단순하다. 이를 두고 비트코인이 너무 화폐적 기능밖에 없다는 비판도 제기되고 있다.

그런 비판을 개선하고자 새로운 블록체인 네트워크를 만들어 여러 가지 분산 애플리케이션을 이용할 수 있게 한 것이 바로 이더리움 플랫폼이다. 이더리움은 비트코인에 비해 기술 면에서 한 차원 높고, 초당 거래 건수도 4배 정도 많으며 지불 결제 처리 시간은 10배 빠른 것이 특장점이다.

이더리움은 2013년 12월 백서를 공개하자마자 엄청난 관심을 받았다. 가상화폐는 제품 출시 전 테스트 단계를 거치는 게 필수 과정인데, 이더리움은 테스트 단계에서만 무려 1,550만 달러 이상 사전 판매되었다. 이처럼 이더리움이 큰 관심을 받은 것은 비탈리크 부테린이 비트코인 커뮤니티에서 이미 유명인사였던 이유도 있었겠지만, 그보다도 이더리움이 비트코인과 달리 자금 조달이 필요한 상황이었으므로 백서에서 이더리움 기술을 과대 선전한 결과라는 평도 있다.

이더리움은 그 기술력과 기능성으로 많은 투자자를 사로잡는 가상화폐로 자리를 잡았다. 투자 대상을 물색하는 초보자라면 이더리움의 성장성을 지켜볼 필요가 있다.

이더리움은 DApp(분산 애플리케이션)을 운용할 수 있는 범용 플랫폼이며, 다양한 프로토콜, NFT, DeFi 등이 올라올 수 있는 생태계이다. 예를 들어 초당 거래량과 처리 속도 면에서 비트코인보다 월등히 앞서고, 네트워크 업그레이드 이후 지불 결제 처리 시간과 비용 면에서 효율성이 대폭 개선되었다.

2022년 9월 '더 머지(The Merge)'를 통해 작업증명(PoW)에서 지분증명(PoS)으로 전환을 성공적으로 마쳤으며, 이로써 에너지 소비량이 약 99.95% 감소하는 성과를 이루었다. 2024년 3월 도입된 덴쿤(Dencun) 업그레이드에서는 EIP-4844(Protobuf Danksharding)를 통해 레이어2 확장성과 거래 수수료 절감을 동시에 달성하였다.

2025년 하반기에는 Pectra 업그레이드로 EIP-7251(검증인 스테이킹 한도 상향), EIP-7702(지갑과 스마트 컨트랙트 간 상호 작용 개선) 등을 포함하여 기술 기반을 더욱 견고하게 만들 것으로 기대되고 있다.

주요 기술 및 용어 정의

- **PoS(Proof of Stake)**: 보유한 암호화폐 수량과 기간에 따라 블록 생성 권한을 부여하는 알고리즘
- **EIP(Ethereum Improvement Proposal)**: 이더리움 네트워크 기능 향상을 위한 제안 문서
- **DApp**: 탈중앙화 애플리케이션으로, 중앙 서버 없이 블록체인에서 작

동하는 앱
- **L2(Layer 2)**: 메인 블록체인의 확장성과 처리 속도를 개선하기 위한 별도의 체인

투자 전략

이더리움은 기술 기반이 탄탄하고 Web3, NFT, DeFi, AI 등 차세대 기술과의 융합이 활발하게 이루어져 중장기 투자에 유리한 종목이다. 특히 레이어2(L2) 생태계와의 연계, 스테이킹 이자 수익, 개발자 커뮤니티의 확장성은 비트코인보다 실사용 기반이 넓다는 점에서 우위로 평가된다.

투자 팁

- **장기 보유 전략**: 기술 업그레이드가 꾸준히 이루어지는 구조로 중장기 포지션 유지에 적합
- **스테이킹 활용**: PoS 방식의 특성상 보유한 ETH를 스테이킹하여 연 3~5% 수준의 수익 확보 가능
- **L2 생태계 참여**: Arbitrum, Optimism 등 주요 레이어2 토큰과의 조합 투자도 유망

주의사항 및 리스크

- **높은 변동성**: 스마트 컨트랙트나 DApp 보안 이슈, 업그레이드 실패 등이 가격 급변 요소
- **규제 변수**: 미국 SEC는 이더리움을 증권으로 간주할지를 두고 조사를

지속 중이며, 국가별 규제 변화에 유의해야 함
- **경쟁 프로젝트 부상**: 솔라나(Solana), 폴리곤(Polygon) 등 빠른 속도와 낮은 수수료를 강점으로 하는 경쟁 플랫폼의 성장도 주목할 필요가 있음

1. DApp(Decentralized Application, 분산 애플리케이션)
중앙 서버 없이 블록체인 네트워크 위에서 작동하는 애플리케이션. 스마트 컨트랙트를 기반으로 하며, 중개자 없이도 사용자 간 거래나 실행이 가능하다.

2. PoW(Proof of Work, 작업증명)
비트코인과 같은 1세대 블록체인에서 사용하는 합의 알고리즘. 거래 검증을 위해 고난도의 수학 문제를 푸는 작업이 필요하며, 많은 전력과 시간이 소모된다.

3. PoS(Proof of Stake, 지분증명)
이더리움이 'The Merge'를 통해 채택한 에너지 효율적인 합의 알고리즘. 코인을 많이 보유하고 오래 예치한 사람일수록 거래 검증자로 선택될 확률이 높다.

4. NFT(Non-Fungible Token, 대체 불가능 토큰)
고유성과 희소성을 가진 디지털 자산. 디지털 예술, 수집품, 게임 아이템 등에 활용되며, 이더리움 기반 ERC-721 표준이 대표적이다.

5. DeFi(Decentralized Finance, 탈중앙화 금융)
은행, 증권사 같은 중개 기관 없이 블록체인 기술을 통해 금융 서비스를 제공하는 생태계. 대출, 예치, 보험, 거래소 등을 탈중앙화된 방식으로 운영한다.

6. The Merge(더 머지)
이더리움이 2022년 9월에 진행한 역사적인 업그레이드. 기존 PoW에서 PoS로 합의 메커니즘을 변경하여 에너지 사용량을 99.95% 이상 감소시킨 사건이다.

7. Dencun 업그레이드
2024년 3월에 적용된 이더리움의 주요 기술 업데이트. EIP-4844를 도입하여 Proto-

Danksharding 기능을 제공함으로써 L2 네트워크의 거래 비용을 획기적으로 절감했다.

8. Proto-Danksharding(EIP-4844)

이더리움의 확장성 개선을 위한 중간 단계 기술. 완전한 샤딩(Sharding) 이전에 적용되는 기술로, 데이터 블롭(Blob)을 통해 대용량 데이터를 효율적으로 저장하고, L2 거래 수수료를 낮춰준다.

9. 레이어2(Layer 2, L2)

이더리움 메인체인 위에 구축된 확장 솔루션. zk-Rollup, Optimistic Rollup 등이 대표적이며, 거래 처리 속도 향상 및 수수료 절감을 위해 사용된다.

10. Pectra 업그레이드(Prague + Electra)

2025년 중반 예정된 차세대 이더리움 네트워크 업그레이드
- EIP-7251: 검증인 최대 보유 수량을 32ETH에서 상향하여 검증 유연성 확대
- EIP-7702: 스마트 컨트랙트에서 지갑의 서명 방식을 새롭게 정의, 기능 확장

03 리플

화제의 중심에 선 리플

이번에 살펴볼 가상화폐는 리플(XRP: Ripple)이다. 2025년 8월 4일 기준 리플(XRP)의 가격은 약 4,195원이며, 시가총액은 약 29조 원이다. 이는 2022년 초 680원에서 1,000원까지 급등했던 시기와 비교하면 4~6배 상승한 수준이다.

종목 개요 및 핵심 특징

리플(XRP)은 리플사(Ripple Labs)가 개발한 글로벌 실시간 송금 네트워크이다. 기존 SWIFT 시스템의 한계를 보완하는 RippleNet을 통해 은행 및 금융

[그림 7-7] 리플 차트

※ 업비트: 2025년 8월 4일 기준

기관 간의 실시간 외환결제와 송금을 목표로 한다.

XRP 토큰은 거래 중개 수단으로 활용되며, 수수료가 낮고 전송 속도가 매우 빠르다는 것이 장점이다. 평균 거래 처리 시간은 3~5초로 비트코인(10분), 이더리움(15초~1분)에 비해 월등히 빠르다.

2023년 7월 미국 연방법원은 XRP가 거래소에서 일반 투자자에게 판매될 때는 증권이 아니라고 판결해 규제 리스크를 일부 해소했으며, 이후 리플사는 유럽, 중동, 아시아권에서 라이선스 확보에 주력하고 있다.

리플은 독특하게도 발행 주체가 정해져 있고 아무나 채굴할 수 없는 코인으로, 블록체인과 가상화폐의 가장 큰 특징인 탈중앙화와는 거리가 멀다.

7장: 다양한 코인의 세계

총발행량은 최초 발행량 1천억 개로 고정되어 있다. 그런데도 리플이 인기를 구가하는 이유는 비교적 싼 가격 때문인 것 같다. 수천만 원짜리 비트코인에 비하면 1천 원 선에 불과한 리플은 개미투자자들에게는 가격 면에서 매력적일 수 있다. 리플 가격이 싼 이유는 비트코인에 비해 발행된 코인 수가 많아서다.

Ripple과 XRP의 구조적 차이

- **Ripple**: 송금 및 결제 기술을 개발하는 회사. RippleNet 운영
- **XRP**: RippleNet에서 사용되는 디지털 자산으로 거래소에서 자유롭게 거래 가능. Ripple사에서 발행했으나 현재는 오픈소스 생태계에서 독립적으로 운용됨

투자 전략

XRP는 다른 코인에 비해 기관 수요 및 실사용 기반이 명확한 프로젝트다. 특히 브라질, 아랍에미리트, 일본 등지에서 리플넷 파트너십이 확장되면서 송금 인프라로서 활용도가 점차 현실화되고 있다.

투자 팁

- **단기 + 중기 투자 병행**: 규제 이슈가 일부 해소된 만큼 단기 반등 + 장기 실사용 성장성 모두 주목
- **기관 채택 추적**: 특정 국가의 중앙은행 디지털화폐(CBDC) 연동 실험에도 XRP 레저가 활용되어 뉴스 흐름 확인 필수

- **비트코인과 디커플링 가능성 고려**: 시장 급락 시 비트코인과 함께 하락하나 규제 뉴스에 따라 독립적인 흐름도 자주 발생

주의사항 및 리스크

- **규제 불확실성 잔존**: 2023년 판결에도 불구하고 SEC와의 소송은 2025년까지 일부 쟁점이 남아 있으며 기관투자자 대상 판매 건은 아직도 규제 리스크가 상존함
- **중앙화 구조**: XRP의 발행량 대부분을 리플사에서 통제하고 있어 탈중앙화 수준이 낮다는 비판이 있음
- **경쟁 기술**: 스텔라(XLM), JP모건의 JPM코인, 페이스북의 DM(구 리브라) 프로젝트 등 글로벌 결제 시장을 노리는 경쟁자가 존재함

빠르고 저렴한 국경 없는 송금

리플랩스(Ripple Labs)는 2012년 제드 맥칼렙과 크리스 라르센이 공동 창업했으며, 초기 사명은 오픈코인(OpenCoin)이었으나 2013년 리플랩스로 변경되었다.

리플은 리플랩스라는 재단에 의해 가상화폐로 출시되었지만, 미국증권거래위원회(SEC)에 소송을 당하며 화제에 올랐다. 리플랩스가 투자자들에게 리플을 판 행위를 보면 리플은 가상화폐가 아닌 증권에 해당한다고 본 것이다. 리플랩스가 미등록 증권을 판매함으로써 증권법을 위반했다는 것이 SEC

이 소송을 제기한 핵심 내용이다. 그러나 소송 결과가 리플랩스 측에 유리한 방향으로 날 것이라는 예측이 우세하면서 2022년 연초에 리플 가격이 급등한 것이다.

> 리플(XRP)은 금융거래 신청 후 완료까지 몇 초밖에 걸리지 않아 통신 및 운영 비용을 획기적으로 줄였다. 거래 수수료가 소진되어 코인이 점점 사라지는 방식을 취한다.

XRP는 은행 간 결제를 위한 플랫폼으로, 전통적인 은행 송금 방식보다 거래 시간과 수수료 측면에서 훨씬 효율적이다.

리플랩스 창업자 제드 맥칼렙은 가상화폐 시장에서 이미 유명인사였고, 지금은 없어졌으나 한때 잘나가던 가상화폐 거래소 마운트곡스(Mt. Gox)의 설립자이기도 했다.

리플은 앞서도 언급했지만, 은행 간 결제를 위해 개발된 블록체인 플랫폼이다. 금융기관 간 거래에서 가장 중요한 시간을 줄여주는 것이 리플의 특징이다. 비트코인은 거래 내역을 검증하려면 거래가 완료되기까지 최소 10분 이상 기다려야 하는데, 이런 시간적 한계 때문에 금융기관 간 거래에 이용하기에는 한계가 있다. 리플은 이론적으로 거래 신청 후 완료까지 몇 초밖에 걸리지 않는다. 이런 처리 속도가 리플의 가장 큰 장점이다.

리플의 처리 속도가 빠른 이유는 중앙 집중화된 네트워크 덕분이다. 리플 네트워크는 블록체인상에서 거래 은행들이 서로 공동 원장을 공유하고 이를 통해 즉시 청산받을 수 있다. 기존의 은행 방식은 결제 요청 통신, 결제 완료 통신, 청산 통신 등이 다 따로 진행되므로 결제 오류, 해킹 등의 위험이 있는데 리플 네트워크는 그런 위험을 차단했다. 게다가 통신·운영 비용을 획기적으로 감소시켰다.

리플랩스가 처음 발행한 리플코인은 앞서 말했듯이 1천억 개이며, 그중 절반도 안 되는 물량이 시장에서 거래되고 있다. 리플의 상당수를 창립자와 리플랩스가 소유하고 있다. 비트코인도 발행량이 정해져 있지만 채굴량이 점점 줄어드는 방식을 취하는데, 리플은 이와 달리 거래 시 발생하는 수수료 0.001XRP가 소진되어 코인이 사라지는 방식으로 설계되어 있다. 만약 리플 네트워크가 활성화되어 거래 건수가 엄청나게 증가하면, 코인 유통량이 줄어들어 리플 가격이 오를 수도 있다. 이런 한계점들을 고려하면 리플을 장기투자 대상으로 삼기에는 신중한 태도가 필요하다.

04 비트코인캐시, 이더리움 클래식

비트코인의 동생, 비트코인캐시

비트코인캐시(BCH: Bitcoin cash)는 이름에서 알 수 있듯이 비트코인의 동생 같은 코인이다. 2017년 8월 1일 비트코인 블록체인에서 하드포크(hard fork)되어 비트코인캐시가 새롭게 나타났다. 하드포크란 블록체인을 인위적으로 두 개로 분할하는 작업을 말한다. 일반적으로 기존의 블록체인에 막대한 영향을 줄 정도로 큰 변화가 발생하는 경우 하드포크가 진행된다.

비트코인캐시로의 하드포크는 비트코인의 478,559번째 블록에서 발생했다. 478,558번 블록까지는 비트코인캐시도 기존의 비트코인 블록체인을 공유한다. 478,558번 블록까지 기존 비트코인을 보유하고 있던 사용자들은 보유하고 있던 비트코인과 같은 양의 비트코인캐시를 지급받게 되었다.

2025년 7월 현재 비트코인캐시의 시세는 약 71만 원 수준이며, 시가총액

[그림 7-8] 비트코인캐시 차트

※ 업비트. 2025년 7월 23일 기준.

은 12조 원에 이른다. 이는 전 세계 암호화폐 가운데 시가총액 기준으로 17위 안팎에 해당하는 규모다.

빠른 처리 속도와 낮은 수수료

비트코인과 비트코인캐시의 가장 큰 차이점은 블록 용량의 크기이다. 비트코인캐시 네트워크의 블록 용량은 8MB로 1MB의 비트코인의 블록 용량보다 8배나 크다. 당연히 한 블록에 들어가는 거래 처리량도 대폭 늘어나면

> 비트코인캐시는 비트코인에서 하드포크된 코인으로 비트코인보다 8배 큰 블록 용량을 자랑한다. 블록 용량이 커서 좀 더 빠른 거래를 적은 수수료로 처리할 수 있다는 것이 비트코인캐시의 장점이다.

서 기존 비트코인보다 낮은 수수료로 더 많은 거래를 좀 더 빠르게 처리할 수 있게 되었다. 비트코인캐시는 궁극적으로 초당 4천 건의 거래를 성사시키는 것을 목표로 한다고 밝힌 바 있다.

비트코인캐시가 블록 용량을 이렇게 늘릴 수 있는 것은 비트코인 ABC(Bitcoin ABC) 기술 덕분이다. 이렇게 블록 용량을 늘린 것은 비트코인 뒤에 붙은 캐시라는 명칭에서도 알 수 있듯이 현실 세계에서 현금처럼 사용하기 위한 목적인 듯하다.

비트코인캐시는 비트코인 블록체인을 기반으로 하기 때문에 비트코인의 장점들을 그대로 유지한다. 발행량도 비트코인과 같아서 2,100만 개로 한정적이다. 발행량이 정해졌다는 것은 수요에 따라 가격 상승 가능성이 열려 있다는 긍정적인 신호이다. 비교적 늦게 탄생한 코인이나 시중에 많은 양이 유통되고 있는 것 또한 장점이라고 할 수 있다.

다만, 비트코인캐시는 소수 채굴자들이 그들의 이익을 위해 독점력을 가지고 만든 것이라고 걱정하는 사람이 많다. 실제 프리 마이닝(Pre Mining)을 통해 엄청난 양의 비트코인캐시를 소수가 확보한 것으로 알려져 있다. 상장되고 약 한 달 동안 채굴된 양의 97퍼센트가 2개의 지갑 주소로 전송된 것이 그런 걱정을 가중시키기도 했다.

비트코인캐시는 비트코인의 아류작이라는 인식도 있다. 따라서 앞으로 운명이 어찌 될지는 지속적으로 뉴스를 체크해보는 것이 좋겠다.

이더리움 클래식, 그 밖의 알트코인

이더리움 클래식(ETC: Ethereum Classic)도 비트코인캐시처럼 하드포크를 통해 생겨난 가상화폐이다. 다만 비트코인캐시가 신생 블록체인을 사용한다면, 이더리움 클래식은 '클래식'이라는 말이 의미하듯이 하드포크 이전의 블록체인을 사용한다는 차이가 있다. 즉 이더리움 클래식은 하드포크 이전의 블록체인을 사용하고, 하드포크 이후 새롭게 생성된 신생 블록체인은 이더리움이 사용한다.

이더리움 클래식 단가는 2025년 7월 기준 약 3만 2,000원이며, 시가총액은 약 4조 9,000억 원 수준이다. 이는 전 세계 암호화폐 중 시가총액 기준으로 33위권에 해당한다.

이더리움이 이더리움 클래식보다 많은 관심을 끄는 것은 사실이다. 그러나 이더리움 클래식도 이더리움이라는 훌륭한 플랫폼을 기반으로 한다는 점을 간과할 수는 없다. 이더리움 클래식도 이더리움만큼이나 활발하게 거래되고 있는 것으로 보아 앞으로 꾸준한 성장세를 기대해볼 수 있다.

> 이더리움 클래식은 이더리움에서 하드포크된 코인이다. 다만 하드포크되기 이전의 블록체인을 사용한다. 하드포크 이후 생성된 블록체인은 이더리움이 사용한다.

그 밖에도 알트코인의 종류는 무수히 많으며, 초창기 대표 사례로는 모네로(XMR), 대시(DASH), 네오(NEO), 도지코인(DOGE) 등을 들 수 있다. 2025년 현재에는 AI, 레이어2(Layer 2), 일부 NFT 관련 프로젝트들이 새로운 시장 주도 그룹으로 부상하고 있다. 각각에 대한 자세한 정보는 거래소 사이트에서 확인해보기 바란다.

[그림 7-9] 이더리움 클래식 차트

※ 업비트. 2025년 7월 23일 기준.

05 스테이블코인의 성장과 투자의 미래

스테이블코인의 정의와 필요성

스테이블코인(Stablecoin)은 이름 그대로 '안정적인(Stable)' 가치를 지닌 가상화폐를 말한다. 이는 비트코인이나 이더리움처럼 가격 변동성이 큰 일반적인 가상화폐의 단점을 보완하고, 법정화폐나 실물 자산처럼 안정적인 가치를 유지하도록 설계된 디지털 자산이다. 주로 미국 달러와 1:1로 가치가 고정되도록 설계되지만 유로화, 엔화 또는 금과 같은 실물 자산에 연동되기도 한다.

가상화폐 시장의 변동성이 매우 높아 투자자와 사용자들은 예측 불가능한 가격 등락에 노출되어 있다. 이러한 변동성은 가상화폐가 일상적인 결제 수단으로 사용되거나 안정적인 가치 저장 수단이 되는 데 큰 제약이 된다. 스테이블코인은 이러한 문제를 해결하여 가상화폐의 장점(빠른 거래, 낮은 수수료, 국경 없는 송금 등)은 유지하면서도 가격 변동성을 최소화함으로써 가상화폐와 전통 금융시장을 연결하는 다리 역할을 한다.

스테이블코인의 주요 종류

스테이블코인은 암호화폐 시장의 변동성을 줄이기 위해 고안된 디지털 자산으로, 그 핵심은 '가치 안정성' 유지에 있다. 이러한 스테이블코인은 가치를 안정적으로 유지하는 방식에 따라 크게 네 가지로 나뉜다.

첫 번째는 법정화폐 담보형 스테이블코인이다. 이는 미국 달러나 유로화와 같은 실물 법정화폐를 실제로 예치해두고, 해당 자산을 담보로 하여 1:1 비율로 스테이블코인을 발행하는 방식이다. 대표적으로 테더(USDT), USD 코인(USDC), 바이낸스 USD(BUSD) 등이 있다. 이 방식은 실물 자산을 기반으로 하기에 상대적으로 안정성이 높지만, 담보 자산이 실제로 예치되어 있는지에 대한 외부 감사나 신뢰성 확보가 관건이며, 중앙화된 발행기관에 의존하게 된다는 단점이 있다.

두 번째는 암호화폐 담보형 스테이블코인이다. 이 방식은 이더리움(ETH)이나 비트코인(BTC)과 같은 암호화폐를 일정 비율 이상 담보로 예치한 후 그 가치를 기반으로 스테이블코인을 발행하는 구조이다. 예를 들어 DAI는 탈중앙화 금융(DeFi) 플랫폼인 MakerDAO를 통해 발행되며, 사용자가 자신의 암호화폐를 예치하면 일정 비율만큼 DAI를 발행할 수 있다. 하지만 암호화폐의 가격 변동성이 크기 때문에 담보 비율을 초과(예: 150%)로 유지해야 하며, 시장 급락 시 자동 청산 등의 리스크가 존재한다.

세 번째는 알고리즘 기반 스테이블코인이다. 이 방식은 담보 자산 없이 오직 스마트 컨트랙트와 알고리즘만으로 공급량을 조절해 가격을 안정시키는 구조다. 즉, 수요가 증가하면 자동으로 공급량을 늘리고, 수요가 줄면 공급을 줄이는 식이다. FRAX나 과거의 UST(테라)가 대표적인 예인데, 특히 테라는 알고리즘 스테이블코인의 실패 사례로 잘 알려져 있다. 자산 담보가 없기 때문에 자본 효율성이 높지만, 수요-공급 균형이 무너지면 가격 붕괴가 발생할 수 있는 고위험 구조이다.

마지막으로 혼합형(하이브리드) 스테이블코인은 위의 세 가지 방식을 결합하여 설계된 형태로, 대표적으로 FRAX가 있다. FRAX는 법정화폐 담보와 알고리즘 조절 방식을 동시에 활용함으로써 안정성과 자본 효율성을 동시에 추구하고자 한다. 혼합형은 각각의 방식의 장점을 살릴 수 있다는 점에서 유리하지만, 구조가 복잡하고 설계 및 운용에 대한 신뢰성을 확보하기 어렵다는 점이 단점이다.

결국 스테이블코인은 무엇을 담보로 삼고, 어떻게 공급량을 조절하느냐에 따라 안정성, 탈중앙화 여부, 리스크 수준이 크게 달라지므로, 그 구조를 명확히 이해하고 접근하는 것이 중요하다.

스테이블코인의 활용 사례

스테이블코인은 다양한 분야에서 활용된다. 가상화폐 거래 시 변동성이 큰 다른 암호화폐를 거래할 때 중간 단계에서 안정적인 가치로 자산을 보관하는 '안전 피난처' 역할을 한다. 또한 기존 금융 시스템보다 빠르고 저렴하게 국경 간 송금 및 결제를 할 수 있다. DeFi(탈중앙 금융) 서비스에서는 대출, 예치(이자 농사Yield Farming) 등 다양한 프로토콜에서 안정적인 자산으로 활용되어 이자 수익을 창출하거나 유동성을 제공한다. 일부 스테이블코인(특히 달러 연동)은 자국 통화의 인플레이션 헤지수단으로 활용되기도 한다.

스테이블코인의 위험성과 규제 동향

스테이블코인은 중요한 역할을 하지만 몇 가지 위험성도 내포한다. 법정화폐 담보 스테이블코인의 경우, 발행사가 실제 충분한 담보 자산을 보유하고 있는지에 대한 투명성 문제가 지속적으로 제기된다. 담보 자산에 대한 신뢰가 훼손되거나 시스템에 문제가 발생할 경우, 코인런이 발생하여 스테이블코인의 가치 고정이 깨질 수 있으며, 이는 전통 금융 시스템에까지 영향을 미칠 수 있는 금융 시스템 리스크로 이어진다. 특정 국가의 통화에 연동된 스테이블코인의 광범위한 사용은 해당 국가의 통화 주권을 위협할 수 있다는 지적도 있으며, 익명성을 기반으로 한 거래는 불법행위에 악용될 수 있다는 우려도 제기된다. 이러한 위험성 때문에 각국 정부와 규제 당국은 스테이블코인 규제 방안 마련에 적극적으로 나서고 있으며, 투명성 강화, 담보 자산 규제, 소비자 보호 등을 중점적으로 다루고 있다. 대한민국에서도 원화 스테이블코인 도입에 대한 논의가 활발히 진행 중이다.

> 코인런(Bank Run)은 가상자산 거래소나 플랫폼의 파산 우려로 투자자들이 코인을 급히 인출하거나 매도하는 현상이다. 전통 금융의 뱅크런(Bank Run)에 해당한다.

스테이블코인 관련 주식

스테이블코인이 가상화폐 시장의 안정성을 높이고 전통 금융과 블록체인 생태계를 연결하는 중요한 역할을 하면서 관련 주식들에도 투자자들의 관심이 쏠리고 있다. 스테이블코인 관련 주식은 크게 스테이블코인 발행사 자체, 스테이블코인 기술 및 인프라 제공 기업 그리고 스테이블코인 활용 비즈니스를 영위하는 기업들로 나눌 수 있다.

스테이블코인 발행사 자체

스테이블코인 발행사는 직접적으로 스테이블코인을 발행하고 관리하는 주체이다. 이들 기업은 스테이블코인 시장의 성장과 함께 직접적인 혜택을 받을 수 있다.

- **서클(Circle, CRCL)**: 서클은 세계 2위 스테이블코인인 USDC(USD 코인)를 발행하는 미국 기업이다. 2025년 6월 뉴욕증권거래소(NYSE)에 상장된 후 주가가 급등하며 투자자들의 큰 관심을 받았다. 서클은 투명한 준비금 관리와 규제 준수를 강조하며, 전통 금융 시스템과의 통합에 적극적이다. 스테이블코인 시장의 제도권 편입이 가속화될수록 서클과 같은 주요 발행사의 기업 가치는 더욱 높아질 가능성이 있다.

- **테더(Tether)**: 세계 최대 스테이블코인인 USDT를 발행하는 테더는 현재 상장된 기업이 아니다. 다만, 향후 상장 가능성이 거론될 경우 큰 시장의 이목을 끌 것으로 예상된다. 테더는 USDT 준비금 구성 방식 등에 대한 논란이 있었지만, 여전히 압도적인 시장점유율을 차지하고 있다.

스테이블코인 기술 및 인프라 제공 기업

스테이블코인 발행을 위한 기술 솔루션을 제공하거나 스테이블코인 유통 및 관리에 필요한 인프라를 구축하는 기업들이 여기에 해당한다. 특히 한국의 경우, 원화 스테이블코인 도입 논의가 활발해지면서 이 분야 기업들이 주목받고 있다.

- **블록체인 기술 개발 기업**: 스테이블코인 발행 및 운영에 필수적인 블록체인 기술, 스마트 컨트랙트, 보안 솔루션 등을 개발하는 기업들이다. 이들은 직접 스테이블코인을 발행하지 않더라도 핵심 기술을 제공함으로써 스테이블코인 시장 성장의 수혜를 입을 수 있다.

- **뱅크웨어글로벌(한국)**: 금융기관 IT 시스템 혁신 및 솔루션 개발 업체로, 우리은행과 NFT 플랫폼 서비스를 개설한 바 있어 은행권의 원화 스테이블코인 도입 시 수혜를 입을 것이라는 기대감이 있다.

- **핀테크 기업 및 결제 솔루션 제공 기업**: 스테이블코인을 활용한 결제 시스템 구축이나 송금 서비스 등을 제공하는 기업들이다. 스테이블코인이 실제 결제 시장에서 활용될수록 이들의 역할이 중요해진다.

- **헥토파이낸셜(한국)**: 핀테크 기업으로 최근 블록체인 보안업체와 스테이블코인 지급결제 시스템 구축 업무협약을 체결하며 원화 스테이블코인 수혜주로 거론된다.

- **다날(한국)**: 핀테크 기업으로, 스테이블코인 관련 테마주로 분류되어 투자자들의 관심을 받고 있다.

- **NHNKCP(한국)**: 전자결제 전문 기업으로, NHN의 자회사이며 원화 스테이블코인 관련 수혜주로 꼽힌다.

- **쿠콘(한국)**: 마이데이터 기반의 데이터 비즈니스와 페이먼트 서비스 등을 제공하며 스테이블코인 관련 테마주로 주목받고 있다.
- **클라우드 컴퓨팅 및 데이터 센터 기업**: 블록체인 네트워크 운영에 필요한 인프라를 제공하는 기업들이다. 스테이블코인 생태계가 확장될수록 이들 기업의 서비스 수요도 증가할 수 있다.
- **보안 및 인증 솔루션 기업**: 스테이블코인 거래의 보안과 사용자 인증(KYC/AML)은 매우 중요하기 때문에 관련 보안 및 인증 솔루션을 제공하는 기업들도 수혜를 볼 수 있다.

스테이블코인 활용 비즈니스를 영위하는 기업

직접 스테이블코인을 발행하거나 기술을 제공하는 것은 아니지만, 자사의 서비스에 스테이블코인을 적극적으로 도입하거나 활용하여 새로운 비즈니스 기회를 창출하는 기업들이다.

- **카카오페이/카카오뱅크(한국)**: 국내 대표 핀테크 기업들로, 원화 스테이블코인 관련 상표권을 출원하는 등 스테이블코인 도입 움직임을 보이고 있다. 이들이 스테이블코인을 자사의 결제 및 금융 서비스에 통합할 경우 파급력이 상당할 수 있다. 카카오페이는 '투자위험종목'으로 지정될 만큼 시장의 뜨거운 관심을 받기도 했다.
- **한컴위드(한국)**: 블록체인 및 디지털 자산 관련 사업을 영위하며, 스테이블코인 도입에 따른 수혜가 예상된다.
- **미투온(한국)**: 게임 및 블록체인 사업을 영위하는 기업으로, 스테이블코인 활용 가능성이 언급된다.

- **삼성SDS(한국)**: 블록체인 기술을 활용한 다양한 기업용 솔루션을 제공하며, 스테이블코인 관련 인프라나 서비스 구축에 기여할 가능성이 있다.
- **기존 금융기관(은행, 카드사)**: 한국은행 총재가 은행권 중심의 원화 스테이블코인 발행에 긍정적 태도를 보이면서 국내 4대 은행을 비롯한 은행권과 카드사(신한카드, KB국민카드, 우리카드 등)들이 스테이블코인 관련 상표권을 출원하고 태스크포스(TF)를 꾸리는 등 적극적인 움직임을 보이고 있다. 이들이 직접 스테이블코인을 발행하거나 관련 서비스를 제공하게 되면 큰 시장 변화를 가져올 수 있다.

투자 시 유의사항

스테이블코인 관련 주식은 암호화폐 시장의 성장과 제도권 편입이라는 큰 흐름 속에서 주목받고 있지만, 투자 시에는 다음과 같은 점들을 유의해야 한다.

- **테마주 성격**: 국내에서는 특히 '원화 스테이블코인'이라는 테마에 묶여 단기 급등락을 보이는 경우가 많다. 실제 기업의 사업 모델과 스테이블코인 연관성을 면밀히 분석해야 한다.
- **규제 불확실성**: 스테이블코인에 대한 각국의 규제는 아직 명확하게 확정되지 않은 부분이 많다. 규제 방향에 따라 관련 기업들의 사업 모델이나 수익성에 큰 변화가 생길 수 있다.
- **기술적 리스크**: 알고리즘 스테이블코인의 붕괴 사례에서 보듯이, 기술적 설계의 결함이나 예상치 못한 시장 상황으로 스테이블코인 자체의 안정성이 위협받을 수 있으며, 이는 관련 기업들의 주가에도 악영향을 미

칠 수 있다.
- **중앙화 리스크**: 법정화폐 담보 스테이블코인의 경우 발행사의 담보 투명성 및 중앙화 리스크가 존재한다.

결론적으로 스테이블코인 관련 주식은 미래 디지털 금융의 중요한 축을 담당할 가능성이 크지만 높은 변동성과 규제 불확실성을 동반한다. 따라서 투자자들은 관련 기업의 사업 내용, 재무 건전성, 기술력 그리고 규제 환경 변화 등을 면밀히 분석하여 신중하게 접근해야 한다.

Part 3

실력 UP! 첫 투자자를 위한 알짜 전략:
"돈 벌 준비 끝!"

차트 분석, 고급 매매 전략

8장에서는 실제 코인 투자에서 많이 활용하게 될 차트 분석 기법에 대해 설명하고 있습니다. 차트 분석의 기본이 되는 캔들차트의 의미와 패턴을 보고 향후 가격 흐름을 파악하는 방법까지 살펴봅니다. 실제 차트에서 흔히 볼 수 있는 패턴들과 그 의미, 향후 매수 및 매도 전략까지 자세히 적었습니다. 차트는 어디까지나 과거의 이력을 반영하는 것에 불과하므로 미래를 정확히 맞힌다고 할 수 없습니다. 그러나 미래를 참고하는 데는 분명 도움이 될 것입니다. 거래소 매매시스템상에서 여러 투자 지표를 추가해 매매 전략을 짜는 방법도 알아봅니다. 이동평균선, 추세선, MACD, 스토캐스틱, 볼린저밴드 지표를 추가하는 방법, 각 지표를 분석해서 매매 전략을 수립하는 방법들을 설명합니다.

8장

코인 차트 분석 기법

01 차트 분석은 왜 하는 걸까?

단기투자자라면 필수

차트는 코인의 과거를 보여주는 도구다. 특정 코인의 캔들차트 또는 봉차트를 보면 그 종목의 과거 가격 추세와 함께 최고가와 최저가를 확인할 수 있다. 바로 어제의 시가·종가, 최고가·최저가도 알 수 있다.

그럼 과거를 보고 미래를 예상할 수 있을까? 과거는 그저 과거일 뿐일까? 여기에 대한 답은 사람마다 다를 수 있지만, 나는 과거로 미래를 어느 정도 예상할 수 있다고 본다. 과거의 흔적은 코인의 미래를 예측하는 확실한 자료라고 믿는다. 어린 시절의 모습이나 태도, 기질을 보면 그 사람의 미래를 예상할 수 있는 것과 같은 이치로 말이다.

해당 코인이 오래전부터 상승세를 이어왔고 거래량도 꾸준히 유지되었다면 당분간 상승세를 유지할 것으로 예상하는 것은 타당하다. 지속적으로 하락세인 코인은 특별한 호재 없이는 반등하기가 어렵다. 설령 반등한다고 해도 본전치기를 하려는 투자자들의 매도로 인해 금세 주저앉고 말 것이다.

차트 분석은 단기적으로 더 큰 의미가 있다. 추세와 패턴을 조금만 분석할 줄 알면 언제 매수하고 매도해야 할지를 나름대로 판단하는 기준이 세워진다. 이익은 최대화하고 손실은 최소화할 수 있는 시점을 잡는 데는 코인 차트만 한 것이 없다.

장기적인 가치투자자라면 해당 프로젝트의 내재가치를 정밀하게 따져볼 필요가 있다. 거래소 홈페이지에 소개된 상장 검토보고서 또는 상장 명세서, 재단 홈페이지에 소개된 로드맵을 꼼꼼히 분석해야 한다. 이외에도 6장을 참고해 가상자산의 내재가치를 면밀히 검토해야 한다. 시장이 효율적이라고 가정할 때 코인 가격은 장기적으로 예상 미래가치, 즉 적정 수준의 가격에 수렴할 것이기 때문이다. 기관투자자나 외국인투자자들은 바보가 아니다. 프로젝트의 예상 미래가치에 비해 현재 가격이 저가라면 그들은 분명 그 코인을 매수한다. 이런 매수세의 영향으로 코인 가격은 적정 가격에 수렴하게 된다. 그 기간이 얼마나 걸리는지가 문제일 뿐이다.

> 차트는 해당 종목의 과거를 말해준다. 따라서 차트 분석은 종목의 과거를 통해 미래를 예측하는 기법이다. 데이트레이딩에 차트 분석은 필수이다.

단기적으로는 프로젝트의 예상 미래가치와 현재의 가격은 끊임없이 괴리된다. 두 가격이 일치하는 것 자체가 말이 안 된다. 오늘의 그 종목이 내일 어떤 이슈 때문에 어느 방향으로 튈지 알 수 없다. 이런 단기적인 변동성을 백서나 상장 명세서 및 로드맵 등으로는 포착하기 힘들고, 매일 실시간으로 나오는 코인 차트상의 가격 정보가 훨씬 도움이 된다. 데이트레이딩을 하는 단기투자자들에게 차트가 필수 도구인 이유이다.

차트 분석의 기본, 캔들차트

> 차트의 기본은 캔들차트로 시가, 종가, 최고가, 최저가 4가지 요인에 의해 다양한 패턴을 만들어낸다. 몸통의 길이는 가격 변동폭을, 차트의 색은 상승과 하락을 말해준다.

코인 투자에서 사용되는 차트는 주식투자의 차트와 기본적으로 같다. 주식투자자들은 코인 투자에서도 같은 방식으로 차트 분석을 하면 된다. 먼저, 캔들차트의 기본 패턴에 대해 이해해보자.

캔들차트는 시가, 종가, 최고가, 최저가 총 4가지의 요인에 의해 다양한 패턴을 만들어낸다. 그 기본 패턴을 알아두면 시장의 흐름과 코인 가격의 단기적 흐름을 예측할 수 있다. 단기적으로 매매 포인트를 잘 포착하려면 캔들차트의 기본 패턴을 자주 분석해보는 훈련이 필요하다.

캔들차트의 몸통 부분은 일정 기간의 코인 가격 상승과 하락폭을 보여준다. 시가와 종가의 차이를 몸통의 길이로 나타내는데, 이를 통해 장이 얼마에 시작해서 얼마에 마감했는지를 알 수 있다. 고가선과 저가선을 통해서는 코인 가격의 총변동 범위를 파악할 수 있다. 고가와 저가 사이의 차이가 크면 클수록 코인 가격의 상승과 하락폭이 크다는 뜻이다.

여러 개의 개별 차트가 모여 코인 가격의 특정한 패턴을 만들어내는데, 이를 분석해서 코인 가격의 전환 시점을 찾아내는 게 차트 분석의 기본이다. 개별 차트의 모양에서는 시장의 매입 세력과 매도 세력의 심리와 의도를 파

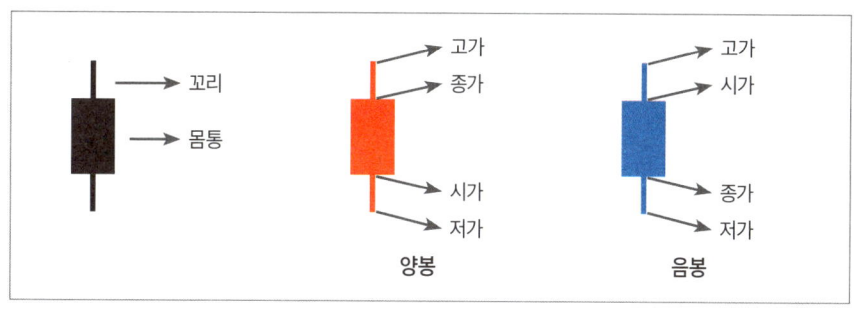

[그림 8-1] 캔들차트의 기본 의미

악할 수 있다. 재미있는 점은 같은 모양의 캔들차트라 해도 시장 상황에 따라 의미하는 바가 다르며 원인도 다양하다는 것이다. 캔들차트의 모양에 대해 구체적으로 알아보자.

캔들 모양의 기초 이해

이 캔들은 시가와 저가가 일치하고 종가와 고가가 일치하는 패턴이다. 매입 세력이 강하다는 의미이고, 특히 긴 상승선이 저가권에서 나타나면 방향 전환이 되는 경우도 생긴다. 강한 매수세라고 보면 된다.

이는 시가와 고가가 일치하고 종가와 저가가 일치하는 패턴이다. 매도 세력이 강하다는 의미이고, 하락세도 강력해서 코인 가격이 급락할 가능성이 있다. 고가권에서 긴 하락이 나타나면 방향 전환이 되는 경우가 발생한다.

이는 시가보다 저가가 낮고 고가와 종가가 일치하는 패턴이다. 매입 세력이 강하다는 뜻이며, 특히 저가권에서 이 모양이 나타나면 매입 세력이 강력해서 코인 가격이 급등할 가능성이 있다. 이 모양은 하락세에서 상승으로 전환될 때 자주 보인다.

이는 시가와 고가가 일치하고 종가가 저가보다는 높은 경우이다. 하락세이기는 하나 저가권에서 이 모양이 나타나면 코인 가격이 반등할 가능성도 있다.

이는 시가와 저가가 일치하고 고가보다는 종가가 낮을 때 보이는 패턴이다. 상승세이기는 하지만 고가에서 매도 세력의 압력이 있다는 뜻이다. 고가권에서 이 모양이 발견되면 코인 가격이 다시 하락할 우려가 있다.

이는 시가보다 고가가 높고 종가와 저가가 일치할 때 보이는 패턴이다. 하락세가 강하다는 것을 의미한다. 고가권에서 이 모양이 발견될 경우 코인 가격이 하락할 가능성이 크다. 코인 가격이 상승에서 하락으로 전환될 때 자주 발생하는 패턴이다.

 이 모양은 시세의 전환점을 의미하는 경우가 많다. 저가권에서는 코인 가격이 반등할 가능성이 크고 고가권에서는 코인 가격이 하락할 가능성이 크다. 이 모양은 매입 세력과 매도 세력이 서로 균형 있게 대립하는 상태라고 볼 수 있다.

캔들차트의 패턴 분석법

차트 용어 총정리

캔들차트의 기본 패턴을 이해하기에 앞서 용어부터 정리해보자. 앞으로 장대, 단대, 음봉, 양봉 이 네 가지 용어의 조합을 보게 될 것이므로 이 의미를 명확히 이해하고 시작하자. 장대는 긴 막대, 단대는 짧은 막대, 음봉은 파란색 막대, 양봉은 빨간색 막대를 가리킨다.

장대음봉

장대음봉은 시가와 종가의 등락폭이 커서 몸통이 상대적으로 길게 나타나는 형태다. 이는 하락장일 때 계속 하락이 유지되는 경향을 보이지만 하락세가 절대적인 것은 아니다. 장대음봉 이후 코인 가격이 상승하는 경우도 있으므로 향후 코인 가격의 추이를 관찰하면서 매매에 임하는 것이 좋다.

장대양봉

장대양봉은 시가와 종가의 등락폭이 커서 몸통이 상대적으로 긴 형태 가운데 양봉을 말한다. 상승장에서 장대양봉이 나타난다면 코인 가격 상승이 지속될 가능성이 크지만, 섣불리 판단해서는 안 된다. 이 패턴만 보고 매매하기보다는 향후 코인 가격의 추이를 관찰하면서 매매에 임하는 것이 좋다.

단대음봉

단대음봉은 시가와 종가의 등락이 작아서 몸통이 상대적으로 작은 음봉을 말한다. 이는 애매한 캔들에 속하며 이 형태만 보고서는 매매를 결정할 수 없다. 다만, 전날 장대음봉이 발생한 다음 하락 갭을 보이며 단대음봉이 생겼다면 장세 전환이 임박했다는 신호로 받아들일 수 있다. 이후 장세 전환 패턴이 완성된 뒤에 매매하는 것이 좋다.

단대양봉

단대양봉은 시가와 종가의 등락폭이 작아 몸통이 짧은 양봉을 말한다. 이 형태만 가지고는 매매를 판단하기 어려우며, 전날 장대양봉이 발생한 다음

상승 갭을 하며 단대양봉이 발생했다면 장세 전환이 임박한 신호 정도로 판단할 수 있다. 이후 장세 전환을 확인한 뒤 매매에 임하는 것이 바람직하다.

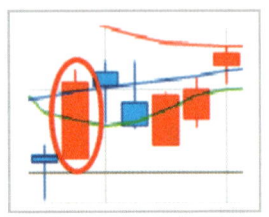

위꼬리 양봉

위꼬리 양봉은 시가와 저가가 같아서 아래쪽 꼬리가 없는 형태의 양봉으로, 종가보다 고가가 높아 꼬리가 위로 솟아 있다. 이는 코인 가격의 강한 상승세를 나타내는 패턴이다. 시장에서 이 패턴이 나타나면 완전양봉(꼬리가 전혀 없는 양봉)보다는 약하지만 지속적으로 코인 가격이 상승하리라고 예상해볼 수 있다.

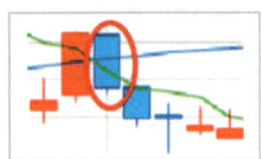

위꼬리 음봉

위꼬리 음봉은 시가와 고가가 같아서 몸통 위쪽으로는 꼬리가 없고 종가보다 저가가 낮은 음봉에 해당하며, 꼬리가 밑으로 축 늘어진 모양을 한다. 이는 하락장을 지속하는 신호로 여겨지지만 완전음봉(꼬리가 전혀 없는 음봉)에 비해서는 하락세가 약한 편이다.

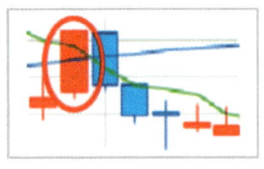

밑꼬리 양봉

밑꼬리 양봉은 종가와 고가가 같고 시가가 저가보다 다소 높을 때 나타나는 양봉이다. 아래쪽 꼬리 부분이 몸통보다는 작은 형태인데, 강한 코인 가격 상승세를 의미하는 패턴으로 해석된다.

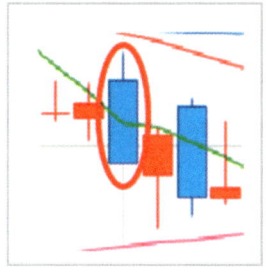

밑꼬리 음봉

밑꼬리 음봉은 종가와 저가가 같으며 몸통 아래의 꼬리는 없는 음봉이다. 시가보다 고가가 높아서 몸통 위쪽으로 꼬리가 나 있으며 꼬리는 몸통에 비해서 짧다. 코인 가격이 하락하는 신호로 여겨지며 하락세를 지속하는 패턴이다.

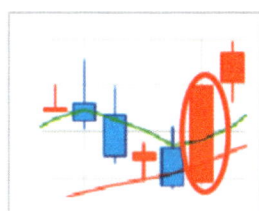

완전양봉

완전양봉은 종가와 고가가 같고 저가와 시가가 같아서 몸통만 있고 꼬리가 없는 양봉을 말한다. 이는 매우 강한 상승장세를 보여주는 형태로 상승 지속형 패턴으로 해석된다. 간혹, 상승 국면의 마지막에 출현해 하락을 예고하기도 하므로 주의해야 한다.

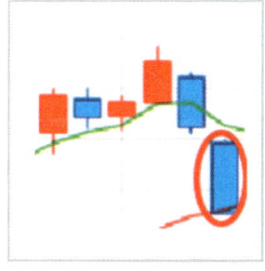

완전음봉

완전음봉은 시가와 고가가 같고 저가와 종가가 같은 경우에 보이는 음봉이다. 매우 취약한 하락장을 보이는 형태로 종종 하락 지속형 패턴으로 해석된다. 가끔은 하락 국면의 막바지에 투매를 나타내고 강세 전환 패턴의 첫날에 나타나기도 하므로 주의해야 한다.

개별 캔들차트 분석

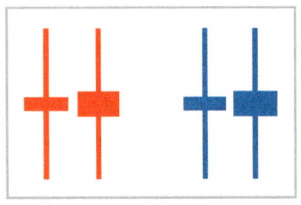

위아래 길쭉이

위아래 길쭉이는 몸통보다 위아래 꼬리가 길게 생긴 양봉 또는 음봉이다. 몸통은 위아래 꼬리의 중간쯤에 있는 형태다. 위아래 길쭉이는 상승과 하락의 힘이 대등해 시장을 예측하기 어려운 상태라고 보면 된다.

정망치

정망치는 몸통 위에는 꼬리가 거의 없고 아래 꼬리가 매우 긴 양봉 또는 음봉에 해당한다. 하락장에서 정망치가 나타나는 경우 매도세가 강하다는 뜻이고, 시장이 거의 바닥을 쳤고 이후 상승세로 돌입할 수 있다는 신호이기도 하다. 만약 하락세에서 코인 가격이 바닥권일 때 이런 정망치 캔들차트가 발견된다면 매수 신호로 볼 수 있다.

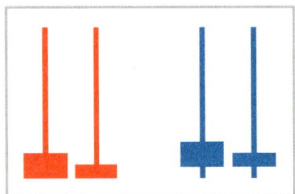

역망치

역망치는 몸통 아래에는 꼬리가 거의 없고 위 꼬리가 굉장히 길게 난 양봉 또는 음봉에 해당한다. 역망치가 하락장에서 발견될 경우 상승 반전을 예상해볼 수 있고, 반대로 상승세에서 발견되면 하락 반전의 신호다. 즉, 역망치는 반전의 대왕이라고 봐도 무방하다. 역망치는 상승세에서는 매도 신호로, 하락세의 바닥권에서는 매수 신호로 보면 된다.

수평이

수평이는 시가와 종가, 고가와 종가의 가격이 모두 같아서 수평선 모양이 되는 양봉 또는 음봉에 해당한다. 수평이는 코인 가격이 움직이지 않는 형태로서 이후 가격을 종잡을 수 없다. 이 패턴이 나타날 때는 투자의사 결정에 신중해야 한다.

위로 삐죽이

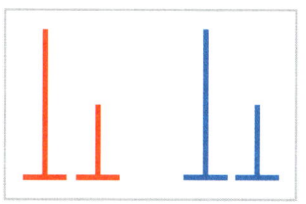

위로 삐죽이는 종가와 시가와 저가가 같으며 위꼬리가 긴 양봉 또는 음봉에 해당한다. 시가 이후 코인 가격이 상승세를 보이다가 장 마감 시점에 다시 시가로 수렴한 것을 알 수 있다. 위로 삐죽이가 상승 추세의 고점에서 발생할 경우 코인이 하락할 신호이며, 위꼬리가 길수록 하락세는 강하다. 만약 하락 추세에서 위로 삐죽이가 발생한다면 상승세로 반등할 수 있다는 의미다. 이럴 때는 매수를 고려해보아야 한다.

아래 삐죽이

아래 삐죽이는 시가, 종가, 고가가 모두 같아서 아래로 꼬리가 길게 나온 양봉 또는 음봉이다. 아래 삐죽이가 하락세의 바닥권에서 발생하면 보통 상승 반전의 신호로 볼 수 있고, 반대로 상승세에서 발생하면 하락 반

전의 신호로 볼 수 있다.

2개 이상의 캔들차트 분석법

지금까지 캔들차트의 개별 모양의 의미를 살펴보았다. 이제부터는 이런 차트들이 두 개 이상 중첩되었을 때 어떻게 장세를 읽어내야 하는지를 살펴보고자 한다. 복잡한 시장의 움직임에서 개별 캔들차트만 가지고 투자를 결정하는 것은 무리이고, 여러 차트들 간의 관계를 분석하면 좀 더 안정적인 투자에 임할 수 있다.

잉태형 패턴

먼저 잉태형 패턴부터 살펴보자. 뒤쪽 캔들이 앞쪽보다 크고 우람해 앞에 있는 캔들을 품는 모양새여서 '잉태형'이라는 이름을 붙였다. 잉태형 패턴이라면, 주의 깊게 살펴봐야 한다.

코인 가격이 전날은 하락하는 장대음봉이었다가 다음 날은 상승하는 단대양봉인 캔들차트이다. 전날 캔들이 다음 날 캔들을 품는 잉태형이다. 하락세이던 코인이 상승세로 반전할 수 있음을 보여준다. 하락 추세일 때 이런 모양이 나타난다면, 몸통이 클수록 더욱 분명한 상승 반전을 예상해볼 수 있다.

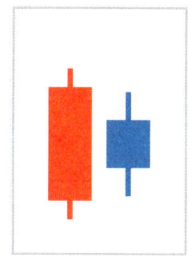
전날은 장대양봉이었다가 다음 날은 단대음봉이 발생한 경우로, 양봉이 음봉을 품고 있는 잉태형이다. 상승 추세에서 이런 잉태형이 나타나면 하락 반전세로 전환하는 신호로 해석될 수 있다. 음봉이 작을수록 하락세는 깊어진다.

천장 또는 바닥을 치는 패턴

이제 좀 더 재미있는 모양을 살펴보자. 천장을 치고 코인 가격이 내려오거나 바닥을 치고 코인 가격이 올라갈 것을 암시하는 패턴이다.

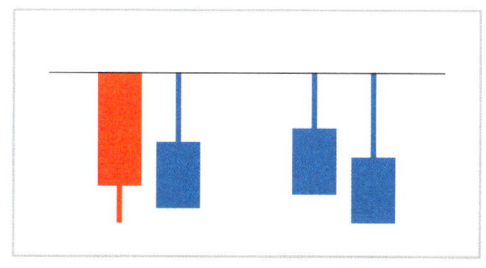
천장인 고점이 일치하는 패턴이다. 고가를 저항선으로 해서 이를 넘어서지 못하고 코인 가격이 떨어질 것임을 보여준다. 이런 패턴이 발견되면 매수해봐야 손실만 보게 되니 매도하는 것이 낫다.

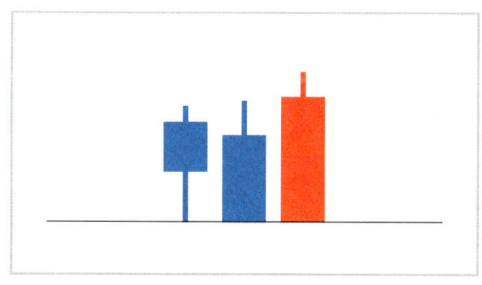
이번에는 반대로, 여러 캔들이 저가를 뚫고 내려가지 못하는 패턴이다. 저점이 일치하는 모양새로 저점을 지지선으로 해서 반등하고 코인 가격이 상승

할 수 있는 신호로 볼 수 있다. 코인 가격 상승이 강력히 예상되는 만큼 매수 시점이다.

하락 반전 패턴

가끔 코인 가격이 상승하는 도중 갑자기 하락하는 경우가 있는데, 이를 말해주는 패턴에 대해 살펴보자. 하락 반전을 예고하는 이런 패턴이 나타날 때 매도할 시점인지는 정확하지 않지만, 상승에서 하락으로 전환되는 패턴임에는 분명하다.

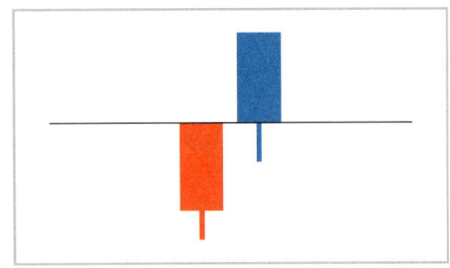

전날의 양봉 종가 및 고가가 다음 날 음봉의 종가와 일치하지만, 고가와 시가는 한참 위에 있을 때 나타나는 캔들차트이다. 상승세를 탄 코인 가격은 하락 반전을 하며, 이 패턴 이후 다음 날 종가가 더 낮은 지점에서 형성되면 하락세를 탄 것으로 볼 수 있다.

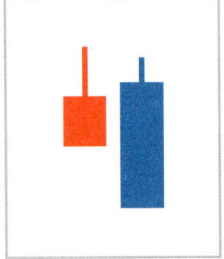

전날의 단대양봉이 오늘의 장대음봉을 품는 형태로 상승에서 하락으로 전환되는 것이 좀 더 명확히 나타나는 차트이다. 전날의 코인 상승세를 다음 날의

하락세가 장악한 경우다. 상승 추세에서 이런 패턴이 발생했다면 코인이 하락세를 탈 가능성이 매우 크다. 상승 추세의 고점에서 이런 패턴이 나오면 분명히 하락 반전하게 돼 있으니 매도 시점이다.

상승 반전 패턴

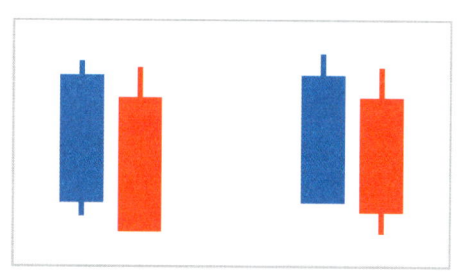

장대음봉에서 장대양봉으로

앞에서 본 패턴보다 양봉의 몸통이 훨씬 길어지고 종가도 높게 형성되었다. 오늘의 고가가 전날의 고가와 근접하면서 종가도 상당히 위에 형성되어 하락에서 상승으로 반전될 가능성이 앞의 패턴보다는 크다. 만약 이런 패턴이 하락세의 바닥권에서 보인다면 다시 코인 가격이 반등해 상승세로 갈 것을 예상해볼 수 있다.

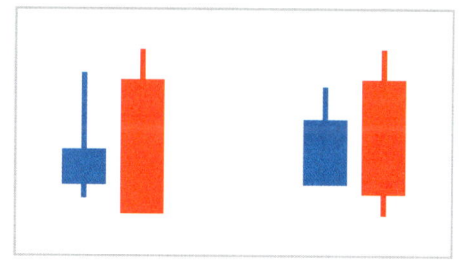

단대음봉에서 장대양봉으로

이 패턴은 좀 더 확실한 상승세임을 말해준다. 전날의 코인 가격 하락을 보인 음봉이 다음 날 코인 가격 상승을 보이는 양봉에 먹힌 모양새로, 코인 가격의 하락이 있다가 제대로 코인 가격이 상승했음을 보여준다. 만약 코인 가격이 하락 추세에 있다가 일정한 시기를 지나 이런 패턴을 보인다면 코인 가격의 상승세를 예상해볼 수 있다. 상당 기간 하락세를 이어오다가 갑자기 이런 패턴이 발생한다면 매수 시점이라고 볼 수 있다.

위꼬리 음봉, 역망치, 밑꼬리 양봉

위꼬리 음봉 이후 역망치 양봉이 나오고 다음 날 최종적으로 밑꼬리 양봉을 보이는 캔들차트이다. 초기에 지나치게 낮은 가격으로 매도한 것을 꺼려 양봉으로 돌아섰다가, 결국 긴 몸통의 양봉으로 전환돼 코인 가격이 상승 반전한 것이다. 오랜 코인 하락세 이후 이런 패턴이 발견된다면 매수 시점이라고 볼 수 있다.

매매를 보류해야 할 애매한 패턴

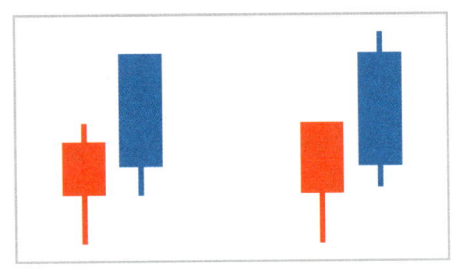

양봉에서 음봉으로

전날은 양봉이었다가 오늘은 음봉으로 바뀌었다. 문제는 음봉의 길이가 길어진 것인데, 전날의 가격 범위보다 음봉이 높게 형성되어 있다는 점이다. 종가는 하락했지만 음봉이 더 위에 위치한 것은 사실이다. 이 경우 종가가 낮을수록 하락 반전일 가능성이 높지만 아직 섣불리 판단하기는 힘들다. 만약 상승세의 최고점에서 이런 패턴이 발생했다면 하락 반전으로 매도할 시점이지만 단정하기는 어렵다.

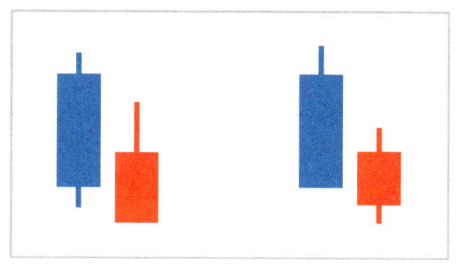

음봉에서 양봉으로

전날 캔들은 음봉이고 오늘 캔들은 양봉인 경우로 얼핏 보면 상승 전환처럼 보인다. 그러나 조심해야 할 점은 양봉이 음봉보다 낮게 형성돼 있다는 사실이다. 전날 종가와 오늘 종가의 차이가 크지 않기 때문에 완전히 상승세에 접어들었다고 보기에는 애매하다. 하락 추세의 맨 밑바닥에서 이런 패턴이 보인다면 향후 코인이 상승할 것으로 예측해도 크게 무리는 없지만, 아직은 불안한 것이 사실이다.

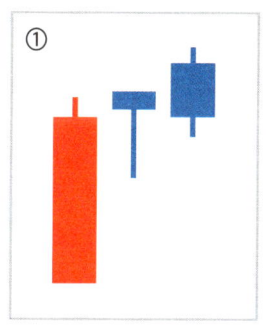

조금 애매한 패턴 ①

코인이 가격 상승세를 이어가다가 몸통이 긴 양봉이 발생한 뒤 두 개의 음봉을 만들어내면서 최종적으로 종결하는 패턴이다. 이는 최근의 음봉이 코인 가격 하락을 견인하는 듯 보이지만, 아직 완전한 하락세로 판단할 수는 없다. 종가가 높게 형성되어 있기 때문에 이후 추세를 지켜보고 매매 시점을 잡는 것이 현명하다.

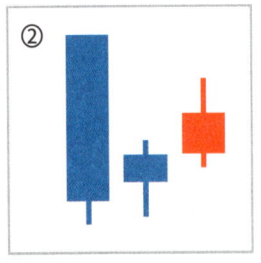

조금 애매한 패턴 ②

이와 반대로, 코인 가격이 하락세를 보이다가 상승세로 반등하는 듯 보이지만 주의를 기울여야 하는 패턴이다. 코인이 가격 하락세를 이어오다가 음봉이 연속으로 두 번 발생하고 상승 갭을 일으키면서 마무리하고 있다. 하락세에서 상승 반전을 예고하는 신호로도 볼 수 있지만, 완전한 상승세라고 보기에는 종가가 그다지 높지 않으므로 좀 더 지켜볼 필요가 있다.

적삼병과 흑삼병

적삼병은 강력한 상승세를, 흑삼병은 강력한 하락세를 예측할 수 있는 패턴이다. 각각에 대해 살펴보고 변형된 패턴에 대해서도 살펴보자.

적삼병 패턴

3개의 양봉 종가가 지속적으로 급등하면서 상승 패턴을 만드는 이것이 전형적인 적삼병 패턴이다. 마치 계단을 타고 코인 가격이 올라가는 것 같은 어마어마한 모양이다. 만약 이런 패턴이 하락 추세 끝에 발견된다면 코인 가격의 상승 추세를 강하게 예측해볼 수 있다. 코인 가격이 꾸준히 상승할 전조 증상이다. 적삼병은 꼬리가 짧고 몸통이 클수록 코인 가격을 더 끌어올리는 힘을 지닌다.

변형된 적삼병 패턴

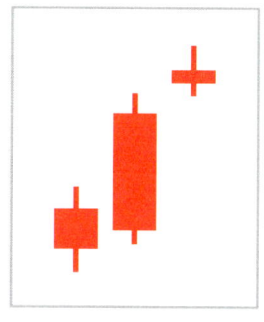

이는 적삼병 가운데서도 조금 극단적인 경우로 현실에 많이 나타나는 형태다. 전날과 전전날에 비해 오늘의 캔들은 몸통이 짧고 위에 붕 떠 있는데, 이렇게 붕 뜬 것을 상승 갭이라고 한다. 이런 상승 갭을 보이면 몸통이 큰 세 덩어리로 이루어진 앞의 적삼병에 비해 상승세를 지속할 힘이 모자란다고 볼 수 있다.

흑삼병 패턴

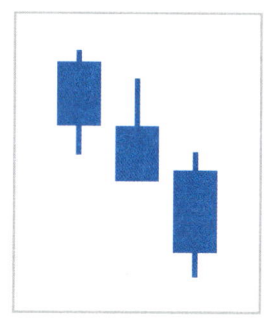

적삼병의 반대인 흑삼병 패턴이다. 흑삼병 패턴은 세 개의 음봉이 연속적으로 하락하면서 코인 가격 하락세를 이어가는 특징이 있다. 매일의 종가가 폭락하면서 코인 가격을 끌어내리므로 강력한 하락세로 볼 수 있다. 꼬리가 짧을수록 가격 폭락세는 더욱 크다. 만약 코인 가격 상승세에서 이런 패턴을 만나면 코인 가격이 하락세로 접어들 것을 예상할 수 있다.

변형된 흑삼병-하락 반전 ①

최근의 종가가 전날 종가와 전전날 종가보다 훨씬 낮게 형성된 이 패턴은 코인 가격이 하락세에 들어섰음을 암시한다. 만약 오랜 상승세 속에서 이러한

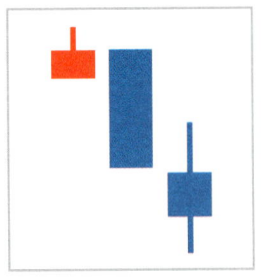

패턴이 나타난다면 하락 반전이 일어날 것을 예상해볼 수 있다. 이때는 매도 시점으로 보아도 될 것이다.

변형된 흑삼병-하락 반전 ②

긴 몸통의 양봉을 보인 이후 그다음 날은 작은 몸통의 역망치 음봉을, 그다음 날은 장대음봉이 아래에 형성되는 패턴이다. 만약 이런 패턴이 코인 가격 상승기에 발생하면 코인 가격의 하락 반전 신호로 볼 수 있다. 이는 분명한 매도 시점이다.

변형된 흑삼병-하락 반전 ③

몸통이 긴 밑꼬리 양봉이 발생한 다음 날 밑꼬리 음봉이, 그다음 날은 완전음봉이 아래에 형성된 패턴으로, 코인 가격의 하락을 견인하는 패턴이다. 만약 코인 가격 상승세에서 이런 패턴이 발생하면 코인 가격이 하락세로 전환될 것을 예상해볼 수 있다.

03 차트로 매매 전략 짜기

매도 전략, 헤드앤숄더 패턴

차트를 통해서 코인 투자를 하는 데이트레이더에게 가장 기본이 되는 차트 패턴은 헤드앤숄더와 역헤드앤숄더 패턴일 것이다. 헤드앤숄더(head and shoulder) 패턴은 반전형의 패턴 가운데 가장 유명한 패턴이다. 양 봉우리 가운데 큰 봉우리가 솟아 있는 것이 사람의 머리와 양어깨를 닮았다고 해서 붙여진 명칭이다. 그림 [8-2]에서 동그라미로 표시한 부분을 참고하라.

그림 [8-2]에서 가운데 머리를 중심으로 양어깨는 각각 의미가 있는데, 왼쪽 어깨와 오른쪽 어깨로 나누어 설명해보면 이와 같다. 왼쪽 어깨는 지속적으로 상향 추세선을 따르며 코인 가격이 큰 폭으로 상승해 나간다. 상승세를 인식한 투자자들은 이에 반응하면서 매매에 나선다. 가운데 머리는 왼쪽 어깨보다 코인 가격이 치솟았음을 보여준다. 오른쪽 어깨는 세 번째로 코인 가

[그림 8-2] 헤드앤숄더 패턴

격이 치솟은 지점인데, 가운데 머리에 비해 코인 가격이 상승하지 못하고 하향 전환하는 것이 특징이다.

여기서 중요한 개념이 네크라인이다. 네크라인은 상승세에서 하락 반전을 판단하는 기준이며, 네크라인 아래로 코인 가격이 내려오기 시작하면 다시 코인 가격이 하락세를 탄 것으로 확신해도 된다. 이때가 매도 시점이라고 볼 수 있는데, 잘못해서 코인 가격이 더 하락한 뒤 매도하면 손실이 커질 수밖에 없으니 주의하라. 오히려 네크라인 아래서 코인 가격이 한참 내려간 뒤 매수 시점을 잡는 것도 나쁘지 않은 전략이다.

매수 전략, 역헤드앤숄더 패턴

헤드앤숄더가 매도 시점을 잡거나 하락세를 예측할 때 유용한 패턴이라면, 매수 시점을 말해주는 패턴으로 역헤드앤숄더 패턴을 알아보자.

역헤드앤숄더 패턴은 코인 가격이 하락세에 있다가 일정하게 오르락내리락한 뒤에 반등해서 상승할 때 나타나는 패턴이다. 헤드앤숄더 패턴을 뒤집은 모양새다(그림 8-3 참조).

왼쪽 어깨 부분은 장기간 하락세를 이어오다가 하락세가 작아지면서 반등해 상승하는 모습을 보여준다. 그러나 다시 본전 찾기 매도 물량에 밀려 하락하고 다시 반등을 거듭하면서 가운데 머리를 만들어낸다. 이것이 다시 하락과 반등을 보이면서 오른쪽 어깨를 만들고 난 뒤 코인 가격이 급등하게 된

[그림 8-3] 역헤드앤숄더 패턴

다. 이는 강력한 매수세라고 할 수 있다.

장기간 보합세, 선형 패턴

선형은 코인 가격이 거의 미동 없이 장기간 보합세를 유지할 때 나타나는 차트 패턴이다. 이후 어느 시점이 되면 거래량이 증가하면서 코인 가격이 폭등하게 되는데, 이 시점이 되면 해당 코인 종목을 보유하고 있던 투자자는 갑자기 100%, 많게는 2,000%까지 엄청난 수익을 얻게 된다.

만약 선형 패턴을 발견했다면 이 코인에 묻어두고 해당 코인이 폭등하기를 기다리는 것도 투자의 한 방법이다. 다만 상장폐지 직전의 코인은 아닌지

[그림 8-4] 비트코인 선형 패턴

검증할 필요는 있다. 상장폐지가 되면 원금도 못 건지는 일이 발생하기 때문이다.

서서히 보이는 상승세, 둥근 바닥형

[그림 8-5]는 이더리움의 2021년 7월 20일 무렵의 차트인데 둥근 바닥형 차트를 보이고 있다.

  둥근 바닥형은 코인 가격 하락세가 부드러운 곡선을 그리며 서서히 상승 추세로 변환되는 형태로서 둥근 바가지 모양을 그리게 된다. 바닥권에서는 거래량이 주춤하다가 상승 시점에 가서는 거래량이 급증하면서 큰 폭의 가

[그림 8-5] 이더리움 둥근 바닥형

격 상승을 이끌게 된다. 둥근 바닥형 패턴은 투자자들의 관심을 받지 못하던 종목의 수익률이 갑자기 상승할 때 종종 만들어진다. 이 패턴을 발견하고 매수 시점을 잡을 경우 안전하게 큰돈을 벌 수 있다.

둥근 바닥형에서는 코인 가격이 천천히 상승하면서 거래량이 줄어드는 시점에 매수하면 조금이라도 이익을 극대화할 수 있다. 설령 이 시점을 놓쳤더라도 코인 가격이 일정한 네크라인을 넘어가는 시점에서 매수할 경우 큰 이익을 얻을 수 있다.

04 이동평균선으로 가격 흐름 예측

이동평균선 보는 법

이동평균선이란 일정 기간의 코인 가격을 평균해낸 선을 말하며, 코인 가격의 지속적 변화에서 비정상적 등락의 영향을 줄임으로써 가격의 전체 흐름을 잘 보여주기 위해서 만들어낸 것이다. 이동평균선을 통해서 코인 가격의 평균적인 방향을 알 수 있고, 코인 가격이 어떻게 움직일지 예측할 수 있다.

[그림 8-6]은 거래소 매매시스템상 이동평균선의 모습이다. 지표 검색에서 Moving Average를 선택하면 되는데, 원하는 기간과 원하는 색상을 선택하면 이동평균선이 차트에 나타난다.

[그림 8-6] 이더리움 이동평균선 추가

① 지표 - Moving Average 선택

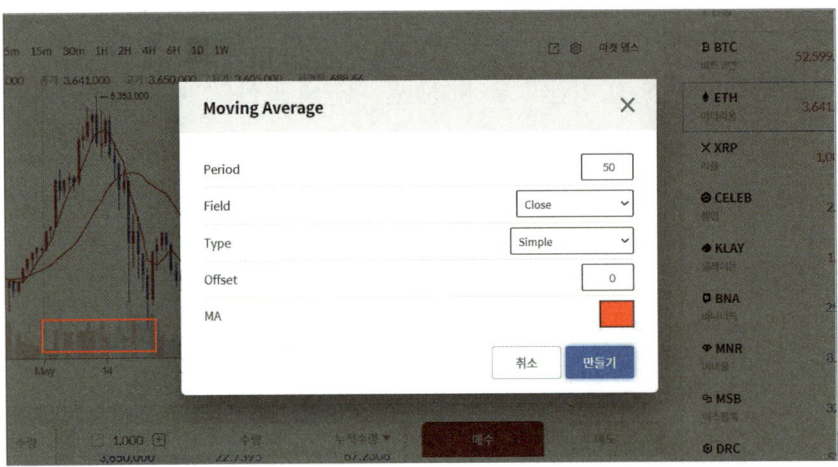

② 기간(period), 색상 선택 - 만들기

이동평균선 기간(period)은 보통 20, 50, 100, 150을 사용한다. 20과 50을 단기로 보고, 100, 150을 중기, 200 이상을 장기로 분류한다.

이동평균선은 투자 지표로 삼기에 장점이 많다. 첫째, 거래소 매매시스템 상에서 기본적으로 제공되는 차트의 일부이므로 사용하기에 편리하다. 둘째, 각종 코인 가격 차트 서비스에서 모두 제공되는 만큼 언제 어디서나 코인 가격 분석에 사용할 수 있다. 셋째, 추세와 형태에 따라서 매매 시점을 잡을 수 있다는 점에서 초보자가 활용하기에 좋은 지표이다. 다만 이 또한 과거의 흔적이므로 미래를 예측하는 수단일 뿐 100퍼센트 정답은 아님을 기억할 필요가 있다.

강세장에서는 주로 코인 가격이 이동평균선의 위쪽으로 삐죽삐죽 튀어나온 형태로 운동을 지속하며 상승하는 추세를 만들어낸다(그림 8-7-①). 반대로 약세장에서는 코인 가격이 이동평균선의 아래쪽으로 삐죽삐죽 튀어나온 형태로 운동하면서 하락하는 추세를 나타낸다(그림 8-7-②).

[그림 8-7] 강세장과 약세장에서의 이동평균선

① 강세장의 이동평균선

② 약세장의 이동평균선
※ 빨간 실선이 이동평균선임.

이동평균선으로 매매 시점 잡기

이동평균선은 기간이 길어질수록 완만한 모양을 이루며, 코인 가격이 이동평균선과 멀어져 있는 경우 코인 가격에 가까워지려는 성질을 지닌다.

코인 가격 상승기에 이동평균선은 정배열을 보이고 가격 하락 시에는 이동평균선이 역배열로 전환된다. 정배열이란 20, 50일 등 단기 선에서 100, 150일 등의 중기 및 200일 이상 장기 선으로 순서대로 배열된 상태를 말하며, 그 반대로 장기 선이 가장 위에 있고 단기 선이 하단에 배열된 상태를 역배열이라 한다.

역배열이던 이동평균선이 정배열로 전환된다면 가격 상승세라고 볼 수 있다. 코인 가격이 하락하는 추세에서는 역배열을 보이면서 이동평균선이 움직인다. 그러다가 갑자기 코인 가격이 반등할 때는 단기이동평균선이 장기이동평균선을 차례로 뚫고 올라가게 된다.

이동평균선이 역배열에서 정배열로 전환되는 시점에 매수하면 수익을 올릴 수 있다.

[그림 8-8] 이동평균선의 정배열과 역배열

① 정배열의 이동평균선
— 20일, — 50일, — 150일

② 역배열의 이동평균선

매수 시점을 말해주는 골든크로스

이처럼 이동평균선의 정배열과 역배열을 활용해 매매 시점을 잡는 것은 전통적인 투자 기법에 속한다. 그 대표적인 것으로 골든크로스와 데드크로스가 있다. 기간이 짧은 이동평균선이 기간이 긴 이동평균선을 뚫고 올라가는 현상을 골든크로스, 기간이 짧은 이동평균선이 기간이 긴 이동평균선을 뚫고 내려가는 현상을 데드크로스라고 한다.

일반적으로 골든크로스가 나타나면 코인 가격이 상승할 것으로 예상해 매수 시점으로 보고, 데드크로스가 나타나면 코인 가격이 하락할 것으로 예상해 매도 시점으로 본다. 전통적인 기법인 만큼 완벽한 투자 시점을 잡아준다고 할 수는 없지만, 많은 사람이 투자에 고려하는 기법이라고 할 수 있다.

골든크로스는 50일 이동평균선이 100일 이동평균선을 뚫고 올라가거나 150일 이동평균선을 뚫고 올라가는 형태를 생각해볼 수 있다. 따라서 골든크로스 분석을 하려면 이동평균선이 적어도 두 개 이상은 돼야 한다.

[그림 8-9]를 살펴보자.

[그림 8-9]에서는 골든크로스가 2차례 발생하고 있다. 단기 이동평균선이 중기 이동평균선을 뚫고 오르며 한 번, 중기 이동평균선이 장기 이동평균선을 뚫고 오르며 한 번 더 일어나는데, 이런 경우 상승세는 더욱 오래 지속되는 경향이 있다. 이는 분명 강한 골든크로스이다.

반대로 단기와 중기 이동평균선에서는 골든크로스가 일어났지만 중기 선과 장기 선 사이에는 골든크로스가 발견되지 않는다면 주의가 필요하다. 이를 약한 골든크로스라고 말한다.

[그림 8-9] 이더리움의 강한 골든크로스

다만, 이동평균선의 특성상 골든크로스는 과거의 코인 가격 흐름을 반영하는 것이므로 미래 예측에는 한계가 있다. 골든크로스와 함께 다른 호재가 있는지 면밀한 검토와 분석을 통해 투자에 임해야 한다.

매도 시점을 말해주는 데드크로스

이번에는 데드크로스에 대해서 살펴보자. 데드크로스란 단기 이동평균선이 중기 이동평균선을 뚫고 아래로 내려가거나 중기 이동평균선이 장기 이동평균선을 뚫고 아래로 내려가는 것을 말하며 가격이 하락하는 신호로 볼 수 있다.

[그림 8-10] 이더리움의 강한 데드크로스

[그림 8-10]에서 데드크로스는 2차례 발생하고 있다. 단기 이동평균선이 중기 이동평균선을 뚫고 내려가면서 한 번, 중기 이동평균선이 장기 이동평균선을 뚫고 내려가면서 또 한 번, 이렇게 두 차례 이상 데드크로스가 발생하는 경우 강한 데드크로스라고 한다. 이처럼 강한 데드크로스가 나타나면 완전한 하락세임을 예상할 수 있다.

[그림 8-11]은 비트코인의 2021년 8월 1일의 시간별 가격 흐름을 나타내는 차트다. 단기 선, 중기 선 모두 장기 이동평균선을 뚫고 하락하고 있다. 지루한 하락세임을 말해준다고 할 수 있다.

[그림 8-11] 비트코인의 강한 데드크로스

거래량과 코인 가격의 관계

일반적으로 거래량과 코인 가격은 비례 관계에 있다. 차트에서 하단의 막대 그래프가 거래량을 나타낸다. 거래량이 증가하면 물량 세력이 강하다는 것이고 이는 코인 가격 상승을 이끈다. 반대로 거래량이 감소하면 코인 가격이 하락한다. 거래량이 증가하면서 코인 가격이 상승세라면 매수 시점으로 볼 수 있다. 반대로 거래량이 감소하면서 코인 가격이 하락세라면 매도 시점으로 볼 수 있다.

[그림 8-12] 거래량과 코인 가격 동시 상승

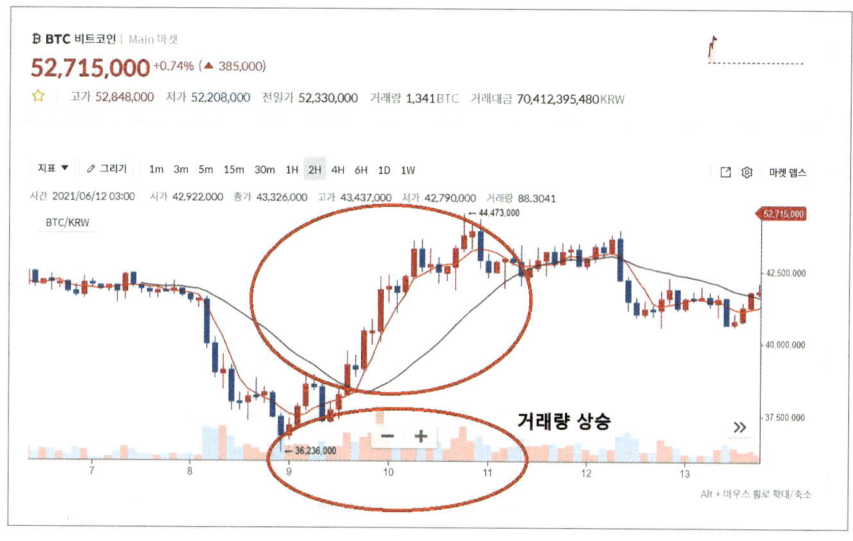

[그림 8-12] 차트는 비트코인의 거래량이 증가하면서 가격이 상승하는 모습을 보인다. 가격이 거래량과 비례해 폭발적으로 상승하는 것을 볼 수 있다.

만약, 코인 가격이 지속적으로 상승하면서도 거래량은 줄어들고 있다면 해당 코인의 가격은 하락 가능성이 높다고 판단할 수 있다. 거래 물량이 코인 가격을 끌어올릴 정도의 힘을 가지지 못한 것이다. 이런 경우, 매도 시점으로 해석해도 무방할 것이다.

05 추세선으로 매매 시점 포착

코인 가격의 이동 방향

추세선이란 코인 가격이 만들어내는 추세(trend)를 이은 선을 말한다. 여기서 추세란 코인 가격이 이동하는 방향을 말한다. 코인 가격은 지속적으로 곡선 운동을 하면서 일정한 추세를 만들어가는데, 시간이 지남에 따라 추세가 변하는 것은 지극히 정상이다.

차트에서 추세는 고점과 저점을 만들며 일정한 방향을 형성하는데, 이를 연결한 추세선은 형태에 따라 다양한 종류로 분류할 수 있다. 즉 기간을 일, 주, 월로 구분해 상승 추세선, 하락 추세선, 보합 추세선을 그려볼 수 있다. 일반적으로 기간이 길수록 그 추세를 신뢰할 수 있다.

추세선 그리는 법

추세선은 일반적으로 두 개 이상의 고점과 저점을 연결해 그릴 수 있다. 추세선의 고점과 저점의 개수가 많을수록 추세의 신뢰도는 높아진다. 추세선은 일, 주, 월 단위로 모두 그릴 수 있는데, 기간이 길수록 신뢰성이 높은 추세로 볼 수 있다. 장기간에 걸쳐 코인 가격의 이동 방향이 일관되게 형성되면 그 추세의 지속 가능성이 높다고 보기 때문이다.

먼저 코인 가격이 상승세에 있는 경우 상승 추세선을 그어볼 수 있다. 매도 물량보다 매수 물량이 강해서 코인 가격의 상승 방향을 만들어낸 것이다. 상승 추세선은 코인 가격의 저점을 연결해서 그릴 수 있다. 반대로 하락 추

[그림 8-13] 추세선 그리기

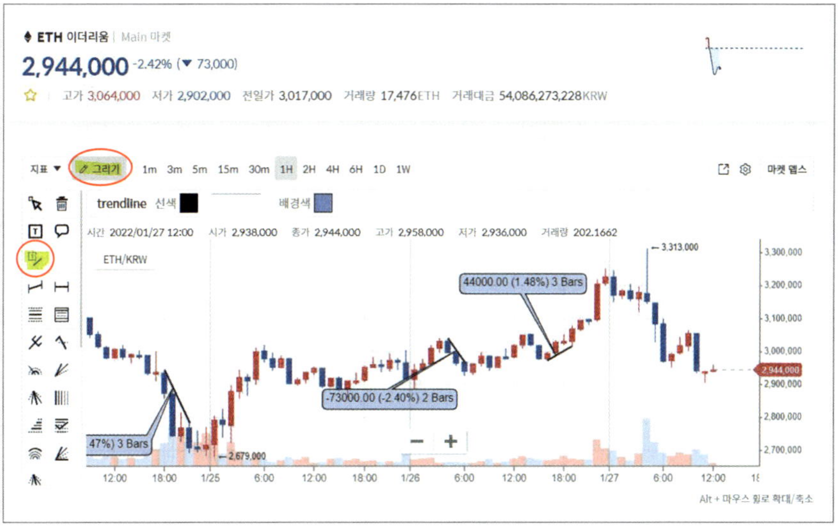

※ 차트의 먹선이 추세선임.

8장: 코인 차트 분석 기법

세선은 매수 물량보다 매도 물량이 강해서 형성되는 것으로 코인 가격의 고점들을 연결해서 그려볼 수 있다. 보합 추세선은 방향성이 불분명하고 수평 형태로 나타나는데, 분석에 사용되지 않는 편이다.

차트에서 추세선을 설정할 수 있다. 코인원 기준으로 설명하면 차트 상단, 그리기를 클릭하면 왼편의 드로잉 툴바가 나타난다. 거기서 트렌드라인(trendline)을 선택해 차트 안을 클릭하면 추세선이 그려진다. 원하는 색상을 선택할 수 있다(그림 8-13 참조). 추세선 그리는 법은 거래소마다 약간씩 차이가 있지만 대동소이하다.

추세선이 말해주는 매수 포인트

그렇다면 추세선은 어떻게 활용할까?

개인적인 생각으로는 오래전부터 주식시장에서 논의되었던 추세선 이론들이 코인 시장에서 더 유용하게 적용될 것으로 확신한다. 왜냐하면 모든 단기 거래성 자산에서 가격 추세는 거래자들의 심리를 반영하는 것이고 시장의 심리라고 할 수 있기 때문이다.

추세선을 보면, 코인 가격이 일정한 범위 안에서 움직이다가 갑자기 치솟는 지점이 나타나는데, 그 지점을 매수 포인트로 보고 투자하면 수익률을 높일 수 있다. 추세선이 말해주는 매수 포인트를 좀 더 구체적으로 알아보자.

첫째, 상승 추세선에서 갑자기 상향 돌파하는 지점

코인 가격이 지속적으로 상승세를 보이며 상승 추세선을 타다가 갑자기 치솟는 경우 그 치솟는 지점이 바로 매수 포인트이다(그림 8-14-①). 그때 매수하면 수익률을 높일 수 있다. 위에 있는 선을 저항선, 아래 있는 선을 지지선이라고 하지만 용어는 중요하지 않다.

둘째, 보합 추세선에서 갑자기 상향 돌파하는 지점

추세선에서 두 번째 매수 포인트는 보합 추세선을 활용하는 것이다. 코인 가격이 곡선운동을 하며 보합세를 유지하다가 갑자기 급등하면서 치고 올라가는 지점이 있는데, 그때를 매수 포인트로 잡을 수 있다(그림 8-14-②). 그때 매수하면 수익률을 높일 수 있다.

셋째, 하향 추세선에서 갑자기 상향 돌파하는 지점

코인 가격이 하향 추세선 안에 있다가 갑자기 반등하면서 치솟을 때가 있는데, 그 지점을 매수 포인트로 본다(그림 8-14-③). 이 지점에서 매수하면 수익률을 높일 수 있다.

[그림 8-14] 추세선으로 보는 매수 포인트

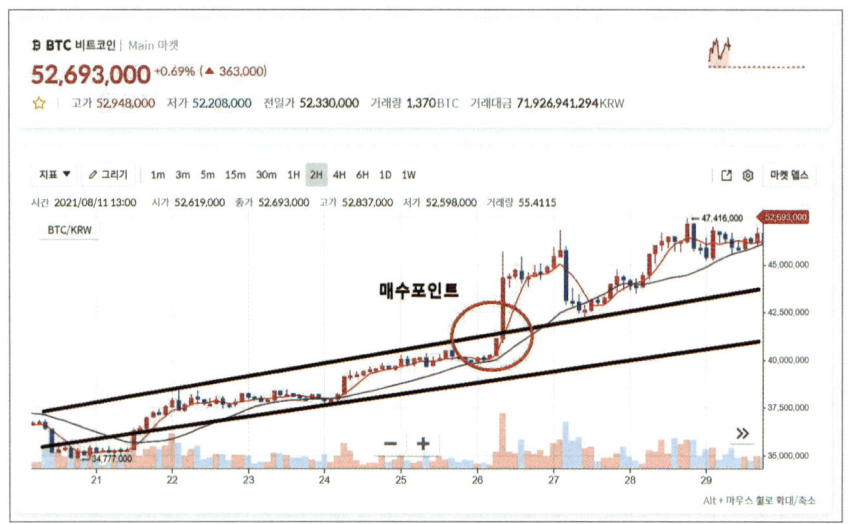

① 상승 추세선 상향 돌파

② 보합 추세선 상향 돌파

③ 하향 추세선 상향 돌파

추세선이 말해주는 매도 포인트

매도 시점 또한 추세선을 활용해 파악할 수 있다. 매도 시점의 핵심은 추세선에서 코인 가격이 급락하는 지점을 찾는 것이다. 다만, 코인 가격이 급락하더라도 다시 상승 반전이 있을 수 있으니 주의가 필요하다. 코인 초보자들도 쉽게 파악할 수 있는 매도 포인트를 구체적으로 살펴보자.

첫째, 하향 추세선을 하향 돌파하는 지점

코인 가격이 하락세를 타면서 일정 범위에 있거나, 저점만 연결한 하향 추세선을 타고 움직이다가 일정한 지점에서 급락할 때가 있는데, 그 지점이 매도 포인트가 된다(그림 8-15-①). 매도 포인트에서는 신속하게 매도하는 전략을 취하는 것이 좋다. 이 지점을 놓치면 코인 가격이 지나치게 떨어질 수 있으니 주의하라.

둘째, 보합 추세선에서 갑자기 하향 돌파하는 지점

코인 가격이 보합 추세선을 따라서 수평적으로 곡선운동을 하다가 어느 순간 아래로 뚫고 내려가는 경우가 있는데, 그 지점이 매도 포인트가 된다(그림 8-15-②). 이 지점에서 신속하게 매도해야 손해를 줄이고 수익률을 높일 수 있다.

이 밖에도 매도 포인트를 잡는 다양한 전략이 있지만, 많이 안다고 해서 다 쓸 수 있는 것은 아니다. 초보 투자자일수록 기본 기술만 반복적으로 활용하면서 투자 노하우를 쌓는 것이 중요하다.

[그림 8-15] 추세선으로 보는 매도 포인트

① 하향 추세선 하향 돌파

② 보합 추세선 하향 돌파

8장: 코인 차트 분석 기법   259

06 MACD로 매매 시점 포착

MACD란 무엇인가?

MACD란 Moving Average Convergence and Divergence의 약자로 장단기 이동평균선의 차이를 활용한 지표에 해당한다. '이동평균 수렴·확산 지수'라고도 부른다. 앞서 이동평균선을 활용해 코인 가격의 흐름을 예측하고 매매 시점을 잡았던 것을 기억하면 MACD 개념 잡는 데 도움이 될 것이다.

MACD는 지속적으로 모였다 흩어지는 이동평균선의 성질을 이용한 것으로 매매 시점을 잡는 데 효과적이다. 단순 이동평균선은 과거 코인 가격의 평균 추세를 나타낸 것이므로 미래의 가격을 예측하는 데는 한계가 있다. 이런 한계를 보완한 것이 MACD라 할 수 있다. 결과적으로 MACD 분석은 이동평균선 분석보다 코인 가격에 대한 예측력이 높다.

그렇다면 MACD는 어떻게 만들고 매매에 어떻게 활용할까? 차트에서

MACD를 불러오는 방법부터 이를 통해 매매 전략 짜는 법까지 찬찬히 살펴보도록 하자.

MACD 지표 보기

지표를 추가하는 방법은 거래소 시스템에 따라 대동소이하다. 여기서는 코인원을 예로 설명하겠다. 거래소 매매 시스템에 접속해 분석을 원하는 코인의 차트를 확인한다. 그런 다음 지표를 클릭해 메뉴에서 MACD를 찾아 클릭한다(그림 8-16-①). 기본값 그대로 만들기를 클릭하고 사용해도 무방하다(그림

[그림 8-16] MACD 지표 불러오기

① 지표에서 MACD 검색

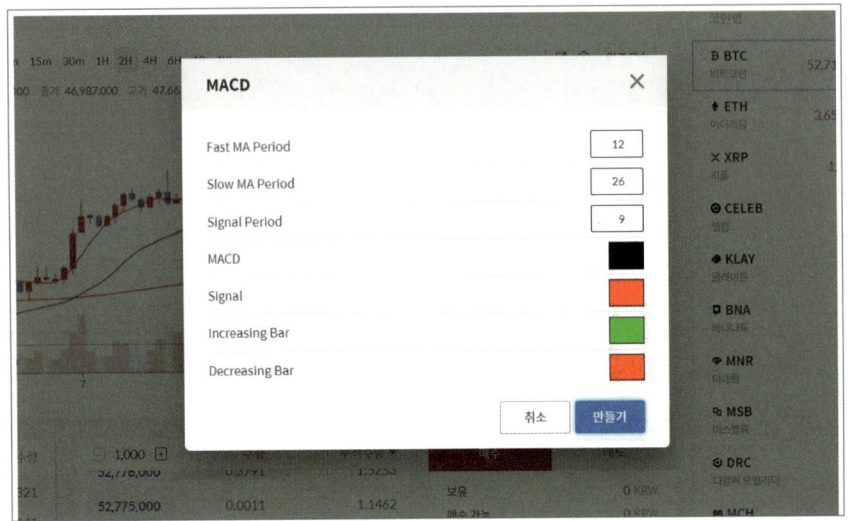

② 기간, 색 등 설정하기

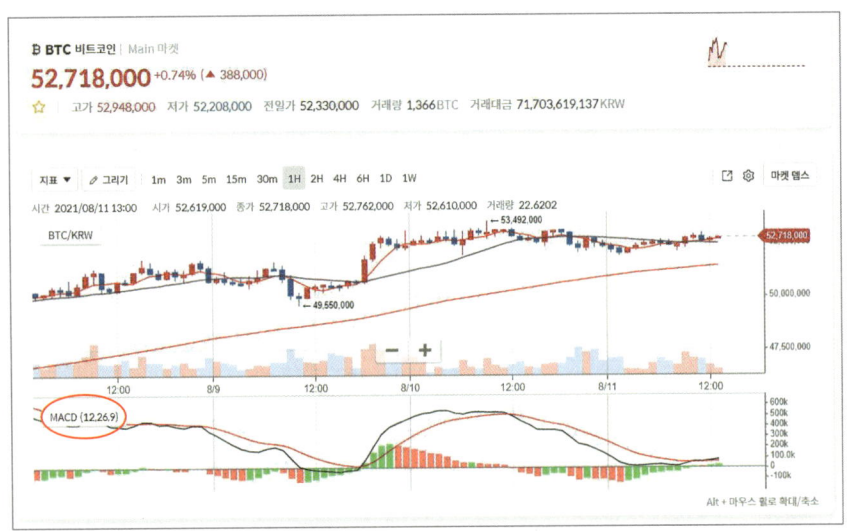

③ MACD 그래프 추가 완료

8-16-②). 그러면 차트 하단에 MACD 창이 추가된다(그림 8-16-③). MACD 창을 자세히 보면 검은 선과 빨간 선, 그리고 기준점인 0선이 있다. 검은 선이 MACD선이고 빨간 선은 시그널선이다.

MACD 매매 전략 2가지

MACD는 매매 시점을 쉽게 찾을 수 있다는 장점 덕분에 매매 전략을 수립할 때 매우 유용하다. MACD를 이용한 매매 전략은 크게 두 가지로 나누는데, 하나는 크로스 전략이고 다른 하나는 기준점인 0선 전략이다.

우선 크로스 전략부터 살펴보자. MACD선이 시그널선을 뚫고 올라가는

[그림 8-17] MACD 크로스 전략

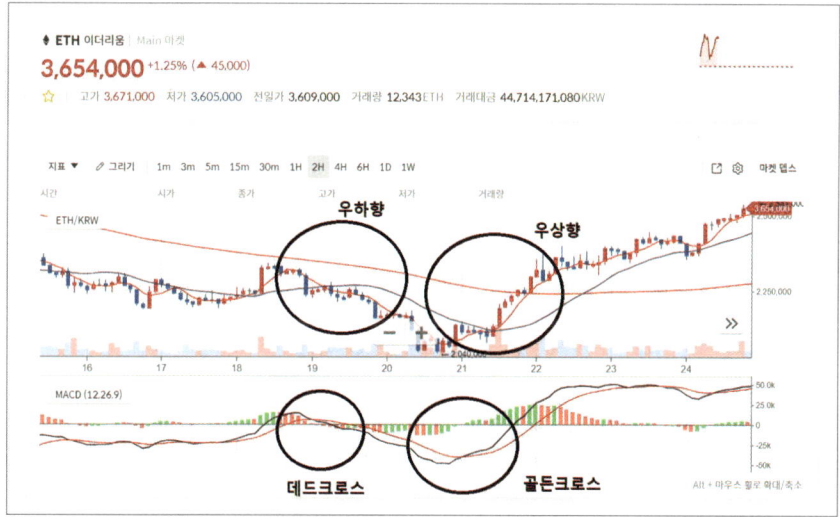

모양을 골든크로스라 할 수 있는데, 이 시점에 매수한다. 반대로 MACD선이 시그널선을 뚫고 내려가는 모양을 데드크로스라고 할 수 있는데, 이 시점에 매도한다. 이는 쌀 때 사서 비쌀 때 파는 매수·매도의 기본 전략으로 손쉽게 시세차익을 챙기는 방법이다.

MACD를 이용한 두 번째 매매 전략은 기준점인 0선을 활용하는 것으로 좀 더 단순하다. MACD선과 기준점인 0선을 비교하는 것인데, MACD가 0선을 뚫고 올라가는 시점에 매수하고 MACD가 0을 뚫고 내려오는 시점에 매도하는 전략이다.

다만, 기준선인 0 지점과 비교하는 두 번째 전략은 매매 결정을 내리는 데 비교적 많은 시간이 걸린다. 많게는 몇 달 걸릴 수 있으므로 인내심이 필요한 전략이다. 하지만 크로스 전략에 비해 좀 더 많은 시세차익을 얻을 수 있다는 장점이 있다.

[그림 8-18] MACD 기준선 전략

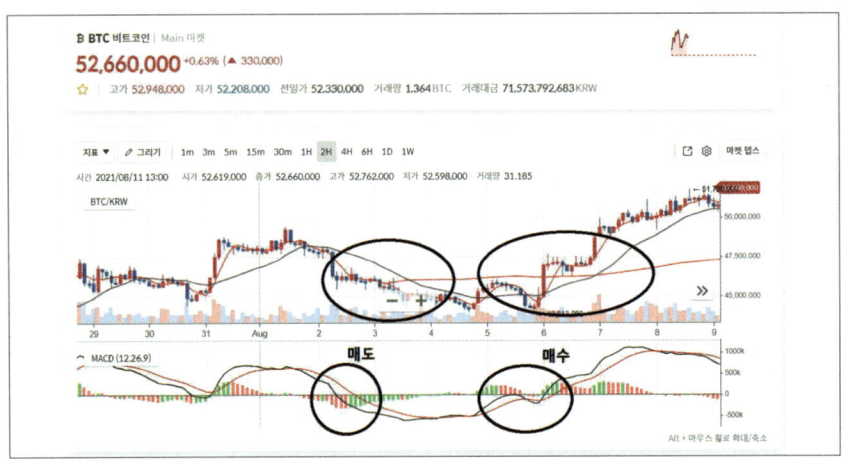

07 스토캐스틱으로 매매 시점 포착

예측력과 정확도 높은 지표

이번에 살펴볼 지표는 스토캐스틱(stochastics)이다. 스토캐스틱 분석은 일정 기간의 코인 가격 움직임을 가장 잘 예측하는 기법으로, 다른 보조지표 분석보다 예측력과 정확도가 높기 때문에 수익률을 극대화하기 위해 알아둘 필요가 있다. 스토캐스틱은 추세가 없는 코인의 가격 흐름을 파악하는 데도 효과적이라는 특징이 있다.

스토캐스틱에는 패스트(fast) 스토캐스틱과 슬로우(slow) 스토캐스틱이 있는데, 코인 투자를 할 때는 일반적으로 슬로우 스토캐스틱이 사용된다. 차트에 지표를 불러오는 방법부터 매매 전략까지 자세히 알아보자.

스토캐스틱 지표 보기

거래소에 접속해 분석하려는 코인 종목의 차트를 띄운다. 지표에서 stochastics를 찾아 클릭한다(그림 8-19-①). 이어 설정 화면이 나타나는데 보통, Fast 스토캐스틱은 검은색, Slow 스토캐스틱은 붉은색, 과매도(overbought)는 80, 과매수(oversold)는 20으로 기본값이 설정되어 있다. 이 기본값을 확인하고 만들기를 클릭한다(그림 8-19-②). 그럼 스토캐스틱 창이 추가될 것이다(그림 8-19-③).

[그림 8-19] 스토캐스틱 지표 추가

① 지표에서 stochastics 검색

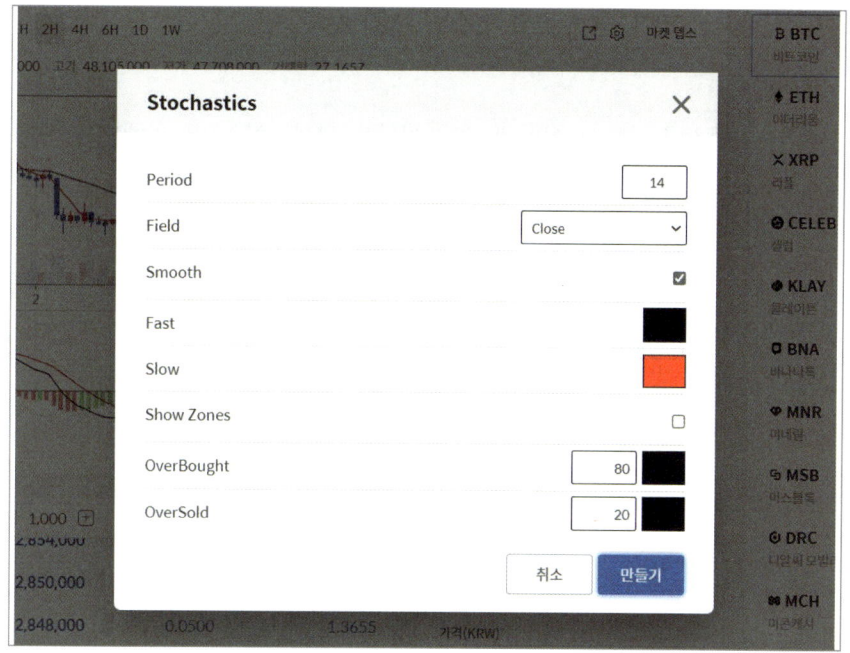

② 기간, 색 등 설정하기

③ 스토캐스틱 그래프 추가 완료

8장: 코인 차트 분석 기법

스토캐스틱 매매 전략

그럼 스토캐스틱 지표로 어떻게 매매 전략을 짤까? 첫 번째, 과매도와 과매수를 기준으로 하는 비교적 단순한 전략이다.

스토캐스틱 빨간 선이 80을 넘어서면 과매수 구간으로 보아 매도를 고려한다. 스토캐스틱 빨간 선이 80을 넘어섰다가 다시 내려오려는 시점에 즉각 매도해야 한다. 반대로 스토캐스틱 빨간 선이 20 아래에 머무르면 과매도 구간으로 볼 수 있다. 이때 20 아래의 구간에서 다시 올라가려는 시점에 매수하면 수익률을 높일 수 있다.

[그림 8-20] 스토캐스틱 전략의 기본

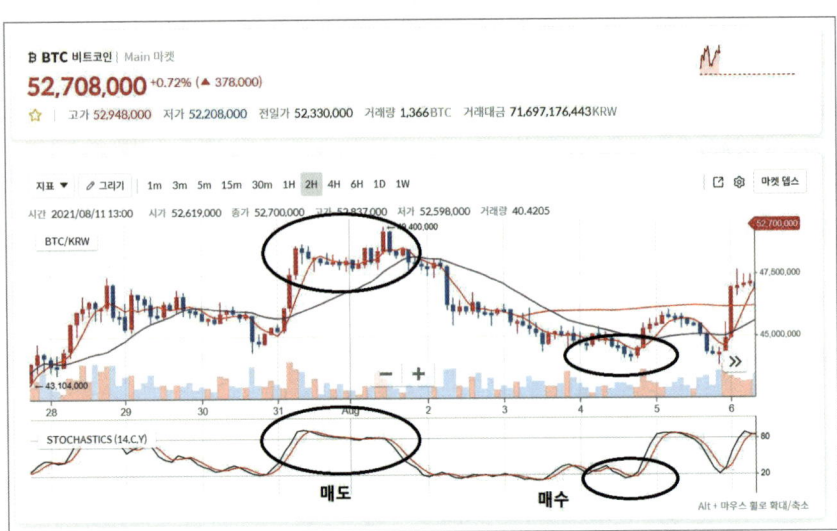

스토캐스틱을 이용한 두 번째 매매 전략을 살펴보자. 스토캐스틱도 다른 보조지표처럼 추세를 보인다는 점에서 착안한 전략이다. 스토캐스틱이 증가하는 추세를 보이면 코인 가격도 상승세를 타게 되고, 스토캐스틱이 감소하는 추세를 보이면 코인 가격도 하락세를 타게 된다. 이런 추세를 읽으면서 매매 시점을 잡는다.

스토캐스틱과 코인 가격의 추세는 거의 비슷한 움직임을 보인다. 스토캐스틱의 흐름을 잘 보고 코인 가격의 방향을 예측한 뒤 상승세가 예상되는 경우에는 매수를, 하락세가 예상되는 경우에는 매도를 하는 것도 방법이다.

[그림 8-21] 스토캐스틱 전략의 응용

08 볼린저밴드로 매매 시점 포착

가격 변동 범위에 주목

볼린저밴드(Bollinger Bands)란 코인 가격이 움직이는 편차를 고려해 설정한 가격의 범위를 말한다. 코인 가격이 이동평균선을 그리면서 일정한 변동성 안에서 움직인다는 점에 착안해 개발된 지표로, 가격 움직임의 범위를 90% 이상의 확률로 계산했다. 코인 가격의 흐름을 파악하고 매매 시점을 잡는 데 유용하기 때문에 요즘 투자자들은 볼린저밴드를 많이 사용한다.

볼린저밴드는 상한선, 중심선, 하한선으로 구성되어 있으며 상한선과 하한선은 매매 전략을 취하는 데 중요한 역할을 한다. 코인 가격이 볼린저밴드를 이탈하면 코인 가격이 급등하거나 급락하는 신호로 보아 매매 시점을 잡는 것이 볼린저밴드 전략의 기본이다.

볼린저밴드 지표 보기

볼린저밴드 지표를 차트에 추가하는 법을 알아보자. 우선 거래소에서 분석을 원하는 코인 차트를 화면에 띄운다. 지표를 클릭해 Bollinger Bands를 불러온다(그림 8-22-①). 기본값으로 설정된 설정 창이 뜨는데 기본값 그대로 두고 만들기를 클릭한다(그림 8-22-②). 그럼 차트의 코인 가격을 둘러싸고 볼린저밴드가 나타난다(그림 8-22-③).

[그림 8-22] 볼린저밴드 지표 추가

① 지표 검색, Bollinger Bands

8장: 코인 차트 분석 기법 271

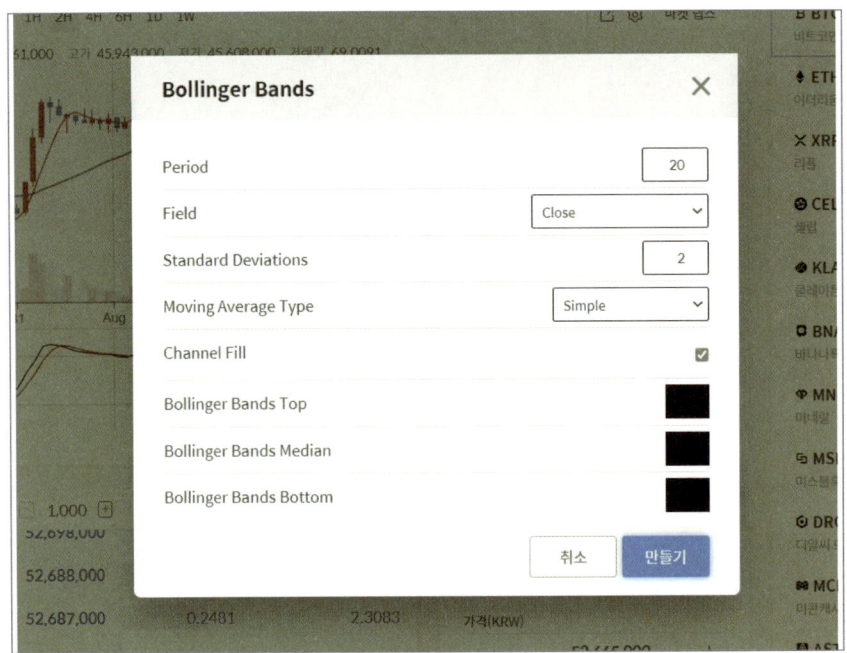

② 기본값으로 설정하기

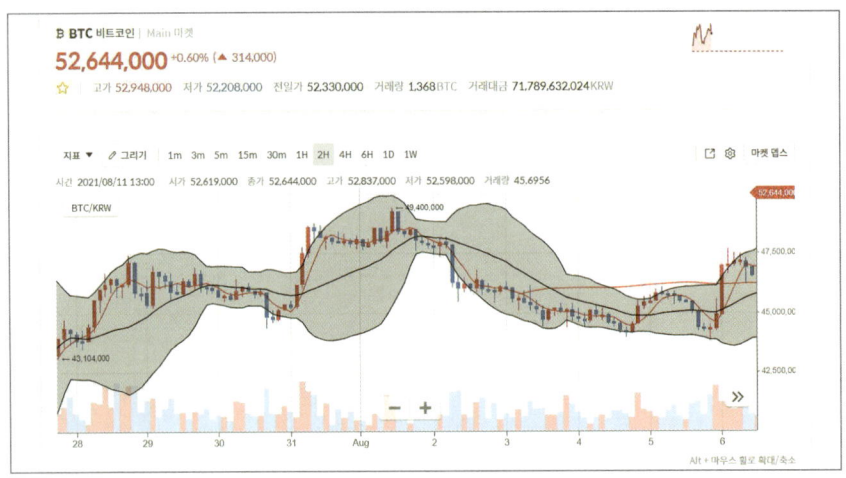

③ 볼린저밴드 지표 추가 완료
※ 캔들 차트를 둘러싼 회색 영역이 볼린저밴드임.

볼린저밴드 매매 전략

[그림 8-22]에서 코인 가격 위쪽에 그어진 선은 상한선, 하단에 그어진 선은 하한선, 가운데 선은 중심선이다. 기본값은 모두 검은색으로 설정되었으나, 설정 창에서 상한선(top), 중심선(median), 하한선(bottom)의 색을 달리 설정할 수도 있다.

코인 가격은 90% 이상의 확률로 볼린저밴드 안에서 곡선운동을 하며 움직인다. 이때 코인 가격이 볼린저밴드의 상한선이나 하한선을 뚫고 빠져나가는 경우 추세 변화를 예상할 수 있다.

코인 가격이 볼린저밴드의 상한선을 뚫고 올라가면 가격 급등의 신호로 볼 수 있고, 하한선을 뚫고 내려가면 가격 급락의 신호로 볼 수 있다. 볼린저밴드의 폭이 가늘게 나타나는 경우 코인 가격이 전환되기 위해 보합세를 보이는 중이라고 볼 수 있다.

코인 가격의 변동이 작은 부분에서는 볼린저밴드가 얇고 길며, 이럴 때는 투자 시점을 기다리는 것이 좋다. 코인 가격이 볼린저밴드 안에서 놀다가 볼린저밴드 하한선에 붙으면 이때를 매수 시점으로 볼 수 있다. 반대로 볼린저밴드 상한선에 붙는다면 매도 시점이다.

만약 코인 가격이 볼린저밴드 하한선에서 중심선을 뚫고 올라간다면 즉각적으로 매수하는 것이 유리하다. 이제 곧 상승세를 보일 것이기 때문이다. 반대로 코인 가격이 볼린저밴드의 상한선에서 머무르다가 중심선을 뚫고 내려온다면 매도 시점으로 보면 된다(그림 8-23 참조).

[그림 8-23] 볼린저밴드 매매 전략

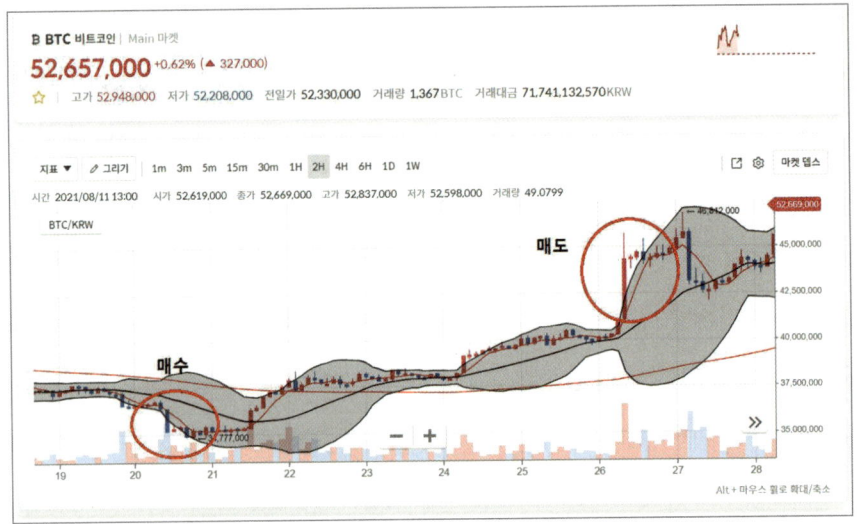

09 투자 수익률을 높여줄 인덱스 지수들

공포-탐욕 지수

주식시장에 KOSPI200, 코스닥 지수 등이 있듯이 가상자산 시장에도 참고할 만한 지수들이 있다. 주식시장처럼 공식적으로 승인되거나 체계적인 지수는 아니지만, 코인 투자에 참고하면 수익률을 높여줄 다양한 보조 지수들이다.

코인 시장에서 참고할 만한 가장 대표적인 지수는 '공포-탐욕 지수(Crypto Fear & Greed Index)'이다. 이 지수는 이름에서 짐작할 수 있듯이 사람들의 심리를 반영한 투자 지표이다. "공포에 사라."는 말처럼 이런 지수를 잘 활용해 매매하면 시세차익을 극대화할 수 있다.

투자자들은 합리적인 존재가 아니다. 이상하게 내가 사면 가격이 떨어지고 남이 사면 가격이 오르는 현상을 우리는 많이 경험해보지 않는가! 이를 역이용해 개미들이 살 때 나는 팔고 그들이 팔 때 나는 사면 이익을 볼 수 있다. 공포-탐욕 지수를 통한 가상자산 투자의 원리는 바로 그런 것이다.

주식시장에도 이와 유사한 심리지수가 많다. 보통은 주가의 변동성, 콜옵션, 선물 등 파생상품 거래량 등을 통해서 심리지수를 산출하는 것으로 알려져 있다. 마찬가지로 가상자산 시장에도 가격 변동성과 관련한 파생상품의 거래 추이를 통해서 그런 심리지수를 만들어낼 수 있다. 두나무는 그런 원리로 공포-탐욕 지수를 개발했다.

[그림 8-24]를 보면 지수 하단에 다음과 같은 흥미로운 문구가 있다.

"탐욕적인 단계입니다. 지수가 점진적으로 상승하고 있습니다. 가격의 변동성과 거래량 또한 높아지고 있음을 의미합니다. 단기적인 고점이 형성될 수 있습니다."

요컨대, 매도 타이밍이 곧 도래할 것이라는 뜻이다. 지수뿐만이 아니라, 투자 방향도 제시해준다는 점에서 의미가 있다.

코인 시장은 매일 24시간 연중 무휴이다. 그래서 주식시장보다 변동성이 클 수밖에 없다. 그런 점에서 투자자들의 심리가 요동치고, 가격이 이에 민감하게 반응하는 것은 당연한 일이다. 투자자가 공포-탐욕 지수를 눈여겨봐야 할 이유이다.

그렇다면 공포-탐욕 지수를 보고 어떻게 매매 전략을 짤 수 있을까?

[그림 8-25]를 보며 이해해보자. 투자자들이 두려움을 느끼는 '공포' 상태에서는 오히려 매수를 노려볼 수 있다. 반대로 투자자들이 탐욕을 보이고 있는 상황에서는 곧 가격이 하락할 수 있기 때문에 매도를 고려해볼 필요가 있다.

[그림 8-24] 공포-탐욕 지수

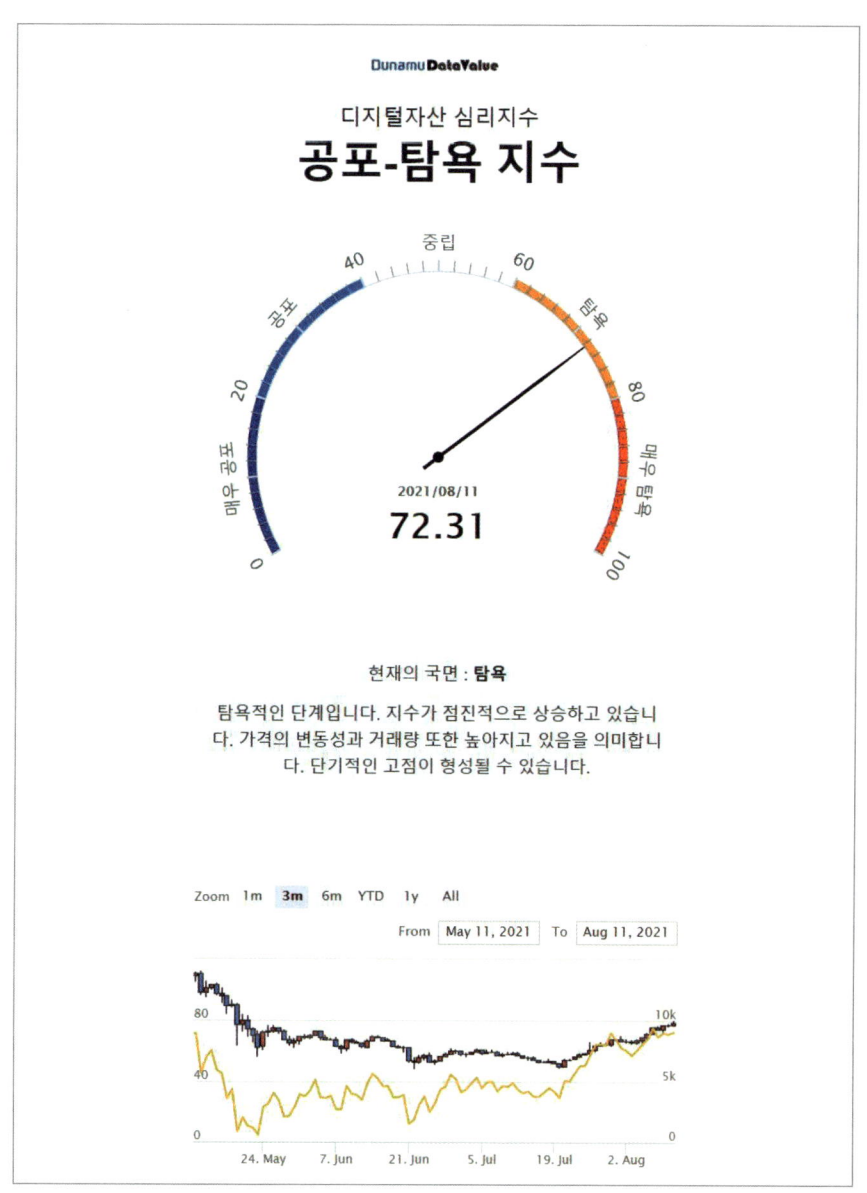

※ https://datalab.upbit.com/indicator#fear

8장: 코인 차트 분석 기법

[그림 8-25] 공포-탐욕 지수로 보는 매매 타이밍

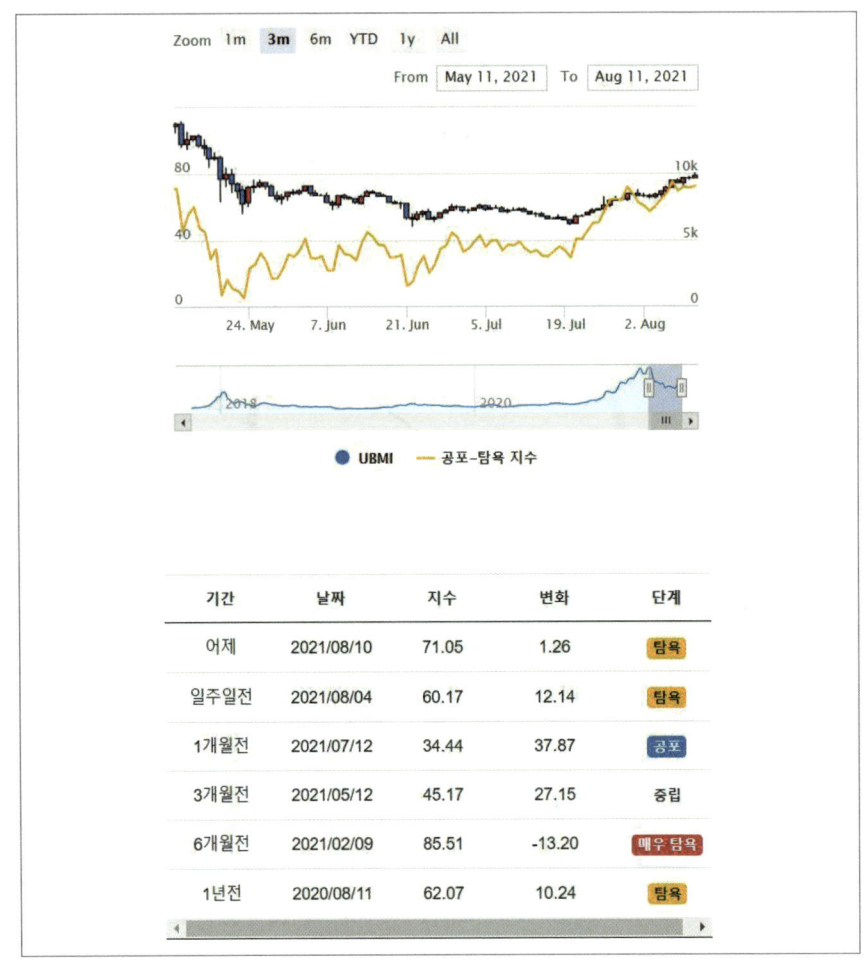

비트코인 도미넌스 지수

다음으로 고려할 지수는 비트코인 도미넌스 지수이다. 약식으로 BTC.D 지수라고 표기한다. 비트코인은 최초의 코인이자 메이저 코인으로서 사실상 기축통화의 기능을 한다. 다른 코인들이 비트코인의 가격을 추종하는 현상이 자주 발견되므로 비트코인의 가격 추이를 잘 이용하면 자신이 투자하는 코인의 가격을 예상하는 데 도움이 된다. 그런 점을 이용해 만든 지수가 바로 비트코인 도미넌스 지수다.

도미넌스(dominance)란 전체 코인 시장에서 특정 코인이 점유하는 시가총

[그림 8-26] 비트코인 도미넌스 지수

https://kr.tradingview.com/symbols/CRYPTOCAP-BTC.D/(2025. 7. 23)

액 비율을 뜻한다. 도미넌스가 70%라는 말은 시장에서 그 코인이 차지하는 비중이 70%라는 말과 같다. [그림 8-26]을 보면 2025년 7월 23일 기준 비트코인 도미넌스는 60.92%이다.

비트코인뿐만 아니라 다양한 코인들의 도미넌스를 확인해볼 수 있는데, 이로써 알 수 있는 것은 해당 코인으로 얼마만큼의 시장 자금이 유입되고 있는지다. 도미넌스 지수가 높은 코인, 즉 자금 유입이 많은 코인 가격이 오르는 것은 당연한 일이다.

시가총액 차트

끝으로 가상자산 전체 시장의 시가총액 차트 등을 활용해 매매하는 방법을 보자. 시가총액 차트를 어떻게 활용하는지 차트를 보며 이해해보자.

[그림 8-27]은 코인 시장 전체 시가총액 및 거래량을 나타낸 차트다. 기간별로 등락이 나타나고 있는데 우상향하는 시기와 우하향하는 시기를 확인해볼 수 있다. 여기서 우리는 코인 시장 전체에 자금이 언제 얼마나 유입되는지, 가격 추이는 어떻게 변하는지를 판단해볼 수 있다. 시가총액 차트에서 우상향할 때 매수하고 우하향할 때 빠른 손절매를 하는 방법을 고려해볼 수 있다.

[그림 8-27] 코인 시장 전체 시가총액 차트

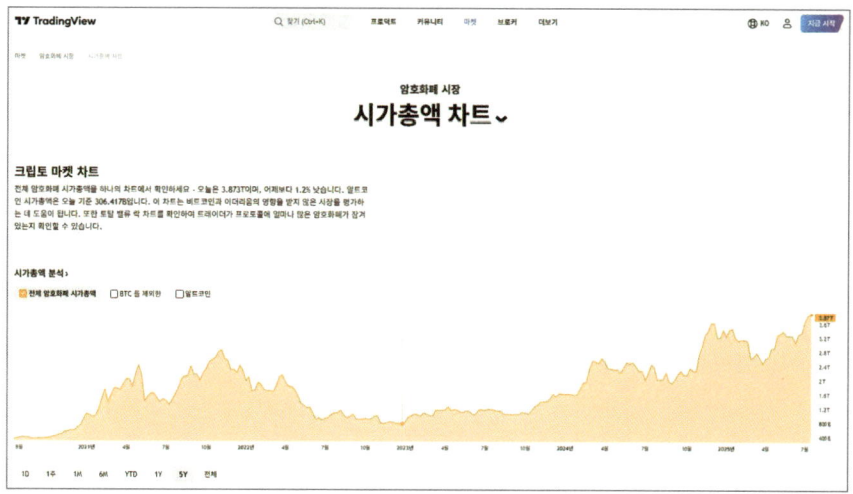

https://kr.tradingview.com/markets/cryptocurrencies/global-charts(2025. 7. 23)

Part 4

가상화폐의 신세계:
"하락장도 걱정 없어요."

디파이 투자, NFT

9장은 최근 가상화폐 시장에서 주목받고 있는 디파이(DeFi) 투자에 대해 알아봅니다. 디파이 투자는 탈중앙화 거래소, 즉 덱스(DEX)에서 제공하는 금융 서비스를 이용한 투자 방식을 말하는데 수익률이 은행 이자율보다 높아서 많은 호응을 얻고 있습니다. 덱스와 디파이에 대해 자세히 알아보고 대표적인 디파이 투자인 스테이킹, 대출, 스왑, 일드 파밍 등에 대해 소개합니다. 코인원, 빗썸 등 중앙화 거래소에서 이용할 수 있는 디파이 투자도 있으니 참고하길 바랍니다.

9장

디파이 투자

01 탈중앙화 거래소의 등장

중앙화 거래소의 문제점

가상화폐 투자의 새로운 영역 중 디파이 투자가 있다. 특히 2020년 디파이 투자가 뜨거운 관심을 받았다. 대체 디파이가 뭘까?

디파이를 이해하려면 짝을 이루는 덱스를 먼저 이해해야 한다. 덱스(DEX: decentralized exchange)란 탈중앙화 거래소를 뜻하며 말 그대로 중앙 서버 없이 블록체인상에 존재하는 가상화폐 거래소에 해당한다. 이 같은 탈중앙화 거래소에서 제공하는 금융 상품 혹은 금융 서비스를 디파이(DeFi: decentralized finance)라고 한다.

빗썸, 코인원, 업비트 같은 거래소는 중앙화 거래소(centralized exchange)다. 예를 들어 투자자들이 코인원에서 비트코인을 사거나 팔면, 투자자들의 잔고는 줄거나 늘 것이다. 그러나 그것은 거래소 지갑의 잔고가 증가 또는 감소하는 것일 뿐 블록체인상에서 벌어지는 일은 아니다. 이처럼 중앙화 거래소에서 투자자의 코인은 철저히 거래소의 통제 속에 있게 된다. 이 경우, 몇 가지 문제가 발생할 수 있다.

보안과 익명성

첫째, 중앙화된 거래소가 해킹되어 거래소를 통해 투자한 돈이 사라진다면 투자자들은 돈을 돌려받을 수 있을까? 실제로 이런 일은 벌어진다. 세계 최대 거래소인 바이낸스(Binance)도 2019년 5월 해킹당해 7,000비트코인을 잃어버렸다. 물론 바이낸스는 막강한 자금력이 있는 거래소이기에 투자자들은 손실을 당하지 않았지만, 아무리 최고의 거래소도 해킹에 취약할 수 있음을 말해주는 사건이었다.

둘째, 중앙화된 거래소는 투자자 정보를 아주 자세히 수집하기 때문에 거래의 익명성을 보장받기 어렵다. 중앙화 거래소에서 거래하려면, 일종의 검열을 통과해야 한다. 누가 얼마나 많은 비트코인을 보유하고 있는

> 중앙화 거래소는 해킹에 취약하고 거래의 익명성을 보장해주지 않는다는 문제가 있다. 덱스(DEX)는 이런 중앙화 거래소의 문제점을 개선하기 위해 나타난 탈중앙화 거래소다.

지 투명하게 공개된다. 중앙화 거래소에서는 단지 해킹에 의한 도난 문제만이 아니라, 익명성 자체에 대한 욕구도 문제가 될 수 있다.

덱스는 이 같은 중앙화 거래소 문제를 해결하기 위해 등장했다. 다만, 덱스 거래자들은 각자 지갑을 스스로 관리해야 할 책임을 지게 된다. 가령, 코

인원에서 비밀번호를 잃어버렸다면 거래소에 요청해 비밀번호를 초기화해서 바꾸면 되지만, 덱스에서는 지갑 인증서(wallet credentials)를 잃어버리면 복구할 방법이 없다.

덱스에서의 거래는 중개자 개입 없이 수요와 공급의 논리에 따라 진행되므로 팔려는 사람과 사려는 사람이 있어야 거래가 체결된다. 중앙화 거래소에서는 바로바로 매매가 진행되므로 현금이 필요할 때 가상화폐를 팔면 되지만, 덱스에서는 내가 팔려는 가상화폐의 매수자가 나타날 때까지 기다려야 할 수도 있다. 이때 거래를 진행하는 수단은 스마트 컨트랙트이며, 조건이 충족되면 자동으로 거래가 체결되는 방식을 취한다.

02 급증하고 있는 디파이 플랫폼

우후죽순 현상

덱스 거래는 중앙 관리자 없이 P2P 원칙으로 매매자들 사이에서 이루어진다. 그렇다 해도, 디파이 서비스 자체는 다른 어디선가 진행되어야 한다. 그런 곳을 편의상 디파이 플랫폼이라 하자. 디파이는 스마트 컨트랙트 기술을 기반으로 하므로, 디파이 플랫폼도 이더리움 블록체인 기반이 많다. 유니스왑(Uniswap)과 스시스왑(Sushiswap)은 이더리움 기반의 대표적인 AMM(자동화 시장조성자) 방식 탈중앙화 거래소(DEX)다. 디와이디엑스(dYdX)는 코스모스 기반의 독립 L2 체인 위에서 구동되며, 오더북 방식의 탈중앙화 거래소로 운영되고 있다. BNB 체인 기반의 팬케이크스왑(PancakeSwap) 역시 인기 있는 DEX 중 하

> 덱스는 2020년 이후 급증하고 있는 추세다. 덱스의 목록은 시장 점유율을 기준으로 코인마켓캡에 리스트업되고 있다.

나이며, 국내에서는 카카오의 블록체인 자회사 그라운드X(GroundX)가 개발한 클레이튼(Klaytn) 기반 AMM 플랫폼인 클레이스왑(KLAYswap)이 주목을 받고 있다.

코인마켓캡에서는 수백 개의 탈중앙화 거래소를 랭킹 형식으로 제공하고 있으며, 새로운 프로젝트들이 지속적으로 등장하고 있다. 그러나 이들 가운데 상당수는 비교적 최근에 생성된 플랫폼으로, 아직 충분한 보안 감사나 생태계 검증을 거치지 않은 경우도 많아 투자 시 각별한 주의가 필요하다.

[그림 9-1] 탈중앙화 거래소(DEX) 목록

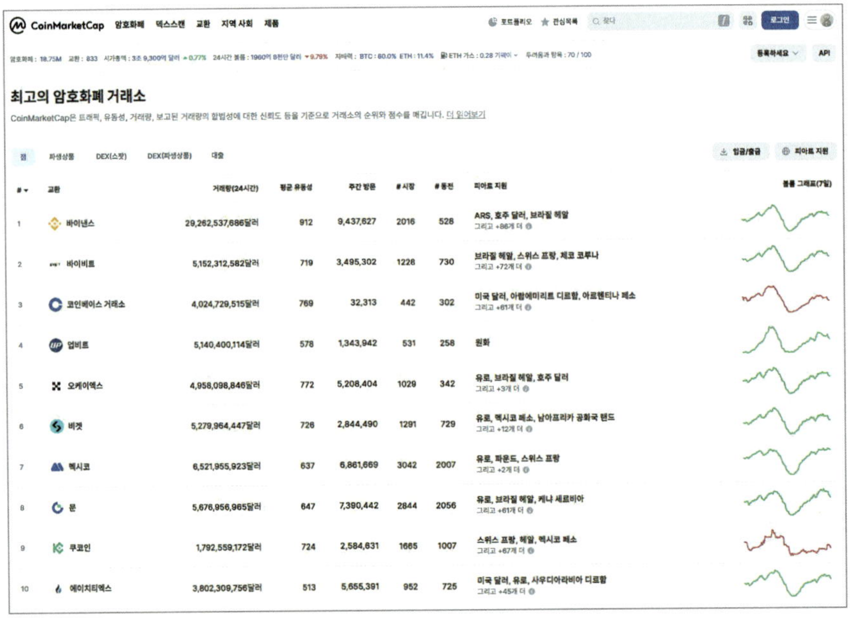

※ 코인마켓캡(2025. 7. 23)

다양한 디파이 투자

탈중앙화 거래소 덱스에서 제공하는 탈중앙화 금융 서비스를 디파이라고 한다는 것을 보았다. 그런데 디파이를 디파이 투자라고도 하는데 왜일까? 디파이가 이윤을 창출하기 때문이다.

> 덱스에서 제공하는 금융 서비스를 디파이(DeFi)라고 한다. 디파이는 높은 이윤을 창출하는 투자로도 활용되고 있으며, 대표적인 형태로 대출, 스테이킹, 스왑, 일드 파밍이 있다.

디파이는 입출금, 송금 등 기본적인 금융 서비스 외에 대출(borrowing), 스테이킹(staking), 스왑(swap), 일드 파밍(yield farming) 등의 서비스를 제공한다. 스테이킹은 앞서도 보았듯 가상화폐를 해당 블록체인상에 예치하고, 일정한 블록 생성 검증을 거쳐 가상화폐로 보상받는 투자를 말한다. 스테이킹은 일부 중앙화 거래소에서도 현재 제공하고 있는데, 이 경우 투자자는 블록 생성 검증의 까다로운 과정을 거치지 않아도 된다.

> 대출(borrowing): 비트코인이나 이더리움을 담보로 특정 코인을 빌려 가는 것. 대출해주는 사람은 대가로 이자와 수수료를 받는다.

> 스테이킹(staking): 블록체인상에 가상화폐를 예치하고 일정한 블록 생성 검증을 거쳐 가상화폐를 보상으로 받는다.

대출은 누군가 가상화폐를 예치하면 대출자가 해당 가상화폐를 빌려 가고 그 대가로 이자와 수수료를 지급하는 것을 말한다. 이때 대출자는 비트코인이나 이더리움을 담보로 맡기고 특정 코인을 대출받게 된다. 일드 파밍은 특정 코인을 예치하고 그 이자

> 일드 파밍(yield farming): 특정 코인을 예치하고 그 보상으로 다른 코인을 받는 것을 가리킨다. 보상받을 코인을 선택할 수 있다는 점에서 스테이킹과 구별된다.

9장: 디파이 투자

로 다른 코인을 받는 것을 가리키며 '이자 농사'라고도 칭한다. 이자로 코인을 받는 것은 스테이킹과 비슷하지만, 일드 파밍의 경우 이자로 받을 코인을 선택할 수 있다는 차이가 있다. 스왑(swap)은 특정 코인을 다른 코인과 바꿔주는 서비스다. 예를 들어, 비트코인을 이더리움으로 바꾸고 싶어 하는 사람에게 이더리움을 제공하고 그 보상으로 수수료를 받는 것이다.

무엇이 혁신적인가?

이 같은 디파이 서비스가 왜 혁신적인지 예를 들어 설명해보겠다. 주식시장에서 카카오 1주와 삼성전자 2주 가격이 같다고 해서 둘을 교환할 수 없는 것처럼, 중앙화 거래소에서도 이더리움을 비트코인으로 맞교환할 수 없다. 그러나 덱스의 탈중앙화 금융 서비스는 서로 다른 코인의 맞거래를 가능케 한다. 스마트 컨트랙트라는 혁신적인 기술을 통해 거래 조건만 맞으면, 알고리즘 시스템에 의해 비트코인과 이더리움 거래가 자동으로 성사되기 때문이다. 이는 분명 금융의 새로운 장이다.

03 ▶ 디파이 투자의 전망

중앙화 거래소의 디파이

코인원은 '데일리', '스테이킹' 등 다양한 디파이 상품을 제공하고 있다. '데일리'는 자산을 예치한 상태로 유동성을 유지하면서 자동으로 리워드를 받을 수 있는 구조이며, 연환산 수익률은 자산 종류와 운용 결과에 따라 달라질 수 있다. '스테이킹'은 보유한 가상자산을 노드에 위임해 블록 검증에 참여하고 보상을 받는 방식으로, 일반적으로 연 3~5% 수준의 수익률이 기대되며, 특정 조건에서는 더 높거나 낮을 수 있다.

> 일부 중앙화 거래소도 디파이 투자를 할 수 있도록 상품을 개발했다. 코인원은 데일리, 스테이킹 상품을 판매하고 있다.

디파이 상품은 은행 예금과 달리 원금 손실 가능성과 스마트 컨트랙트 취약점, 운영 부실, 블록체인 네트워크 장애 등 다양한 리스크가 존재하므로, 완전히 안전한 금융상품으로 보기는 어렵다. 그럼에도

[그림 9-2] 중앙화 거래소에서 디파이 투자 방법

비교적 예측 가능한 구조의 수익을 원하는 투자자에게는 하나의 대안이 될 수 있다.

코인원에서 디파이 투자를 하려면 코인원 〉상품·서비스 〉플러스로 들어가면 된다. 여기서 데일리, 스테이킹 중 선택할 수 있다.

디파이 투자의 과제는?

디파이 투자는 블록체인 기술을 바탕으로 익명 거래로 이루어진다. 코인원이나 업비트에서 금융 서비스를 이용하려면, 은행 계좌를 트고 신용을 조회하고 각종 심사를 통과해야 하지만, 디파이에서는 가상화폐 지갑만 있으면 되기 때문에 간편하다.

게다가 가상화폐를 직접 투자하는 것보다 가격 변동폭이 적어서 스트레스가 덜하며 은행의 예·적금보다 수익률이 높다는 것도 디파이의 장점이다. 현재 내게 없는 돈을 만들어 훗날 이자 지불에 쓸 수 있다는 것은 디파이의 근본적인 장점이다.

2021년 말 기준 디파이 시장의 총예치자산은 약 300조 원에 달했으나 2022년 이후 시장 조정기를 거치며 크게 축소되었다. 2025년 중반 기준 TVL은 약 160조 원 수준으로 점차 회복세를 보이고 있다. 탈중앙화 구조 특성상 익명성과 규제 부재로 인한 자금세탁 및 탈세 우려는 여전하지만, 제도화 논의와 기관 투

> 디파이의 가스비(gas fee)가 높은 것과 이자율이 실시간 변동한다는 것은 단점이다. 금융당국의 규제를 받을 수 없는 만큼 투자자에게 위험할 수도 있다.

자자의 참여가 점차 확대되면서 디파이는 새로운 금융 패러다임으로 성장 잠재력을 유지하고 있다.

그러나 디파이 투자는 아직 풀어야 할 과제가 몇 가지 있다. 금융당국의 통제를 벗어난 거래인 만큼 당국의 허가나 규제를 받기 어렵고 이 점은 투자자들에겐 위험 요인으로 작용한다. 디파이 투자에 어떤 위험이 도사리고 있는지 개발자조차 모를 수 있고, 설령 안다 해도 그들이 사실대로 밝힐지는 모르겠다.

디파이 거래 수수료가 높은 것도 단점이다. 코인 거래 수수료를 광부에게 지불하는 대가라는 의미로 일명 가스비(gas fee)라고 하는데 디파이 가스비는 금액과 기간에 상관없이 건당 수십만 원에 달한다. 이자율이 실시간으로 변동한다는 점에도 주의를 기울일 필요가 있다.

NFT는 디지털 아이템을 블록체인상에 배치한 토큰에 해당합니다. 블록체인에 배치된 아이템은 단 하나로 존재한다는 의미로 대체 불가능한 토큰이라고 합니다. 디지털 아이템 특성상 무한 복제가 가능한 위험을 차단해 저작권을 보호하고 코인 판매로 수익을 창출하기 위해 NFT가 개발된 것입니다. 아바타와 게임 액세서리 같은 게임 영역은 물론이고 텍스트, 동영상, 그림 등 디지털로 만들 수 있는 모든 것이 NFT가 될 수 있다는 점에서 NFT의 가능성은 무궁무진합니다. 본문은 NFT를 이해하기 쉽게 핵심만 잘 설명하고 있고 실제로 행해지고 있는 NFT의 현재와 사례들을 소개하고 있습니다. 근래에 급부상하고 있는 섹터이기 때문에 주의해서 지켜볼 이슈들도 정리했습니다.

10장

NFT 이것만 알면 된다!

01 왜 게임에서 시작되었나?

내 아바타의 무단도용을 막아라!

가상화폐의 원조 중 하나가 디지털 게임 머니이다. 게임 세계에서 유저들은 디지털 머니로 땅도 사고 아바타도 사고 초능력 무기도 산다. 메타버스 섹터가 발전하면서 게임 액세서리나 아바타 같은 디지털 아이템도 풍부한 상상력과 창의력이 더해져 한층 발전한 아트워크가 되었다. 거의 예술 작품의 경지에 올랐다고도 할 수 있다.

그러다 보니 자연스럽게 이런 문제가 생겼다. "완벽한 커스텀 스킨을 갖춘 내 아바타가 무한복제되면 어쩌지? 내 아바타가 무단도용당하지 않을 방법은 없을까?"

그 답으로 나타난 것이 바로 NFT이다.

> NFT란 대체 불가능한 토큰(Non-Fungible Token)이라는 뜻으로 디지털 아이템을 블록체인상에 등록해 코인화한 것을 말한다. 블록체인에 배치된 코인은 삭제 및 위변조가 불가능하다는 점에서 NFT가 각광을 받고 있다.

즉, 디지털 아이템을 대체 불가능한 토큰(Non-Fungible Token)으로 만들어 블록체인상에 배치하는 것이다. 블록체인 특성상 한번 생성된 NFT는 삭제될 수 없고 변조도 불가능하다. 블록체인에 배치된 디지털 아이템은 단 하나로 존재하고 각각의 고유값을 지닌다는 점에서 대체 불가능하다.

요컨대 NFT란 특정 자산을 블록체인상에 디지털 파일로 저장한 토큰으로 고유값을 지닌 것을 말한다. 따라서 NFT는 텍스트, 이미지, 오디오, 비디오 등 각종 디지털 콘텐츠만 가리키는 것이 아니라, 해당 파일의 속성과 소유권자 및 작품의 내역, 미디어 링크 등등 광범위한 부분을 모두 포함하게 된다.

ERC-721과 크립토키티

NFT를 발행하는 행위를 화폐 주조라는 의미로 민팅(minting)이라고 한다. 블록체인상에 NFT를 만드는 민팅 작업은 카운터파티(Counterparty) 등 다양한 플랫폼에서 가능하지만, 이 용도를 위해 이더리움은 ERC-721이라는 스마트 컨트랙트를 만든 바 있다.

원래 ERC-721은 크립토키티(CryptoKitties)라는 게임을 만드는 데 처음 사용되었다. 크립토키티는 고양이를 입양해 기르고 번식시킨 뒤 멋진 이름을 붙여 되팔 수도 있는 게임이다. 귀여운 키티 캐릭터가 마치 수집품처럼 거래되는 일이 유행되면서,

> 민팅(minting)이란 NFT를 발행하는 행위를 가리킨다. 민팅을 위해 이더리움은 ERC-721라는 스마트 컨트랙트를 개발한 바 있다.

크립토키티는 한때 최고가 17만 달러에 판매되기도 했다.

그러나 크립토키티는 출시된 지 1년 만에 블록체인상의 허점을 드러내며 인기를 잃고 말았다. 크립토키티 인기가 높아지는 만큼, 이 게임이 기반으로 하고 있는 이더리움 블록체인 트래픽이 급속히 증가하면서 스마트 컨트랙트의 처리 시간이 현격히 더뎌진 것이었다. 이에 이더리움을 통해 계약이나 금융거래를 하려는 유저들에게 피해가 가게 되었고, 크립토키티를 이용하는 유저가 지불해야 할 수수료 또한 수십 배 넘게 급증했다. 아무리 게임이 재밌어도 수수료가 지나치게 높다면 이용자가 줄어드는 게 당연하다.

이처럼 크립토키티는 블록체인 특성상 거래(transaction)가 발생할 때마다 수수료를 내야 하는 블록체인의 허점을 드러낸 사례라고 볼 수 있다.

NFT는 게임만이 아니라 예술을 비롯해 모든 영역으로 빠르게 확산되고 있다. 특히 복제품 및 위변조로 인해 많은 어려움을 호소하는 디지털 아티스트들에게 NFT는 반가운 소식이었을 것이다.

"고해상도 그림 파일로 제작된 내 작품이 수백 장 복제된다면? 내 작품이 무단으로 마구 도용된다면?"

디지털 아티스트들은 자신의 작품을 판매하면서도 그런 우려에서 자유로울 수 없었다. 그런데 NFT가 그런 문제의 답이 될 수 있고 많은 디지털 아티스트에게 희망이 될 수 있다.

카카오톡 클립드롭스

일례로, 프랑스 파리의 거리 예술가 파스칼 보야르(Pascal Boyart)는 그의 벽화 "Daddy What's Money?"의 #1 파트를 토큰화하여 오픈시(OpenSea)라는 시장에 25이더(5,000달러)로 판매하는 흥미로운 실험을 진행했다.

2021년 7월 28일 오전 9시, 카카오톡 내 가상자산 지갑 클립에서는 미스터 미상(Mr Misang) 작가의 디지털 아트 '크레바스(Crevasse) #01'의 NFT가 총 999개 중 999개가 27분 만에 완판되었다는 뉴스가 있었다. 거래 대금은 1억 1,600만 원에 달했으며,

> NFT는 디지털 작품의 무단도용을 방지하고 저작권을 보호해주며 수익 창출의 수단이 되고 있다.

> 카카오톡의 클립드롭스에서 판매된 첫 NFT는 '크레바스'라는 작품인데, 총 999개의 NFT가 27분 만에 완판되는 일이 있었다.

[그림 10-1] 벽화의 일부를 NFT화한 사례

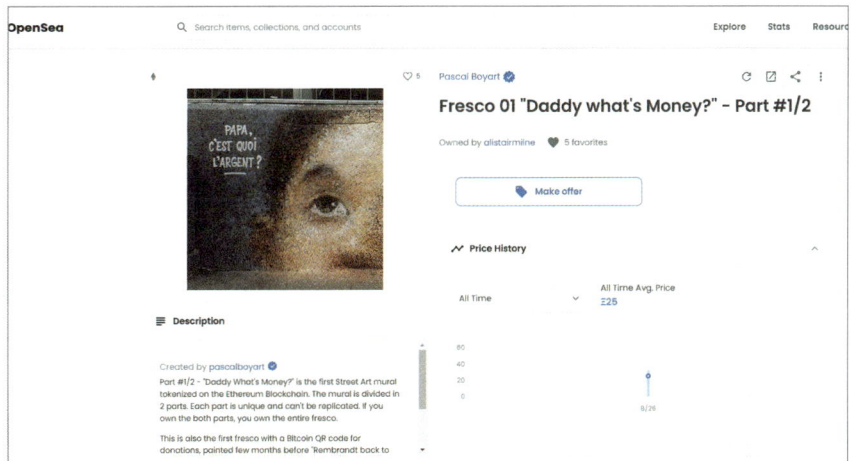

※ "Daddy What's Money?" Part #1/2 by Pascal Boyart. OpenSea.

이후에도 2차 시장에서 활동이 이어진 바 있다. 이는 그라운드 X가 그 전 달 문을 연 '클립드롭스(Klip Drops)'에서 판매된 NFT의 첫 사례였다. 그라운드 X는 카카오의 자회사로 블록체인 플랫폼 '클레이튼'을 제작한 바 있고 이를 빗썸에 상장하기도 했다.

[그림 10-2] 카카오톡 클립드롭스에서 최초 판매된 NFT

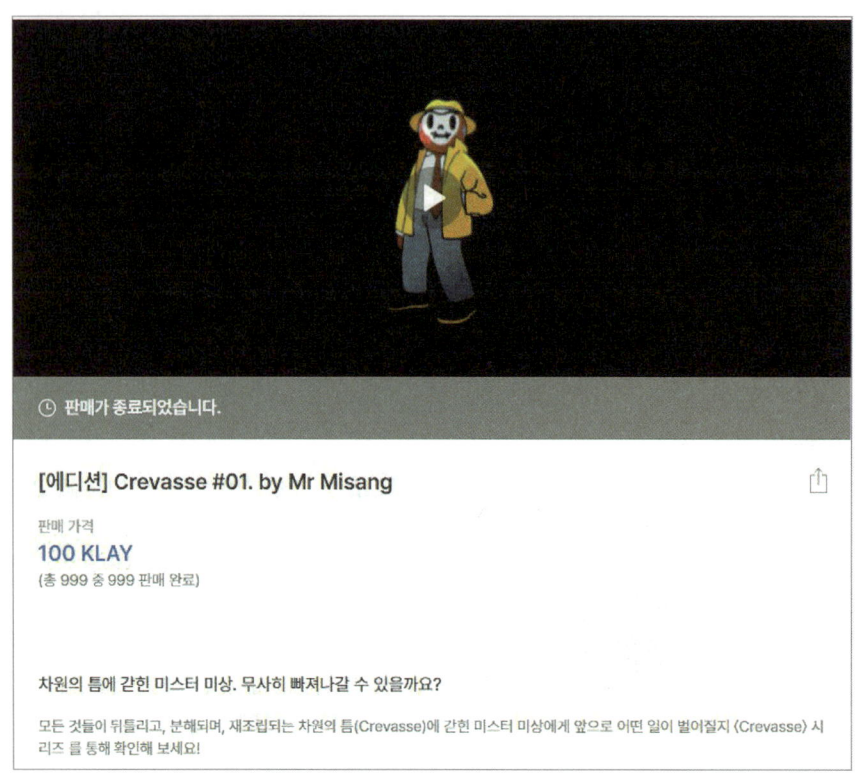

※ 'Crevasse #01' by Mr Misang

02 독창성만으로도 돈이 되는 신세계

위조나 손실 없이 영구 보존

2021년 7월 22일, 고(故) 스티브 잡스가 1973년 손으로 썼던 입사지원서가 원본과 함께 NFT 버전으로 경매에 나왔다. 그날 낮 12시 기준, 경매액 최고가는 원본이 1만 4,000달러, NFT 버전이 703.90달러였다. 잡스의 입사지원서 원본은 같은 해 3월에도 경매에 나와 22만 2,000달러(약 2억 5,500만 원)에 팔린 바 있었다.

신윤복의 '혜원전신첩'에 수록된 대표 작품 30점이 디지털 기술을 통해 NFT로 발행되었다. 각 그림은 원작의 아름다움과 역사적 가치를 온전히 담아내도록 정밀하게 디지털화되었으며, 100개 한정판 NFT로 제작되어 고유번호가 부여된 형태

> NFT로 큰 수익을 내는 사례가 많아지고 있다. 마이크 윈켈만은 NFT 전용 작품을 만드는 예술가로, 그의 작품은 경매에서 6,930만 달러에 팔리기도 했다.

로 판매되었다. 희소성과 예술성을 겸비한 이 NFT는 수집가들의 관심을 모으며, 기존 미술품 소장의 개념을 디지털 자산으로 확장한 시도로 주목받고 있다. NFT 구매자는 개인 지갑을 통해 소유권을 증명하며, 블록체인 기술을 기반으로 거래 이력과 소유 정보가 위변조 없이 안전하게 기록된다.

작품의 진위, 거래 내역, 최초 발행자까지 모두 투명하게 확인할 수 있다는 점에서 디지털 문화유산으로서 보존 가치도 크다. 이 프로젝트를 주관한 간송미술관은 NFT 판매 수익을 문화재 보존과 연구 활동에 재투자할 계획이며, 전통 예술과 첨단 기술을 접목해 새로운 문화유산 유통 모델을 제시하고 있다.

NFT 전용 작품으로 큰 수익을 낸 예술가도 있다. 대표적인 사람이 비플(Beeple)이라는 예명을 쓰는 마이크 윈켈만(Mike Winkelmann)이다. 비플의 디지털 아트 중 'Everydays: The First 5000 Days'라는 작품은 크리스티 경매에서 6,930만 달러에 팔렸다. 이는 생존작가 작품 중 제프 쿤스(Jeff Koons)와 데이비드 호크니(David Hokney)의 작품에 이어 세 번째로 비싼 미술품이라는 경이로운 기록이었다.

1981년생인 마이크 윈켈만은 퍼듀대학에서 컴퓨터공학을 전공한 공학도였다. 졸업 후 웹디자이너로 일하기도 했지만, 그는 사실상 미술이나 디자인을 전공하지 않은 이른바 비전공자였다. 그러나 독창성 있는 NFT로 높은 수익을 창출하고 있다는 점에서 NFT의 무궁무진한 가능성을 엿보게 해주는 사례라 할 수 있다.

NFT를 둘러싼 이슈들

많은 가능성에도 불구하고 NFT는 여전히 풀어야 할 과제들을 안고 있다. 근본적인 질문은 "인터넷에서 검색 가능한 디지털 자산을 굳이 돈 주고 살 필요가 있을까?"이다. 즉 NFT 열풍이 단기적인 투기 과열 현상일 수 있다는 지적이 가능하다.

> NFT는 독창성만으로 큰돈을 벌 수 있는 투자의 신세계이지만, 단기적인 투기 현상일 수 있고 저작권 관련 이슈와 세금 문제 등 해결해야 할 과제가 있다.

다음으로 가장 논란이 되는 것 중 하나가 소유권과 지적 재산권의 문제다. 앞서 보았던 크립토키티 등 게임 회사가 운영하는 게임들은 기본적으로 탈중앙화된 프로젝트가 아닌, 중앙 관리자의 통제하에 있다. 이는 지적 재산권이 구매자(게임 유저)인 디지털 자산 소유자에게 있지 않다는 뜻이기도 하다. 크립토키티의 경우 지적 재산권은 게임 개발자인 댑퍼 랩스(Dapper Labs)에 있다.

비슷한 수집형 게임이면서도 탈중앙화를 지향하는 프로젝트도 있다. 예를 들어, 디센트럴랜드(Decentraland)는 DAO 기반의 커뮤니티 거버넌스를 통해 운영되며, MANA 토큰을 사용해 사이버 공간 내 토지(LAND)를 구매할 수 있다. 사용자는 LAND에 직접 콘텐츠를 구축해 상호작용하거나 수익을 창출할 수 있다. LAND는 ERC-721 기반 NFT로 발행되며, 구매에 사용된 MANA는 소각되는 구조를 갖는다.

지적 재산권에 관련해 그 반대의 문제도 생각해볼 수 있다. 즉 자산을 디지털화하는 과정에서 원작자의 저작권이 침해될 수 있다. 레오나르도 다 빈치의 '모나리자'를 디지털 아트로 재탄생시켜 NFT로 수억 원을 벌어들였다면 원작 '모나리자'의 저작권자는 어떻게 반응할까? 비슷한 사례로, 에르메스 버킨백을 주제로 디지털 작품을 만들어 NFT로 발행해 10억 원가량을 판매한 일이 있는데, 에르메스 측은 저작권 침해를 주장하며 크게 반발했다고 한다.

그럼에도 NFT는 창작자들의 권한을 더욱 강화할 수 있는 가능성을 안고 있다. 음원을 예로 들면, 현재 작곡자나 작사자 등 창작자들은 음원 스트리밍 회사의 통제 아래 놓이는 경우가 많아 수입 면에서 불리한 입장이다. 그러나 창작자가 자신의 음원을 NFT로 발행하는 경우, 로열티를 영구적으로 자신에게 돌아오게 설정할 수 있다.

NFT는 투자소득 과세에 대해서도 논란의 여지가 있다. 당초 정부는 2023년부터 가상자산 소득에 대해 과세를 시행할 계획이었으나, 시행 시점은 두 차례 연기를 거쳐 최종적으로 2027년 1월 1일로 미뤄졌다. 과세가 개시되면 가상자산의 양도소득은 기타소득으로 분류되어 일정 기준 이상 수익에 대해 세금이 부과될 예정이다. 다만, NFT의 경우 자산의 성격과 거래 형태에 따라 과세 여부가 달라질 수 있어, 현행 법체계에서는 여전히 명확한 기준이 마련되어 있지 않다. 앞서 NFT 전용 작품으로 큰 수익을 냈다는 마이크 윈켈만은 수천만 달러의 세금을 물게 됐다고 호소하기도 했다.

NFT의 주요 이슈를 정리하면, 단기적인 투기 열풍, 지적 재산권에 대한 논란, 세금 문제 등이다. 이런 문제에도 불구하고 저작권자의 권리를 더욱 강화할 수 있다는 장점 때문에 NFT 섹터가 각광을 받는 것 같다.

투자자들은 이런 장단점을 명확히 인식하고 NFT 투자에 임할 필요가 있다.

Part 5

가상화폐와 세금:
"세금 걱정 없이 투자해요."

가상화폐 증여, 가상화폐 수익, 가상자산소득세

11장에서는 가상화폐와 세금의 관계를 소개합니다. 돈이 있는 곳에 반드시 따라붙는 게 세금인데요. 가상화폐에 투자할 때 자금을 마련하는 방법, 가상자산 증여와 현금 상속 중 무엇이 더 효과적일지 정리했습니다. 가상화폐 투자 시드를 부모님에게 받아서 하면 안 되는지, 가상자산 시드머니를 부모님께 빌렸다고 하면 통할지, 현금 증여와 가상자산 증여 가운데 무엇이 더 효과적일지 알아보았습니다. 가상자산을 통한 부의 이전은 10년 주기 증여 설계로 시작된다는 점을 강조하고 Q&A로 알아보는 주택자금조달계획서 작성법까지 알아보았습니다.

11장

가상화폐 투자자가 알아야 세금

01 가상화폐 투자자, 세금 이 정도는 알아야

가상화폐 투자자는 몇 명이나 되고 시드는 얼마나 될까?

가상화폐 투자로 수억 원을 벌었다는 이야기가 주변에서 심심치 않게 들린다. 이런 얘기를 들은 이들 가운데는 가상화폐 투자가 몇억 원 단위로만 하는 것이라고 오해하는 경우도 적지 않다. 하지만 실제로 우리나라 가상화폐 투자자 다수는 비교적 소규모 자산으로 투자에 참여하고 있다.

2025년 5월 21일 금융위원회가 발표한 '2024년 하반기 가상자산사업자 실태조사 결과'에 따르면, 본인인증(KYC)을 완료한 개인 고객은 970만 명에 달한다. 이 가운데 66%인 637만 명은 가상자산 보유액이 50만 원 미만으로 집계되었다. 이는 2021년 12월 말 최초로 가상자산사업자 실태조사를 했을 당시의 KYC 완료 이용자 수가 558만 명이었던 점을 감안하면 불과 3년여 만에 두 배 가까이 늘어난 것이다.

가상자산의 '보유자산'은 각 투자자가 보유한 가상자산의 수량에 당시 시장가격을 곱한 금액, 원화 예치금(대기성 자금)을 합산해 산정하는데, 흥미로운 점은 고액 투자자 비중의 변화다. 1,000만 원 이상의 자산을 보유한 투자자는 전체의 12%인 121만 명으로, 2024년 6월 말 대비 2%포인트 증가했다. 1억 원 이상 보유자 역시 2.3%(22만 명)로 집계되어 이른바 '큰손' 투자자도 적지 않음을 확인할 수 있다.

연령별로 살펴보면, 30대가 전체의 29%로 가장 큰 비중을 차지했고, 40대(27%), 20대 이하(19%), 50대(18%), 60대 이상(7%) 순이었다.

[표 11-1] 연령대별 보유자산 규모

구분	보유 없음	50만 원 미만	50만~1백만 원	1백만~5백만 원	5백만~1천만 원	1천만~1억 원	1억~10억 원	10억 원 이상
20대 이하	21만 명 (11.4%)	125만 명 (68.6%)	7만 명 (3.8%)	16만 명 (8.5%)	5만 명 (2.9%)	8만 명 (4.4%)	0.7만 명 (0.4%)	0.02만 명 (0.01%)
30대	18만 명 (6.6%)	172만 명 (61.6%)	14만 명 (4.9%)	33만 명 (11.9%)	13만 명 (4.6%)	25만 명 (9.0%)	4.0만 명 (1.4%)	0.15만 명 (0.05%)
40대	19만 명 (7.1%)	147만 명 (55.0%)	14만 명 (5.2%)	35만 명 (13.1%)	14만 명 (5.4%)	31만 명 (11.6%)	6.7만 명 (2.5%)	0.31만 명 (0.1%)
50대	15만 명 (8.4%)	84만 명 (47.7%)	10만 명 (5.4%)	25만 명 (14.2%)	11만 명 (6.1%)	25만 명 (14.2%)	6.7만 명 (3.8%)	0.34만 명 (0.2%)
60대 이상	6만 명 (9.4%)	30만 명 (45.7%)	3만 명 (5.3%)	9만 명 (13.7%)	4만 명 (6.1%)	10만 명 (14.8%)	3.0만 명 (4.7%)	0.2만 명 (0.3%)
전체	79만 명 (8.2%)	558만 명 (57.4%)	48만 명 (4.9%)	118만 명 (12.1%)	47만 명 (4.9%)	99만 명 (10.2%)	21.1만 명 (2.2%)	1.02만 명 (0.1%)
2024. 상반기	77만 명 (9.9%)	447만 명 (57.4%)	43만 명 (5.5%)	97만 명 (12.5%)	36만 명 (4.7%)	68만 명 (8.7%)	10.1만 명 (1.3%)	3.5천 명 (0.03%)

특히, 2027년부터는 가상자산 거래로 발생한 이익, 즉 '가상자산소득'에 대해 본인에게 250만 원의 기본공제를 적용한 후 남은 금액의 22%를 기타소득세로 과세할 예정이다. 따라서 극단적인 고수익 사례를 제외하고 현실적으로 세금 신고대상이 될 투자자를 보유자산 500만 원 이상인 이들로 한정한다면, 약 168만 1,000명, 전체 투자자의 17.4% 정도가 실제 과세 대상이 될 것으로 추산된다.

이렇듯 대한민국 가상자산 시장은 소수의 고액 투자자만 존재하는 것이 아니라, 소규모 투자자들이 다수를 차지하고 있으며, 투자 규모와 세금 부담의 현실 역시 결코 한 방향으로만 설명할 수 없다. 누구나 시작할 수 있지만, 현명한 판단과 정보가 어느 때보다 필요한 시장임을 실감하게 한다.

가상화폐 투자 시드, 부모님에게 받아서 하면 걸릴까?

가상화폐 투자를 시작하는 경로는 다양하다. 본인의 근로소득이나 사업소득을 활용해 투자에 뛰어드는 이들도 있지만, 의외로 부모님의 도움을 받아 첫 시드를 마련하는 경우도 적지 않다. 실제로 상담을 진행하다 보면, 자녀에게 현명하게 증여해주고 싶다는 부모님들의 절세 문의가 압도적으로 많다.

증여는 살아 있는 동안 무상으로 재산을 이전받는 행위다. 흔히들 "그냥 받고 증여세만 내면 끝나는 것 아니냐"라고 생각하기 쉽지만 현실은 그리 단순하지 않다. 그래서 세무 지식이 부족한 납세자들이 섣불리 증여를 진행했다가 예기치 못한 세무조사를 받는 사례가 해마다 늘고 있다.

여기서 반드시 기억해야 할 사실이 있다. 우리나라에서 매년 종합소득세로 1,000만 원 이상을 내는 이는 극소수다. 반면, 증여세와 상속세는 기본이 1,000만 원에서 시작해 많게는 수백억 원까지 과세될 수 있는 세금이다. 그리고 평생에 한두 번 경험할까 말까 한 드문 세금이다 보니, 평소에는 그리 신경 쓰지 않는 경향이 있다.

하지만 자산가들이 가장 두려워하는 세금도 바로 이 세 가지, 즉 증여세, 상속세, 양도소득세다. 실제로 이런 세금은 평생 다섯 번도 마주할 일이 없을 정도로 드물지만, 한 번 부과되는 금액이 어마어마하기에 많은 사람이 절세하려고 시간과 노력을 아끼지 않는다.

증여세는 동일인으로부터 10년 이내에 증여받은 1,000만 원 이상의 재산을 모두 합산해 누진적으로 계산한다. 증여한 뒤 상속이 발생할 경우에는 상속개시일 전 5년 이내에 상속인 이외의 사람에게, 10년 이내에는 상속인에게 증여한 재산을 다시 상속재산에 합산하도록 하고 있다. 바로 이 '합산 규정'이 상속세와 증여세 부담을 예상보다 훨씬 더 크게 만드는 주된 원인이다.

따라서 우리는 기본적인 증여세 계산 구조와 함께 10년 단위로 증여를 설계하면 왜 절세 효과가 커지는지 반드시 이해해야 한다. 증여를 빨리 실행하는 것만이 만능 절세전략은 아니며, 법적 한계 역시 분명히 존재한다. 그러나 현행 세법 아래에서는 합산을 피하는 전략이 최선의 절세 방법이라는 점 그리고 법의 변화가 없는 한 적법하게 이를 따르는 것이 무엇보다 중요하다는 사실을 잊지 말아야 한다.

[표 11-2] 증여세 계산법

증여재산가액		- 증여일 현재 시가평가(시가 없을 시 보충적 평가액)
(-)증여세 과세가액 불산입		- 비과세 재산, 과세가액 불산입 재산 - 과세가액 불산입재산은 국가로부터 증여받은 재산, 공익법인 등이 출연 받은 재산 등 일반적인 증여에는 거의 존재하지 않음
(-)채무 부담액		- 증여재산에 담보된 채무인수액 (채무승계 시 부담부증여가 되며 채무액은 양도소득세 과세 대상이 됨)
(=)증여세 과세가액		
(+)증여재산 가산가액		- 증여 전 동일인으로부터 10년 이내에 증여받은 1,000만 원 이상의 재산 - 증여자가 직계존속일 경우 배우자 포함
(-)증여재산공제 (10년간 누계 한도)		- 배우자: 6억 원 - 직계존속: 5,000만 원 - 직계비속: 5,000만 원(미성년자 2,000만 원) - 기타 친족: 1,000만 원
(-)감정평가 수수료 공제		- 부동산과 서화·골동품 등 유형 재산은 각각 500만 원 한도 - 비상장주식은 평가대상 법인, 의뢰기관 수별로 각각 1,000만 원 한도
과세표준 (누진세율 및 누진 공제 적용)		과세표준 / 세율(%) / 누진 공제 1억 원 이하 / 10 / - 1억 원 초과~5억 원 이하 / 20 / 1,000만 원 5억 원 초과~10억 원 이하 / 30 / 6,000만 원 10억 원 초과~30억 원 이하 / 40 / 1억 6,000만 원 30억 원 초과 / 50 / 4억 6,000만 원
(+)세대 생략 가산액		- 산출세액×30%(미성년자이면서 증여가액 20억 원 초과 시 40%)
(-)세액 공제	기납부 세액공제	- 기 납부 증여 산출세액 공제
	외국납부 세액공제	- 외국에 있는 증여재산에 대하여 외국의 법령에 따라 부과받은 증여세
	신고 세액공제	- 증여일이 속하는 달의 말일로부터 3개월 이내 신고 시 산출세액의 3%
(+)가산세	신고, 납부가산세	- 신고: 과소신고는 산출세액의 10%, 무신고는 산출세액의 20% - 납부: 1일당 2.2/10,000
(=)납부할 세액		

가상자산 증여, 시가평가와 절세전략

증여세를 계산할 때 가장 먼저 마주하는 개념이 바로 '증여일 현재 시가평가'다. 상속과 증여는 기본적으로 무상으로 재산이 이전되는 것이므로, 세법은 이전된 자산의 시가(시장가치)를 기준으로 세금을 산정하도록 규정하고 있다. 만약 현금이나 예금이라면 그 가액 자체가 시가가 되겠지만, 부모님이 보유한 가상자산을 증여받는 경우라면 시가는 어떻게 평가될까?

「특정 금융거래정보의 보고 및 이용 등에 관한 법률」 제2조 제3호에 따라 인정되는 가상자산의 시가평가는 두 가지 방식으로 이루어진다.

첫째, 국세청장이 고시한 가상자산사업자(업비트, 빗썸, 코인원, 코빗, 고팍스 5곳)에서 거래되는 가상자산의 경우, 평가 기준일 전·이후 각 1개월 동안 해당 사업자가 공시하는 일평균가액의 평균을 시가로 인정한다. 이 일평균가격은 국세청 홈택스 홈페이지에서 조회할 수 있어 공식적인 자료로 사용된다.

둘째, 그 외의 가상자산은 제1호에 해당하지 않는 사업자 또는 이에 준하는 사업장에서 공시하는 해당 거래일의 일평균가액이나 종료 시각에 공시된 시세 등 합리적으로 인정되는 가액을 기준으로 평가한다.

대한민국의 가상자산사업자 신고 현황은 금융위원회 금융정보분석원을 통해 주기적으로 공지되고 있다. 2025년 6월 27일 기준 신고수리가 결정된 사업자는 다음과 같다.

> 업비트, 코빗, 코인원, 빗썸, 플라이빗, 고팍스, BTX, 포블, 코어닥스, 비블록, 오케이비트, 빗크몬, 프라뱅, 보라비트, 코다, 케이닥, 오하이월렛, 하이퍼리즘, 오아시스거래소, 커스텔라, 코인빗, 인피닛블록, 디에스알브이랩스, 비댁스, 인엑스, 돌핀, 바우맨 등 27개사

이 중 '국세청장이 고시하는 가상자산사업자'는 2024년 12월 28일 고시 현재, 두나무 주식회사, 주식회사 빗썸코리아, 주식회사 코빗, 주식회사 코인원, 주식회사 스트리미 5곳이다.

상호	사업장소재지	지정기간
두나무 주식회사	서울시 강남구 테헤란로4길 14	2022. 1. 1~
주식회사 빗썸코리아	서울시 강남구 테헤란로 124	2022. 1. 1~
주식회사 코빗	서울시 강남구 테헤란로5길 7	2022. 1. 1~
주식회사 코인원	서울시 영등포구 여의대로 108	2022. 1. 1~
주식회사 스트리미	서울시 강남구 봉은사로 179	2025. 1. 1~

가상자산의 시가는 증여일 기준 전후 1개월간의 일평균가액을 평균하여 산정한다. 예를 들어, 2025년 8월 15일에 가상자산을 증여받았다고 하면, 증여 당일 바로 시가를 알 수는 없다. 증여일 이후 1개월 동안의 일평균가액까

[그림 11-1] 국세청 홈택스 가상자산 일평균가격 조회 화면

지 확인해야 비로소 평균액을 계산할 수 있기 때문이다. 이러한 이유로 증여세 신고 기한이 증여일이 속한 달의 말일로부터 3개월 이내로 정해져 있다.

이 같은 구조는 절세전략에도 중요한 시사점을 준다. 가상자산 역시 가격이 등락을 반복하기 때문에 만약 향후 가치가 상승할 것이라는 전망이 있다면 상대적으로 가격이 저점일 때 증여하는 것이 바람직하다. 실제로 비트코인 3차 반감기 이후 가격이 일시적으로 하락했을 때 비트코인 증여가 활발히 이뤄졌던 것도 이런 이유에서다. 가상자산을 증여한 뒤 시세가 오르더라도, 그 상승분에 대해 추가로 증여세를 내지 않아도 되기 때문에 수증자인 자녀가 오롯이 그 이익을 누릴 수 있다.

그래서 가상자산을 증여할 시점에 시가평가가 높게 평가된다면 증여세 절세를 위해서 증여를 반환한 후 시가가 낮아진 시점에 다시 증여하는 방법을 생각할 수도 있다. 즉, 가상자산 하락장은 오히려 자산가에게는 가상자산의 증여 기회라고 생각하는 것이다.

가상자산의 본질적 가치 하락이 아닌 시장 전반적 하락세에 따른 것이라고 판단되면 우량 가상자산의 시가는 시장 상황에 따라 향후 반등할 것이기 때문에 이 시점에 증여하여 가상자산 가치의 상승에 대한 부까지 이전하는 효과를 볼 수 있다.

이는 일부 상장사 오너가 주가가 조정받는 시점에 자녀에 대한 가업 승계의 기회를 잡고자 주식을 증여하는 경우에 이미 유사하게 활용하고 있다. 다만, 가상자산의 반환에는 그 과세되지 않는 시점을 명확히 알고 있어야 한다. 반환 시점이 언제인지에 따라 재차 증여하는 행위에 대해 다시 증여세가 부과될 수 있기 때문이다.

이처럼 가상자산의 증여는 증여 시기와 시가평가 그리고 반환 등 여러 가지 변수를 꼼꼼히 고려해 신중하게 설계해야만 뜻밖의 세금 부담을 줄일 수 있다. 절세전략의 핵심은 '타이밍'과 '합법성'임을 명심해야 한다.

[표 11-3] 증여 반환 자산 형태와 반환 시기의 과세 여부

반환 자산 형태와 반환 시기		신고기한 내	신고기한 이후 3개월 내	신고기한으로부터 3개월 경과 후
금전	시기에 관계 없음	과세		
금전 외*	최초 증여	과세 안 됨	과세	
	반환 거래	과세 안 됨		과세

* 신고기한 내라도 반환하기 전에 법에 따라 결정받은 경우는 과세됨

가상자산을 통한 부의 이전은 '10년 주기 증여 설계'로 시작된다

가상자산을 활용한 부의 이전은 '10년 주기 증여 설계'에서 출발한다. 증여세 부담을 최소화하려면 증여재산공제 한도 내에서 증여세가 발생하지 않는 범위로 증여를 반복하는 구조를 먼저 이해해야 한다.

예를 들어, 자녀가 태어난 순간 2천만 원 상당의 가상자산을 증여한 후 10년 단위로 증여를 이어간다고 가정해보자. 0세에 2,000만 원, 10세에 2,000만 원, 20세에 5,000만 원, 30세에 5,000만 원을 증여하면 자녀가 성년이 되는 30세까지 네 차례에 걸쳐 총 1억 4,000만 원의 자산 형성 기초자금을 마련

해줄 수 있다.

앞서 살펴본 것처럼, 증여세는 동일인으로부터 10년 이내 증여받은 1,000만 원을 초과하는 재산에 대해 누적 합산하여 과세된다. 하지만 10년이 지난 후의 증여분에 대해서는 이전 증여와 합산하지 않고, 증여재산공제도 새로 적용받을 수 있다. 이 점이 바로 10년 주기 증여 설계의 핵심이다.

만약 4%의 연평균 가상자산 가치 상승률을 가정한다면, 1억 4,000만 원의 증여 원금은 자녀가 30세가 될 즈음에는 약 2억 3,000만 원까지 불어날 수 있다. 이 모든 과정에서 증여세는 면세점 이하로 유지되어 실질적인 세금 부담 없이 부의 이전과 증식이 이루어진다.

다만, 현행법상 미성년자는 가상자산 거래계좌를 개설할 수 없기 때문에, 실제로는 성년이 될 때까지 현금을 증여한 후 해외가상자산 ETF나 가상자산과 연동성이 큰 마이크로스트래티지(MicroStrategy) 등의 주식을 매입하는 방식이 주로 활용된다.

또는 부모의 개인 지갑에서 미성년자인 자녀의 개인 지갑 주소로 직접 가상자산을 송금하는 것도 가능하다. 이때에는 송금 내역과 증여 관련 서류를 잘 구비해두는 것이 중요하다. 다만, 미성년 자녀 명의의 지갑에 보관한 가상자산을 앞으로 어떻게 현금화할지도 미리 고민해야 한다.

증여세 면세점 이내라면 증여세를 신고하지 않아도 당장 세금이 발생하지 않는다. 그럼에도 미래를 위해 증여세 신고를 해두는 것이 바람직하다. 그 이유는 다음과 같다.

첫째, 증여세 신고를 마친 금액은 수증자에게 '적법한 재원'으로 인정된다. 향후 가상자산이나 다른 자산을 추가로 취득할 때 그 출처가 명확해져 부동산 등 규모가 큰 자산 취득 시 자금출처 소명 문제가 발생하지 않는다.

둘째, 과세 관청은 특수관계인 간의 금전 거래에 예민하게 반응한다. 상속·증여 관련 세무조사가 진행될 때, 과거의 성실한 증여세 신고 이력이 있다면 납세의무자의 성실함을 입증하는 증거가 될 수 있다.

셋째, 증여 기간이 길어질수록 증여자와 수증자 간의 거래가 복잡해진다. 미리 증여세 신고를 해두었다면, 기존 신고 내역을 바탕으로 장기적인 상속·증여 설계가 훨씬 수월해진다. 반대로 신고하지 않은 채 증여를 반복하다 보면 면세점을 초과했는지조차 파악하지 못해 나중에 가산세 등 예상치 못한 세무상 불이익이 발생할 수 있다.

10% 최저세율 증여와 20% 증여세율 증여

자녀의 미래를 위한 부의 이전을 고민할 때 증여재산공제 한도 내에서만 증여하는 이른바 '면세점 증여' 방식은 실제로 자산 형성에 부족함을 느낄 수 있다. 그렇다면 과세표준 1억 원까지 적용되는 최저세율 10% 구간의 한도를 적극적으로 활용하면 어떨까? [표 11-4]는 면세점 증여와 10% 최저세율 증여 그리고 20% 세율 증여를 비교한 것이다.

과세표준 1억 원까지는 증여세율 10%가 적용되기 때문에 단순히 증여재산공제만을 적용받는 면세점 증여 방식에 비해 훨씬 더 많은 재산을 이전할 수 있다. 소액의 세금을 부담하더라도, 그만큼 자녀의 자산 형성에 실질적 도움이 되는 것이다. 만약 더 규모가 큰 부의 이전을 고려한다면, 과세표준 5억 원까지 적용되는 20% 세율 구간도 활용할 수 있다.

특히, 증여재산이 모두 현금이라면 일부는 증여세 납부에 활용하고, 나머

[표 11-4] 면세점 증여와 최저세율 증여의 비교

구분	면세점 증여		10% 최저세율 증여		20% 세율 증여	
	증여재산가액	증여세	증여재산가액	증여세	증여재산가액	증여세
0세	2,000만 원	0원	1억 2,000만 원	1,000만 원	5억 2,000만 원	9,000만 원
10세	2,000만 원		1억 2,000만 원	1,000만 원	5억 2,000만 원	9,000만 원
20세	5,000만 원		1억 5,000만 원	1,000만 원	5억 5,000만 원	9,000만 원
30세	5,000만 원		1억 5,000만 원	1,000만 원	5억 5,000만 원	9,000만 원
합계	1억 4,000만 원	0원	5억 4,000만 원	4,000만 원	21억 4,000만 원	3억 6,000만 원
부의 이전 액수	1억 4,000만 원		5억 원		17억 8,000만 원	

지는 곧바로 가상자산 등에 투자하는 전략을 세울 수도 있다.

현실에서는 아이가 태어나자마자 2,000만 원을 증여하는 사례는 흔치 않을 수도 있다. 이 경우에는 조부모 세대의 경제적 자력을 활용해 손주를 대상으로 증여를 설계하는 방법도 충분히 고려할 만하다. 대한민국의 60세 이상 고령층이 전체 자산의 40% 이상을 보유하고 있다는 점을 감안하면, 조부모의 조기 증여는 자녀 세대의 미래를 위한 훌륭한 자산 배분 전략이 될 수 있다.

실제로 2018년부터 2022년까지 최근 5년간 20세 미만 수증인의 증여세 신고가 꾸준히 증가하고 있다. 이는 자산가치의 상승이 기정사실화된 현실에서, 수증자의 미래를 위해 하루라도 빨리 증여를 계획하는 움직임이 확대되고 있음을 보여준다.

[그림 11-2] 최근 5년간 20세 미만 수증인의 증여세 신고 현황

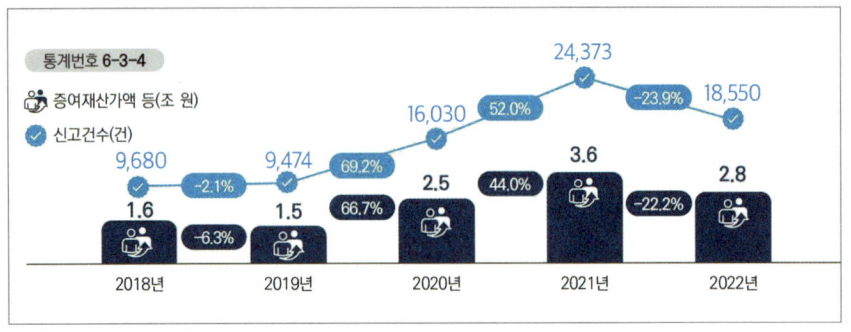

'10년 주기 증여 설계'와 상속 플랜을 병행한다면

부의 이전과 절세를 동시에 달성하려면 생전 증여와 사후 상속을 유기적으로 연결하는 전략이 무엇보다 중요하다. 현행 상속세법은 피상속인이 사망하기 전 일정 기간 내 상속인 또는 그 외의 자에게 증여한 재산을 상속세 과세표준에 포함하도록 규정하고 있다.

즉, 상속인이 상속개시일 전 10년 이내에 증여받은 국내외 재산, 상속인이 아닌 자가 5년 이내에 증여받은 국내외 재산(비거주자인 경우 국내 소재 재산)은 모두 상속재산에 합산된다.

피상속인	수증자	사전증여재산가액
거주자	상속인	상속개시일 전 10년 이내에 증여한 국내외 재산가액
	상속인 아닌 자	상속개시일 전 5년 이내에 증여한 국내외 재산가액
비거주자	상속인	상속개시일 전 10년 이내에 증여한 국내 소재 재산가액
	상속인 아닌 자	상속개시일 전 5년 이내에 증여한 국내 소재 재산가액

이 규정 때문에 10년 이전에 계획적으로 증여한 재산은 상속세 산정 시 합산되지 않으므로, 사전증여를 통한 생전 부의 이전은 상속세 절세 측면에서도 그 중요성이 매우 크다.

실제 상속세 신고 사례를 살펴보면, 가장 빈번하게 나타나는 상속재산 규모는 10억~20억 원 구간이다. 여기에서는 총 15억 원의 상속재산을 기준으로 장기 플랜을 미리 준비한 경우와 사망 직전 급히 증여한 경우의 세 부담 차이를 비교해보자.

장기적 증여·상속 플랜의 경우

- 상속개시일: 2025. 6. 15
- 상속세 신고기한: 2025. 12. 31
- 상속인: 배우자, 기혼자녀 2(자녀 A: 49세, 자녀 B: 47세)
- 총상속재산가액: 15억 원
- 자녀의 출생 시점부터 10년마다 증여재산공제액 범위만큼 현금 증여하고 신고

(1) 증여세 계산 내역

연령	자녀 A	자녀 A의 배우자	자녀 B	자녀 B의 배우자
출생 당시(0세)	2,000만 원 (미성년)	-	2,000만 원 (미성년)	-
10세	2,000만 원	-	2,000만 원	-
20세	5,000만 원(성년)	-	5,000만 원(성년)	-
30세 (혼인)	5,000만 원	1,000만 원	5,000만 원	1,000만 원
40세	5,000만 원	1,000만 원	5,000만 원	1,000만 원
합계	1억 9,000만 원	2,000만 원	1억 9,000만 원	2,000만 원
인별 증여세	10년마다 증여재산공제 범위 내에서 증여했으므로 증여세 없음			

(2) 상속세 계산 내역

구분		금액	비고
	총상속재산가액	15억 원	상속재산·유증재산 등
(-)	과세가액공제액	1,000만 원	공과금·장례비·채무
(+)	사전증여재산가액	1억 원	상속개시일 전 사전증여재산
(=)	상속세과세가액	15억 9,000만 원	
(-)	상속공제	10억 원	일괄공제 5억+ 배우자상속공제 5억
(=)	상속세과세표준	5억 9,000만 원	
(×)	세율	30%-6,000만 원	10~50% 누진세율
(=)	상속세산출세액	1억 1,700만 원	

　자녀가 출생할 때부터 10년마다 증여재산공제 범위 내에서 현금을 증여하고, 증여마다 신고를 마쳤다고 가정해보자. 또한 자녀가 결혼할 때와 그 이후 10년마다 배우자에게도 공제액 한도 내에서 증여를 진행한다.

　이렇게 40~50년에 걸쳐 자녀와 자녀의 배우자에게 각 1억 9,000만 원, 2,000만 원씩 총 4억 2,000만 원을 증여해도, 증여재산공제 내에서 했으므로 별도의 증여세 부담은 발생하지 않는다.

　상속 개시 시점에는 최근 10년 내 자녀에게 증여한 금액만 상속재산에 합산되고, 사위·며느리에게 증여한 금액은 5년이 경과하면 합산 대상에서 제외된다. 따라서 실제 상속세 과세가액은 15억 9,000만 원이 되며, 각종 공제 후 상속세는 약 1억 1,700만 원으로 계산된다.

사망 직전 급히 증여한 경우

반면, 상속 개시 1년 전 자녀와 그 배우자에게 동일한 4억 2,000만 원을 일시에 증여한 경우를 보자.

- 상속개시일: 2025. 6. 15.
- 상속세 신고기한: 2025. 12. 31.
- 상속인: 배우자, 기혼자녀 2(자녀 A: 49세, 자녀 B: 47세)
- 총상속재산가액: 15억 원
- **상속개시 1년 전 자녀와 그 배우자에게 총 4억 2,000만 원을 나눠 증여하고 미신고**

(1) 증여세 계산 내역

	구분	자녀 A	자녀 A 배우자	자녀 B	자녀 B 배우자
	증여재산가액	1억 9,000만 원	2,000만 원	1억 9,000만 원	2,000만 원
(-)	증여재산공제	5,000만 원	1,000만 원	5,000만 원	1,000만 원
(=)	과세표준	1억 4,000만 원	1,000만 원	1억 4,000만 원	1,000만 원
(×)	세율	10~50% 누진세율			
(=)	산출세액	1,800만 원	100만 원	1,800만 원	100만 원
(+)	신고불성실가산세	360만 원	20만 원	360만 원	20만 원
(=)	부담세액	2,160만 원	120만 원	2,160만 원	120만 원

(2) 상속세 계산 내역

	구분	금액	비고
	총상속재산가액	15억 원	상속재산·유증재산 등
(-)	과세가액공제액	1,000만 원	공과금·장례비·채무
(+)	사전증여재산가액	4억 2,000만 원	상속개시일 전 사전증여재산
(=)	상속세과세가액	19억 1,000만 원	
(-)	상속공제	10억 원	일괄 공제 5억+ 배우자 상속 공제 5억

(=)	상속세 과세표준	9억 1,000만 원	
(×)	세율	30%-6,000만 원	10~50% 누진세율
(=)	상속세산출세액	2억 1,300만 원	
(-)	기증여납부세액	3,800만 원	
(=)	상속세납부세액	1억 7,500만 원	

첫째 사례와 같은 금액인 4억 2,000만 원을 사망 1년 전에 자녀와 그 배우자에게 나누어 증여했다고 가정해보자. 실무에서 접하는 상황 대부분은 피상속인이 사망하기 직전이나 병세가 악화된 직후 자녀들에게 허겁지겁 증여하는 위와 같은 상황이다.

이런 경우 대부분 세무조사로 급히 증여한 가액이 밝혀지고, 기증여 재산이 없다고 가정했을 때, 4인의 추징 증여세는 총 4,560만 원이 된다. 이는 계산 편의상 신고불성실가산세 20%만 반영한 것으로 납부지연가산세까지 부과된다면 세 부담은 더욱 커질 것이다. 이러한 납부지연가산세는 상속세 세무조사로서 증여세 추징세액을 실제로 납부한 날까지 1일당 원세액의 0.022%가 부과되므로 무신고 증여에 대한 제척기간이 일반적으로 15년인 점을 고려한다면 그 부담도 만만치 않을 것이다.

상속재산에는 상속개시일 전 10년 이내에 상속인, 5년 이내에 상속인 이외의 자에게 기증여한 재산가액을 포함하므로 첫 번째 예시와는 달리 두 번째 예시에서는 사망 직전에 자녀와 그 배우자(사위 또는 며느리)에게 증여한 가액 총액이 상속재산에 포함된다.

따라서 10년 주기 상속 플랜을 한 경우에 비해 상속세 과세가액이 3억

2,000만 원 더 많이 나온다. 이는 고스란히 상속세 부담으로 연결되어 상속 플랜을 한 경우보다 상속세와 증여세 합계액 1억 360만 원 이상이나 더 세금이 과세된다.

절세 플랜 유무	1. 증여세	2. 상속세	3. 총부담세액
계획한 경우	-	1억 1,700만 원	1억 1,700만 원
계획하지 않은 경우	4,560만 원	1억 7,500만 원 + 납부지연가산세	2억 2,060만 원 + 납부지연가산세
세 부담 차이			1억 360만 원 + 납부지연가산세

이처럼 가상자산을 포함한 모든 재산의 이전에는 하루라도 빨리 '10년 주기 증여 설계'와 장기적 상속 플랜을 실행하는 것이 가족의 재산을 지키는 최선의 절세전략임을 명심해야 한다.

현금 증여 vs. 가상자산 증여, 무엇이 더 효과적일까?

가상자산의 변동성은 우리가 익히 아는 주식시장과는 비교할 수 없을 만큼 크다. 최근 트럼프 2.0 시대를 맞이하며 200~300배 급등하는 밈코인들이 등장하고, 주요 가상자산의 가격 또한 하루가 다르게 요동치고 있다. 이런 혼돈의 시장에서 가상화폐 투자자들이 세무 전문가에게 가장 많이 묻는 질문이 바로 "자녀에게 현금을 증여해서 코인을 사게 하는 것이 유리한가, 아니면 가상자산 자체를 증여하는 것이 더 나은가?"이다.

어떤 방식이 더 효과적일까? 물론, 가상자산을 증여하려면 자녀가 성년이어야 하며, 미성년자라면 대한민국에서 가상자산 계좌를 만들 수 없다는 점을 전제로 한다.

결론부터 말하면, 가상자산 가격이 오를 것으로 예상된다면 현금 증여가, 가격이 떨어질 것 같으면 가상자산 증여가 유리하다. 얼핏 생각하면, 가격이 오를 것 같으면 코인을 직접 증여해서 가치 상승분을 자녀가 가져가는 것이 유리할 것처럼 보이지만, 실제 세법의 계산구조는 그렇지 않다. 급격한 증가세를 보여주었던 가상자산 '리플'을 예시로 이를 설명해보자.

현금 증여의 경우

예를 들어, 성년 자녀에게 현금 1억 5,000만 원을 증여했다고 하자. 최근 10년 이내 추가 증여가 없다면 5,000만 원은 증여재산공제로 공제받고, 1억 원에 대해 1,000만 원의 증여세(신고세액공제 3% 반영 시 970만 원)를 납부하게 된다.

이 현금으로 자녀가 2024년 11월 중순 리플(XRP) 코인을 700원에 매수했다면 약 21만 4,000개를 매입할 수 있다. 만약 한 달 뒤 리플 가격이 3,500원까지 치솟았다면, 자녀는 7억 5,000만 원의 평가이익을 얻는다. 증여세는 이미 증여 시점의 현금 가액(1억 5,000만 원)에 대해서만 부과되었으므로, 이후 가격 상승분에 대해서는 추가로 과세되지 않는다.

가상자산 증여의 경우

1억 5,000만 원 상당의 리플 코인을 2024년 11월 중순 즈음에 증여받았다고 해보자. 그때 리플이 700원대를 횡보하다가 급상승을 보이더니 1,000원, 2,000원 하면서 급격한 상승으로 12월 초에는 3,500원에 육박하게 된다. 이게 가상자산의 엄청난 변동성이라고 볼 수 있다.

[그림 11-3] 2025년 1월 20일 시점 리플의 일봉 차트

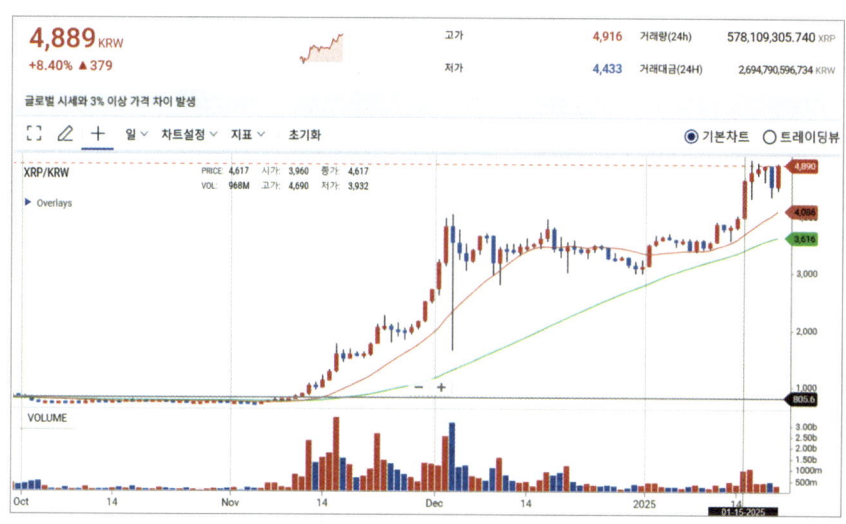

가상자산을 증여한 후 가격상승이 이뤄졌으므로 아주 좋다고 쾌재를 부르겠지만 사실 그렇지 않다. 가상자산의 가격상승은 전부 가상자산의 증여재산가액에 반영되기 때문이다. 다시 상증세법에서 가상자산의 시가가 어떻게 계산되는지 살펴보면 가상자산은 '평가기준일 전·이후 각 1개월 동안에 해당 가상자산사업자가 공시하는 일평균가액의 평균액'으로 계산된다.

해당 가액은 국세청장이 고시하는 가상자산사업자의 사업장에서 거래된다면 홈택스에서 쉽게 확인이 가능하다. 대표적으로 업비트, 빗썸, 코인원,

코빗, 고팍스 등이 있다.

[표 11-5] 국세청 홈택스상 가상자산 일평균가액의 평균액 계산 예시

가상자산명	기준일자	업비트	빗썸	코인원	코빗	일평균가액의 평균액
리플	20241009	717.6255	717.3001	716.7955	716.7978	717.129725
리플	20241010	723.3232	721.5046	718.9207	720.7374	721.121475
리플	20241011	725.5576	725.6306	726.3019	726.7744	726.066125
리플	20241012	727.4676	727.8072	727.6764	727.7531	727.676075
리플	20241013	722.4636	722.3444	721.696	721.9633	722.116825
리플	20241014	722.5004	722.8327	721.625	722.5428	722.375225
리플	20241015	734.8455	734.592	734.469	734.942	734.712125
리플	20241016	735.3053	734.4446	733.9781	733.8503	734.394575
리플	20241017	753.9384	753.7744	753.6972	755.5901	754.250025
리플	20241018	743.9757	744.4339	743.1415	744.3891	743.98505
리플	20241019	744.4055	744.3839	744.5362	744.6882	744.50345
리플	20241020	739.8955	739.7497	739.2666	739.628	739.63495

증여는 11월 중순에 했지만, 10월 중순부터 12월 중순까지 리플 가격이 전부 확정될 때까지 기다렸다가 그 평균액으로 증여재산가액을 계산해야 하는 것이다. 이렇게 평균가격을 계산하니 1,400원 정도가 나온다. 그렇다면 똑같은 가액으로 증여할 수 있는 리플 개수는 절반인 107,000개가량으로 줄어든다.

사실 107,000개로 줄어드는 것이 아니라 11월 중순 시점에 700원의 리플

가격을 보고 약 214,000개의 리플을 증여하였겠지만 이에 대한 가액이 12월 중순 이후에 확정되었고, 개당 1,400원으로 정해져서 1억 5,000만 원 정도를 증여하려고 했던 것이 두 배인 3억 원을 증여한 것으로 될 수 있다.

1억 5,000만 원에 대한 증여세 970만 원을 생각했던 납세자는 갑자기 3억 원에 대한 증여세 3,880만 원을 납부하는 상황이 펼쳐지게 된다. 증여재산가액은 2배 증가했지만 증여세는 4배가 증가하니 당황스러운 상황이 펼쳐진다. 거기다 증여세는 수증자가 납부하는 세금이니 수증자인 자녀가 경제적 여력이 부족하다면 가상자산을 매도하여 증여세를 납부하는 상황이 된다.

그러나 1억 5,000만 원을 현금 증여한 후 700원에 리플을 214,000개 취득한 납세자는 12월 중순 현재 3,500원으로 5배나 수직상승한 리플의 투자이익을 보며 흐뭇한 미소를 짓고 있을 것이다. 증여세는 현금납부로 끝났고, 1억 5,000만 원어치 취득한 리플은 현재 7억 5,000만 원이 되어 있기 때문이다.

이처럼 가상자산의 가격이 단기간에 큰 폭으로 오를 것이 확실하다면, 부모는 자녀에게 현금을 증여한 뒤 자녀가 직접 가상자산을 매수하도록 하는 것이 훨씬 유리하다. 가상자산 가격이 떨어질 가능성이 있다면, 오히려 저점에 가상자산을 증여하는 것도 절세전략이 될 수 있다.

하지만 문제는 가상자산의 가격이 한 달 뒤 어떻게 변할지 예측하기 어렵다는 점이다. 실제로 증여일 이후 한 달 사이 가상자산의 평균가격이 급등한다면, 예상치 못한 증여세 부담이 크게 늘어날 수 있다. 세금 부담은 예상치 못한 투자 성과까지도 희석할 수 있으니 현금 증여와 가상자산 증여의 장단점을 반드시 고려해야 한다.

가상자산 시드머니, '부모님께 빌렸다'고 하면 믿어줄까?

증여가 아니라 빌린 것이라고 말하면 과연 과세 관청이 곧이곧대로 받아들일까? 가상화폐 투자를 시작하며 부모님에게 시드머니를 일시적으로 차용하고, 수익이 발생하면 갚기로 하며 차용증을 작성하는 사례가 적지 않다. 하지만 실제로 부모와 자녀 간 금전 거래에서 이 자금이 진짜 '빌린' 것인지, 아니면 명목상 대여로 위장한 '가짜' 차입인지 과세관청에서는 판단하기 어렵다. 그래서 자금을 부모에게 빌릴 계획이라면 반드시 아래 사항을 숙지할 필요가 있다.

대여금은 자녀의 경제력에 맞춰야 한다

합리적인 경제인이라면 돈을 빌려줄 때 원금 손실 가능성을 고려하고, 그에 따른 이자까지 꼼꼼히 챙긴다. 만약 자녀가 명확한 상환 능력도 없이 큰돈을 빌리게 된다면, 세무당국이 이를 단순한 증여로 의심하는 것은 당연한 일이다. 실제로, 특수관계인 간 차용거래에서 자녀가 상환 능력을 입증하지 못해 편법증여로 통보된 사례도 적지 않다.

[그림 11-4] 특수관계인 간 대여금 거래 의심 사례

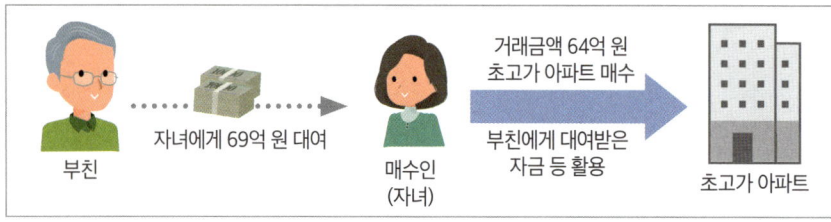

해당 사례가 국세청으로 통보된 이유는 바로 차주인 자녀가 부친으로부터 대여한 69억 원에 대한 원금 및 이자 변제능력에 대한 의심을 샀을 것이다.

차용증은 반드시 작성하자

부모자식 간 거래라 하더라도 정식 차용증, 즉 금전소비대차 계약서 작성은 기본 중의 기본이다. 계약서에는 당사자 인적사항, 대여금, 이자율, 분할변제 여부, 변제기한 등 실제 약정 내용을 구체적으로 기입해야 한다. 나아가 계약서 작성일을 명확히 남기기 위해 공증을 받거나 우체국 내용증명 발송, 인감증명서 첨부 등 보조 증빙을 마련해두는 것이 중요하다.

세무조사에서는 실제로 부모로부터 유입된 자금이 증여인지, 금전 대여인지가 핵심 쟁점이 된다. 단순히 문서만 작성하는 것에 그치지 말고, 그 내용이 실제로 이행되고 있음을 입증할 만한 객관적인 자료도 함께 준비해야 한다.

실제로 원리금 상환이 이루어져야 한다

차용증을 갖췄다고 해서 대여가 입증되는 것은 아니다. 과세 관청은 작성된 차용증 내용대로 원리금이 제때 상환되고 있는지, 실제 거래 내역이 존재하는지 반드시 확인한다. 따라서 상환 시에는 계좌로 명확히 이체하고, 이체 내역에는 '원금 상환', '이자 지급' 등 거래의 성격을 분명히 기록해야 한다.

첫째, 작성된 차용증의 내용대로 원리금이 상환되었는지를 확인한다. 즉, 차용증상 상환 일정에 맞추어 정해진 원리금이 상환되었다는 것을 입증할 수 있어야 한다. 그러므로 반드시 계좌이체로 지급하면서 통장 메모에 원리금 상환임을 명확하게 기록하는 것이 중요하다.

둘째, 채무자의 이자 비용은 곧 대여자의 이자소득이다. 일반적인 사채(私債)의 경우에는 '비영업 대금의 이익'이라 하여 지방소득세 포함 이자 지급액의 27.5%를 원천징수한 후 차액을 이자로 지급하여야 하고, 대여자는 수령한 이자소득에 대해 소득세를 신고해야 한다.

이처럼 금전 대여에 대한 입증 책임은 이를 주장하는 납세자에게 있으므로, 그것을 차용증과 같은 요식행위뿐 아니라 그 내용을 기반으로 한 이자 지급 내역 등으로 상당한 정도로 금전 대여임이 입증되어야 한다. 누가 부모자식 간에 돈을 빌리면서 이자소득세 원천징수를 하냐고 말하는 분들을 간혹 만나는데, 오히려 자산가는 차용이 아니라 증여가 되었을 때 더 높은 세금이 추징될 수 있어서 아주 철저하게 월마다 이자소득에 대한 원천징수 및 매년 종합소득세 신고 기간에 이자소득에 대한 종합소득세 신고를 하고 있다.

추징의 위험을 피하려면 기준점을 과세 관청 기준에 맞추는 것이 적합하다는 점을 절대 잊지 말자.

금전 무상 대여 또는 저리 대여하면 증여세 과세 대상이 된다

무상으로 금전을 차입하거나 법에서 정한 적정 이자율에 미달하는 이자율로 금전을 차입하면 금전을 대출받은 날에 다음의 계산을 거쳐 그 금전을 대출받은 자의 증여재산가액을 산정한다. 다만, 해당 증여재산가액이 1,000만 원 이상인 경우에만 증여세가 과세된다.

> ① 무상으로 금전을 차입하는 경우
>   증여재산가액 = 대출금액 × 법에서 정한 적정이자율(연 4.6%)
> ② 적정이자율보다 낮은 이자율로 금전을 차입하는 경우
>   증여재산가액 = 대출금액 × 법에서 정한 적정이자율(연 4.6%) - 실제 지급 이자상당액

'채무자가 실제 지급한 이자상당액'이란 차입에 대한 반대급부로 금융거래 내역 등으로 입증 가능한 금액만을 인정한다. 따라서 당사자 간 차용증이나 사인(私人) 간에 작성한 문서 등에 의해 지급하기로 예정되었다는 사유만으로는 실제 이자 지급이 이루어진 것으로 인정되지 않는다.

이러한 금전 무상 대출에 따른 증여세는 원칙적으로 직계존비속 등 특수관계 여부에 상관없이 적용되지만, 특수관계인이 아닌 자 간의 거래에서는 관행상 정당한 사유가 없는 경우에 한정하여 적용된다. 이 부분에 대해 상담자로부터 많이 받는 질문을 Q&A로 살펴보자.

1) 여러 차례 나누어 빌린다면 괜찮을까?

가끔 상담 현장에서 "한 번에 큰 금액을 빌리는 대신 여러 차례 나누어 빌리면 증여세 부담을 피할 수 있지 않나요?"라는 질문을 듣는다. 그러나 세법은 이 같은 편법을 허용하지 않는다.

금전 무상 대출에 따른 이익의 증여를 산정할 때, 세무당국은 그 증여일부터 소급하여 1년 이내에 여러 차례 나누어 대부받은 경우, 각각의 대출일을 기준으로 해당 금액을 모두 합산해 1,000만 원 초과 여부를 판단한다. 즉, '쪼개기'로 금전 대여를 반복하더라도, 사실상 1년간 전체 무상 대출액을 합산하여 증여로 간주하는 것이다.

또한 대출 기간이 정해져 있지 않으면 1년으로 보고, 1년 이상일 때는 매년 1년이 되는 날의 다음 날에 다시 대출받은 것으로 간주해 매년 증여 이익을 새롭게 산정한다. 참고로, 적정이자율(현재 연 4.6%)은 2016년 3월 21일 개정 이후로 유지되고 있으나, 향후 이자율이 변경될 경우 그 이후의 거래에는 변경된 이자율이 적용된다.

2) 금전 순수 증여와 저리 대여, 과세의 차이점은?

많은 이들이 궁금해하는 또 다른 질문은 '금전을 아예 무상으로 주는 것(순수 증여)'과 '적정이자율보다 낮은 저리로 빌려주는 것(저리 대여)'의 세 부담 차이이다.

원칙적으로, 적정이자율(4.6%)과 실제 지급하는 이자율의 차액이 연간 1,000만 원을 초과하면 그 초과분에 대해 증여세가 부과된다. 예를 들어, 실제 이자 지급액이 0원이라고 가정한다면, 대출 원금이 약 2억 1,739만 원(2억 1,739만 원 × 4.6% = 1,000만 원)에 도달해야만 과세기준이 충족된다. 따라서 차입원금이 이보다 적거나 혹은 저리 대여라 하더라도 지급 이자가 어느 정도 있다면 증여세 과세 대상이 되지 않을 수 있다.

하지만 현실에서는 이런 요건에 미달하거나, 이자 지급이 불분명할 경우 '실질적으로 증여가 아니냐'는 문제가 생기기 마련이다. 좀 더 구체적으로는 아래 실제 세무조사 사례로 두 방식의 세 부담 차이를 명확히 비교해볼 수 있다.

순수 증여거래로 보는 경우: 딸이 지난 10년 동안 증여자로부터 기증여가 없다면 해당 차입 금원 전부가 증여재산가액이 되는 것이고 증여재산공제

[표 11-6] 사례 전제조건

구분	내용	구분	내용
증여자(채권자)	모친	수증자(채무자)	딸
차입 원금	8억 원	차입 일자	2022. 12. 25.
이자 지급액(월)	100만 원	자금 출처 소명 요청	2024. 12. 25.

5,000만 원을 공제하고 증여세를 과세한다.

저리대여거래로 보는 경우: 다음 계산에 따라 증여재산가액을 산정하고 해당 가액이 1,000만 원 이상인 경우 증여세를 과세한다.

> * 연간 증여재산가액 2,480만 원=차입액(8억 원)×적정 이자율(연 4.6%)-1,200만 원(실제 지급 이자)

이를 표로 계산하여 비교하면 [표 11-7]과 같다.

[표 11-7] 일반 증여거래로 보는 경우 vs. 금전대차거래로 보는 경우

	구분	일반 증여거래로 보는 경우	금전대차거래로 보는 경우
	증여재산가액	8억 원	4,960만 원
(-)	증여재산공제	5,000만 원	5,000만 원
(=)	과세표준	7억 5,000만 원	-
(×)	세율	30%-6,000만 원	
(=)	산출세액	1억 6,500만 원	-
(+)	가산세	3,300만 원 (신고불성실 20%) + 약 2,900만 원 (납부불성실 2년간)	-
(=)	납부세액	약 2억 2,700만 원	-

위 상황에서 과세 관청의 주장대로 금전소비대차 행위를 순수 증여로 보는 경우 어머니로부터 대여한 8억 원은 전액 증여재산가액이 되어 추징될 증여세는 약 2억 2,700만 원이다.

반대로 실질에 따라 금전소비대차거래로 인정받는다면 적정 이자 지급액과의 차액인 2,480만 원이 최초 1년간의 증여재산가액이 되고, 현재 2년이 된 시점이므로 총 4,960만 원이 증여재산가액이 된다. 증여재산공제를 하고 나면 추징될 증여세가 없다.

해당 건에서 납세자는 차용증 작성 및 평소 원리금 상환, 상환 내역 보관 등 철저한 증빙 내역을 관리했기 때문에 금전소비대차거래로 인정받을 수 있었다. 물론 실질이 금전소비대차거래였기 때문에 실질에 따른 당연한 결과가 아닌가 하고 생각할 수 있다. 하지만 실질을 입증할 증빙이 없었다면 전체를 증여로 보아서 억울한 결과도 충분히 발생할 수 있다.

채무 면제도 증여에 해당한다

금전을 빌렸다면 언젠가는 원금과 이자를 상환해야 하는 것이 원칙이다. 하지만 현실에서는 자녀가 부모에게 빌린 돈을 몇 년이 지나도록 상환하지 못하는 경우가 적지 않다. 이때 부모가 자녀에게 "이제 그 빚은 안 갚아도 된다"라며 채무를 면제해주면, 이는 곧바로 증여로 간주된다.

세법상 채권자가 채무자에게 채무를 면제해주거나, 제3자가 그 채무를 인수하거나 대신 갚아주는 경우에는 그 면제 또는 인수·변제된 날을 증여일로 보아 그 이익 상당액을 증여재산가액으로 산정하게 된다. 즉, 자녀의 은행 대출이나 타인에게 진 빚을 부모가 변제해주는 경우에도 마찬가지로 증여로 보아 과세된다.

실제로 채권자로부터 채무를 면제받는 경우에는 채권자가 면제 의사표시를 한 날이 증여일이 되고, 제3자가 채무를 인수하는 경우에는 제3자와 채권자 간에 인수계약이 체결된 날이 증여일로 확정된다.

이처럼 채무 면제나 대리 변제 역시 실질적으로 자녀에게 재산상 이익이 무상 이전된 것이므로, 원칙적으로 증여세 과세 대상이 됨을 반드시 유념해야 한다. 금전 거래의 시작뿐 아니라 끝맺음 또한 세법의 시선에서 꼼꼼히 관리해야 예상치 못한 세금 추징을 방지할 수 있다.

가상자산 수익으로 내 집을 사면 세무조사 대상이 될 수 있다?

가상화폐 투자로 큰 수익을 거둔 투자자들의 자산관리 상담 사례가 늘고 있다. 실제로, 가격 변동성이 극심하고 현재까지는 소득세가 과세되지 않는 가상자산으로 자산을 축적한 이들이 이제는 부동산—특히 주택—구입을 고민하는 시점에 세무사에게 자문하는 경우가 많아지고 있다.

하지만 일부 가상화폐 투자자들은 "가상자산에는 세금이 없는데 굳이 왜 세무사 상담이 필요하냐"라며 고개를 갸웃하기도 한다. 그러나 가상자산에서 부동산으로 자산을 이동하려는 단계라면, 부동산이라는 전혀 다른 성격의 자산에 대한 새로운 세무·자산관리 지식을 반드시 익혀야 한다. 특히 큰 수익을 거둔 투자자는 변동성이 큰 가상자산 시장에서 '시즌 종료'를 체감하며, 안전자산인 부동산으로의 전환을 심각하게 고려할 수밖에 없다. 이때 중요한 것은 가상자산과 부동산이 각각 '전혀 다른 세법'과 '자금흐름의 규제'를 적용받는다는 사실이다.

이는 곧, 포트폴리오 다각화의 관점에서 자산군을 옮길 때 그 자산군의 특성과 시장 사이클을 제대로 이해하지 못한다면, 어렵게 번 가상자산 수익이 한순간 위험에 노출될 수도 있다는 점을 의미한다. 먼저 가장 대표적인 가상자산으로 집을 살 때 어떤 이슈가 있는지 알아본다.

가상자산으로 주택을 살 때 무엇을 유의해야 할까?

특히 2017년 8·2대책 이후 정부는 부동산 시장의 투명성을 확보하고자 '부동산 취득 시 취득자금 조달 및 입주계획서' 제출을 의무화했다. 부동산 매매계약을 체결하면, 실제 거래가격 등 대통령령에서 정하는 사항을 거래계약 체결일로부터 30일 이내에 해당 부동산 소재지 관할 시장·군수·구청장에게 실거래가 신고해야 한다. 아울러 일정한 요건에 해당하는 주택과 토지를 취득하는 경우, 취득자금의 조달 방법을 명확히 밝힌 '자금조달계획서'를 작성·제출해야 한다. 이 자금조달계획서는 단순히 서류상으로만 끝나는 것이 아니다. 가상자산 수익과 같은 비전통적 소득원으로 마련한 주택 취득자금은 자금출처의 적정성에 대해 더욱 엄격한 검증을 받게 된다. 특히 최근 세무당국은 가상자산소득을 이용한 부동산 취득에 대해 자금흐름 추적과 자금출처 소명 요구를 한층 강화하고 있다. 즉, 가상화폐 투자 수익을 부동산 등 자산군으로 이동시키는 시점부터 예상치 못한 세무조사의 리스크가 따라붙을 수 있다는 점을 반드시 인지해야 한다.

① 주택의 매수
- 법인 외의 자가 실제 거래가격이 6억 원 이상인 주택을 매수하거나 투기과열지구 또는 조정대상지역에 소재하는 주택을 매수하는 경우
- 추가로 투기과열지구 내 주택 거래신고 시 거래가액과 무관하게 자금 조달 계획을 증명하는 서류 첨부 제출해야 한다.

② 토지의 일반 매수
- 실제 거래가격이 다음에 해당하는 금액 이상인 토지를 매수하는 경우
    1) 수도권 등에 소재하는 토지: 1억 원
    2) 수도권 등 외의 지역에 소재하는 토지: 6억 원
- 1회의 토지거래계약으로 매수하는 토지가 둘 이상인 경우에는 매수한 각각의 토지 가격을 모두 합산
- 신고대상 토지거래계약 체결일부터 역산하여 1년 이내에 매수한 연접한 토지가 있는 경우에는 그 토지 가격을 거래가격에 합산하여 자금조달계획을 작성

③ 토지의 지분 매수
- 실제 거래가격이 다음에 해당하는 금액 이상인 토지를 지분 매수하는 경우
    1) 수도권 등에 소재하는 모든 토지
    2) 수도권 등 외의 지역에 소재하는 토지: 6억 원

이는 기존 「부동산 거래신고 등에 관한 법률」의 계약 당사자, 계약 체결일, 거래가액 정보 외에 주택자금조달계획, 입주계획 및 자금출처 확인 등으로 증여세 등 탈루 여부를 조사하고 전입신고 등과 대조 확인하여 미신고자, 허위신고자 등에게 과태료를 부과하기 위함이다.

[표 11-8] 자금조달계획서 증빙 서류 목록

자금 구분	세부 항목	증빙 서류
자기 자금	금융기관 예금액	통장사본, 예금잔액증명서, 수표발급내역 등
	주식·채권 매각대금	주식거래명세서, 잔액증명서 등
	부동산 처분 대금	매매계약서, 임대차계약서 등
	증여·상속	증여·상속세 신고서, 납세증명서 등
	현금 등 그 밖의 자금	소득금액증명원, 근로소득원천징수영수증 등
차입금 등	금융기관 대출액	금융거래 확인서, 부채증명서, 대출신청서 등
	임대 보증금	전·월세 임대차계약서 등
	회사 지원금, 사채, 그 밖의 차입금	회사 지원금 신청 또는 입출금 내역, 차용증 등 금전 차용을 증빙할 수 있는 서류 등

자금 출처를 인정받으려면 서류를 제출해야 하는데 국세청에서 자금출처로 인정해주는 소득금액과 증빙서류는 표와 같다.

[표 11-9] 자금출처로 인정되는 소득금액

구분	자금출처로 인정되는 금액	증빙서류
근로소득	총급여액-원천징수세액	원천징수영수증
퇴직소득	총지급액-원천징수세액	원천징수영수증
사업소득	소득금액-소득세상당액	소득세신고서 사본
이자·배당·기타소득	총지급액-원천징수세액	원천징수영수증
차입금	차입금액	부채증명서
임대보증금	보증금 또는 전세금	임대차계약서
예·적금 등 금융자산	예·적금금액	통장 사본
보유재산 처분액	처분가액-양도소득세 등	매매계약서
상속·증여로 신고된 자산	상속·증여 재산가액	상속·증여세신고서 사본

이러한 부동산 취득 과정에서 관할 시·군·구청과 한국부동산원은 취득 자금의 출처를 입증하는 각종 증빙서류를 꼼꼼히 확인한다. 불법 증여나 대출 규정 위반 등 탈법 행위가 의심되는 거래는 집중 관리 대상으로 선정되어 실거래 신고와 동시에 곧바로 조사가 시작된다.

특히 증여를 통한 탈세가 의심되는 경우 해당 거래 정보는 관할 세무서로 이관된다. 세무서에서는 이를 '재산 취득자금 증여'로 간주하고, 납세자에게 증여세 관련 해명 자료 제출을 요청한다. 이때 명확히 소명되지 않으면 고액의 증여세가 추징될 수 있다. 이를 '자금출처조사'라고 한다.

자금출처조사는 거주자 또는 비거주자가 재산을 취득하거나(해외 유출 포함), 채무 상환 또는 개업 자금 등으로 상당한 금액을 사용했을 때, 해당 자금의 원천이 직업, 나이, 소득, 기존 재산 등으로 미루어볼 때 본인 능력만으로 조달된 것이 아니라고 의심되는 경우에 하는 세무조사다. 목적은 증여세 등 탈루 가능성을 확인하는 데 있다.

예를 들어 10억 원짜리 주택을 구입하면서 부친으로부터 10억 원을 받아 단순히 예금 잔액증명서를 제출한다고 해서 모든 것이 끝나는 게 아니다. 예를 들어 사업을 시작한 지 2년 차로 본인의 소득금액이 2억 원에 불과한데, 잔고증명서상 10억 원을 제시했다면 나머지 8억 원의 출처를 반드시 소명해야 한다.

이 과정에서 2억 원은 자신의 소득으로 입증할 수 있지만 나머지 8억 원에 대해 단순히 '부친에게 증여받았다'고만 밝힌다면, 결국 증여세 무신고에 대한 본세와 상당액의 가산세가 부과된다. 실제로 이를 계산해보면 2억 원이 넘는 세금이 부과될 수 있다. 만약 즉시 증여세를 납부하지 못한다면, 가산세는 하루 단위로 계속 증가하며, 연체가 지속되면 결국 본인 명의 가상자산과 부동산까지 압류·매각될 위험에 직면할 수 있다.

> 1. 증여세: (8억 원-5,000만 원[직계비속 증여재산공제])×30%-6,000만 원=165,000,000원
> 2. 가산세
>   1) 신고불성실가산세(20% 가정): 33,000,000원
>   2) 납부지연가산세(100일, 1일당 0.022% 가정): 3,630,000원
> 3. 합계: 201,630,000원

그런데 가상화폐 투자자라면 여기서 반드시 한 가지를 더 숙지해야 한다. 2027년 이전까지는 가상자산소득이 과세 대상이 아니기 때문에 국세청이 공식적으로 포착하는 '소득'에 해당하지 않는다. 이 말이 무슨 뜻인지 궁금하다면, 직접 국세청 홈택스 사이트나 가까운 세무서를 방문해 '소득금액증명원'을 발급받아보길 권한다. 만약 최근 10년간 가상화폐 투자로만 돈을 벌었다면, 당신의 소득금액증명원에는 '0원'이 찍혀 있을 것이다.

이유는 명확하다. 현재 우리 세법상 가상자산은 과세 대상이 아니므로, 아무리 많은 수익을 냈다 하더라도 공식적으로 신고·포착되지 않는다. 즉, 가상화폐 투자로 번 돈으로 주택을 구입하더라도 이를 본인의 '자력 소득'으로 인정받으려면, 자신이 가상자산으로 어떻게 그 소득을 벌었는지를 낱낱이 입증해야 한다.

2027년부터는 가상자산소득세 도입으로 소득이 포착되겠지만 그전까지는 가상자산소득이 반영되지 않는다. 따라서 부동산 취득을 계획하는 가상화폐 투자자라면, 미리 자금출처조사에 대비해 자신의 수익 발생 과정을 꼼꼼히 정리해두는 것이 매우 중요하다. 생각보다 복잡하고 번거로운 소명자료

준비와 해명 절차는 결코 만만한 일이 아니다.

또 한 가지 염두에 둘 점은 자금출처조사로 투자자의 '가상자산 시드머니'가 얼마였는지, 그 자금의 최초 출처가 어디였는지에 대한 심층 조사 역시 필연적으로 뒤따르게 된다는 사실이다. 이 부분이 바로 앞서 '시드 마련'에 대한 세금 이슈를 강조했던 이유이기도 하다. 만약 가상화폐 투자로 20억 원의 수익을 내 주택을 구입했다면, 20억 원이 어떻게 마련되었는지, 그 시드머니가 어디에서 비롯했는지 처음부터 끝까지 입증해야 한다. 만약 5억 원의 시드머니가 부모님에게서 받은 '증여'였음이 드러난다면, 전액이 증여세 과세 대상이 되어 추가로 큰 세금 부담이 발생할 수 있다.

결국 하나의 자금조사가 다양한 세무 이슈로 확장될 수 있음을 반드시 유념해야 하며, 준비 없는 부동산 취득은 오히려 '가상화폐 투자 성공'의 과실을 한순간에 잃게 할 수 있다.

결국 부동산 취득 전에 세무사를 찾는 이가 진정 '준비된 자산가'다. 앞서 자금조달계획서의 중요성을 살펴보았다. 실제 상담 현장에서 수십억 원의 가상화폐 투자 수익을 올린 뒤 별다른 대비 없이 부동산을 취득했다가 자금출처조사를 통보받고 당황하는 투자자들을 자주 만나왔다.

이들의 공통된 특징은 부동산 취득에 관한 세무지식이 부족하거나, 주택 취득 과정에서 '자금조달계획서'가 어떤 의미인지 깊이 고민해본 적이 없었다는 점이다. 자산가임에도 조사가 나오기 전까지는 자금출처조사의 '공포'가 얼마나 현실적인지 미처 체감하지 못하는 것이다.

반면, 부동산 투자 경험이 많은 고객들, 특히 주택 투자에서 잔뼈가 굵은 이들은 세무사조차 경험하지 못한 다양한 실전 사례와 대응 노하우를 공유하기도 한다. 결국, 경험의 차이가 조사와 세금 문제에서 극명한 결과를 낳는다는 사실을 깨달을 수 있었다. 결론은 명확하다. 부동산을 취득하기 전에 반드시 세무사와 미리 상의해야 한다는 것이다.

가상화폐 투자자라면 특히 '내가 얼마의 시드로 얼마를 벌었으니 이 정도 집은 충분히 살 수 있지 않을까?'라는 단순한 생각에 머무를 수 있다. 하지만 모든 세무조사는 '어떻게 그것을 입증할 것인가'의 문제에서 시작된다.

가상자산 거래 내역 전부를 꼼꼼히 살펴야 하고, 초기 시드머니가 언제·얼마씩, 몇 번에 걸쳐 입금됐는지, 그 자금의 출처가 본인 소득인지 부모의 증여인지, 수많은 거래와 청산을 거쳐 실제 투자수익이 어떻게 쌓였는지 등을 일일이 검토하는 데엔 적지 않은 시간과 노력이 필요하다. 그리고 이 과정에서 흔히 기억의 오류가 바로잡힌다. 예를 들어, '부모님께 지원받은 금액이 3,000만 원뿐이니 증여세 이슈는 없다'고 생각했다가 실제로는 네 차례에 걸쳐 총 1억 4,000만 원을 받은 것이 드러난 사례, 주택 취득 직전 가상자산 잔고가 40억 원이어서 '40억 원을 순수히 벌었다'고 생각했으나 그중 6억 원이 증여받은 시드였던 사례, 가상자산 수익 60억 원으로 배우자와 공동명의 주택을 취득했다가, 실제로는 30억 원이 배우자에게 '증여'된 것으로 간주되어 대규모 증여세와 가산세가 추징된 사례 등 실무에는 다양한 경우가 존재한다.

결국 모든 세금 문제는 사후 처방이 아니라 '예방적 절세'가 가장 효과적이다. 계약서를 작성하기 전에 그리고 부동산을 매입하기 전에 반드시 자신의 자금출처가 제3자의 시각에서는 어떻게 보일지 또 어떤 세무 리스크가 잠재되어 있는지 충분히 점검해야 한다. 이런 준비가 바로 '준비된 자산가'의 필수 덕목임을 기억하자.

02 Q&A로 알아보는 주택자금조달계획서 작성법

가상자산소득을 활용해 주택을 구입할 계획이라면, 자금조달계획서 작성 준비는 최초 투자 단계에서 시작해야 한다. 가상자산소득은 거래의 특성상 정부나 관련 행정기관에서 정확하게 파악하기 어려운 영역이기 때문이다.

따라서 자금조달계획서를 제출할 때는 가상자산소득이 어떻게 발생했는지를 보여줄 수 있는 거래 내역, 입출금 기록, 시드머니의 원천 등 입증 자료를 미리 준비하고, 필요시 이를 함께 제출하는 것이 바람직하다. 만약 보충자료를 제출하지 않거나, 소명에 실패하면 과태료 부과는 물론, 자금출처에 대한 세무조사로 이어질 수 있으니 각별한 주의가 필요하다.

다음은 주택 취득을 앞둔 가상화폐 투자자가 자주 묻는 자금조달계획서 관련 Q&A이다. 이 내용을 참고하여 불필요한 조사와 세무 리스크를 예방하자.

Q. 자금조달계획서와 증빙자료는 어떻게 제출해야 할까?

A. 중개계약의 경우, 공인중개사가 실거래 신고서를 제출해야 하며, 이때 자금조달계획서 및 증빙자료도 공인중개사가 실거래 신고서와 함께 일괄 제출해야 한다. 다만, 개인정보 노출 등의 사유로 매수인이 자금조달계획서와 증빙자료를 직접 제출하고자 하면 별도 제출도 가능하다. 이 경우 매수인은 해당 자료를 출력하여 신고관청에 직접 제출하거나 스캔 또는 이미지 파일의 형태로 인터넷 부동산거래관리시스템(https://rtms.molit.go.kr)을 통해 제출할 수도 있다. 다만, 공인중개사가 실거래 신고서를 먼저 제출해야 한다.

직거래 계약의 경우, 매수인이 실거래 신고서와 함께 자금조달계획서 및 증빙자료를 신고관청에 직접 신고·제출하거나, 대리인을 통한 대리 제출 등도 가능하다.

Q. 증빙자료 제출 시 시행규칙에서 정하고 있는 항목별 제출서류 모두를 제출해야 할까?

A. 「부동산 거래신고 등에 관한 법률 시행규칙」 제2조에서 정하고 있는 항목별 제출서류 모두를 제출하는 것이 아니다. 매수인이 자금조달계획서에 실제 기재한 항목별 제출서류만 제출하면 되며, 자금 조달의 종류로 기재하지 않은 항목과 관련된 자료는 제출하지 않아도 된다.

Q. 실거래 신고 시점에 반드시 제출해야 하는 증빙자료에는 무엇이 있고 부동산 매각, 증여·상속, 차입 등이 실행되지 않은 경우에는 어떻게 해야 할까?

A. 실거래 신고 시점에 제출 가능한 증빙자료의 경우 자금조달계획서와 함께 반드시 제출해야 한다. '금융기관 예금액' 항목 기재 시 신고 시점에 예금(적금) 계좌를 보유하고 있는 경우 예금잔액증명서 등을 반드시 제출해야 하고, '현금 등 그 밖의 자금' 항목 기재 시 소득금액증명원, 근로소득원천징수영수증 등 소득 증빙자료를 반드시 제출해야 한다.

다만, 부동산 매각, 증여·상속, 차입 등을 통한 자금조달의 경우에는 신고 시점에 부동산 매도계약이 이루어지거나 증여·상속, 차입 등 자금조달이 실행된 경우에는 해당 항목별 증빙자료를 반드시 제출하되, 부동산 매도계약이 이루어지지 않았거나 증여·상속, 차입 등 자금 조달이 실행되지 않은 경우에는 계획 중인 내용을 자금조달계획서 항목에는 기재하되, 증빙자료를 제출하지 않을 수 있다.

이 경우에도 잔금 지급 등 거래가 완료된 이후에는 국토부 또는 신고 관청이 자금조달계획서 등과 관련한 증빙자료의 제출을 요청하면 이에 응해야 한다.

Q. 소유 부동산을 처분하고 그 매각대금을 은행에 예치한 상태에서 매각대금을 자금으로 하여 주택 거래계약을 체결하는 경우, '부동산매매계약서'와 '예금잔액증명서' 중 무엇을 증빙자료로 제출해야 할까?

A. '실거래 신고시점을 기준'으로 자금의 보유 형태에 따라 자금조달계획서 해당 항목에 기재하고, 해당 항목별 객관적 증빙자료를 첨부하는 것이 원칙이다.

따라서 실거래 신고 시점에서 주택 취득에 필요한 자금을 '금융기관 예금액'의 형태로 보유하고 있는 경우, 자금조달계획서 항목 중 '금융기관 예금액' 칸에 기재하고, 이에 따른 증빙자료인 '예금잔액증명서'를 제출하면 된다.

> ① A가 보유하던 현금으로 주식을 매입한 상태에서 주식 매각대금을 자금으로 하여 주택 거래 계약을 체결하는 경우
> ▶ 자금조달계획서 항목 중 '주식·채권 매각대금' 칸에 기재하고, 증빙자료로는 '주식거래내역서'를 제출
>
> ② B가 부모로부터 상속받은 자금을 은행에 예금으로 예치한 상태에서 예금액을 자금으로 하여 주택 거래계약을 체결하는 경우
> ▶ 자금조달계획서 항목 중 '금융기관 예금액' 칸에 기재하고, 증빙자료로는 '예금잔액증명서'를 제출

자금조달계획서 또는 증빙자료를 제출하지 않으면 「부동산 거래신고 등에 관한 법률」 제28조 제2항 제4호 위반에 해당하여 500만 원 과태료 처분대상이다. 이는 불법행위 여부와 무관하게 증빙자료를 제출하지 않은 데 대한 처분이다.

Q. 개정된 자금조달계획서 중 '증여·상속', '현금 등 그 밖의 자금', '그 밖의 차입금' 칸이 변경되었는데, 어떻게 기재해야 하나?

A. 개정된 자금조달계획서 중 '증여·상속', '현금 등 그 밖의 자금', '그 밖의 차입금' 칸에는 자금 제공자의 관계를 기재해야 하며, 자금 제공자가 다수인 경우 해당되는 칸에 각각 체크한 후 관계를 각각 기재하고,

금액은 합산된 금액을 기재해야 한다.

Q. 개정된 자금조달계획서 중 '조달자금 지급방식' 칸은 어떻게 기재해야 하나?

A. 개정된 자금조달계획서 중 '조달자금 지급방식'은 매수인이 매도인에게 자금을 어떻게 지급하는지 구체적인 방법을 기재하는 것으로, 지급 방법별로 해당 금액을 각 칸에 기재해야 하며, 향후 신고관청 등이 소명을 요청하면 입증해야 한다.

1) '계좌이체 등 금액': 은행 등 금융기관을 통하여 자금을 이체하여 지급하는 방식인 경우 해당 금액 기재

2) '보증금·대출 승계 등 금액': 계약 시 매수인이 인수한 매도인의 대출금액 또는 임대차 계약의 보증금 등 기재

3) '현금 및 그 밖의 지급방식 금액': 현금으로 지급하거나 기타 자산으로 지급한 해당 금액을 기재하고, 계좌이체 등을 활용하지 않고 현금으로 지급한 사유 등을 구체적으로 기재

12장에서는 2027년으로 유예된 가상자산소득세를 미리 알아봅니다. 세금과 죽음은 피할 수 없다지만 지피지기면 백전불태라고 하듯이 미리 준비하면 세금도 두려울 게 없습니다. 가상자산소득세를 얼마나 내야 하고 앞으로 어떻게 달라질지 알아보고 가장 기본적인 가상자산 절세방법은 무엇일지, 해외가상자산거래소를 이용한다면 놓치지 말아야 할 것이 무엇인지 정리했습니다. 내 가상자산 거래내역을 국세청은 어떻게 알고 있는지는 물론 해외가상자산계좌 신고에 대해 궁금해하는 것을 Q&A로 점검해 보았습니다.

12장

가상자산소득세, 미리 공부해야 한다

01 진정한 세후 수익을 극대화하려면

가상자산소득세, 얼마나 내야 하고 앞으로 어떻게 달라질까?

시드머니를 마련해 가상자산 거래로 수익을 거두었다. 2026년까지는 가상자산소득에 세금을 낼 필요가 없으니 '세후 수익'을 따로 고민하지 않아도 된다. 그러나 2027년부터는 달라진다. 앞으로는 가상자산소득이 어떻게 과세되고, 절세전략은 무엇인지 제대로 알아두어야 진정한 '세후 수익'을 극대화할 수 있다. 먼저, 관련 법 조항을 살펴보자.

> 소득세법 제14조【과세표준의 계산】
> ③ 다음 각호에 따른 소득의 금액은 **종합소득과세표준을 계산할 때 합산하지 아니한다.**
> 8. 다음 각 목에 해당하는 기타소득(이하 '**분리과세기타소득**'이라 한다)
>   다. 제21조 제1항 제27호 및 같은 조 제2항에 따른 기타소득
>
> 소득세법 제21조【기타소득】

> ① 기타소득은 이자소득·배당소득·사업소득·근로소득·연금소득·퇴직소득 및 양도소득 외의 소득으로서 다음 각호에서 규정하는 것으로 한다.
> 27. **「가상자산 이용자 보호 등에 관한 법률」 제2조 제1호에 따른 가상자산**(이하 '가상자산'이라 한다)을 양도하거나 대여함으로써 발생하는 소득(이하 '가상자산소득'이라 한다)

소득세법은 '가상자산소득'을 **분리과세 기타소득**으로 정의한다.

분리과세 vs. 종합과세

「소득세법」에서는 '가상자산소득'을 분리과세 기타소득으로 정의한다. '분리과세'는 해당 소득을 근로·사업·이자·배당 등 다른 소득과 합산하지 않고, 별도의 세율을 적용해 원천징수로 과세를 종결하는 방식이다. 반면, '종합과세'는 모든 소득을 합산해 종합소득세로 신고·납부해야 한다.

가상자산소득은 복권 당첨금이나 해외주식 양도소득세처럼 분리과세 방식으로 과세된다. 다시 말해, 매년 5월 종합소득세 신고를 할 때 가상자산소득은 따로 떼어 과세되며, 다른 소득과 합산해 신고하지 않아도 된다.

> 기타소득은 말 그대로 일시적이거나 우발적으로 발생하는 소득을 아우른다. 복권 당첨금, 상금 등이 대표적이며, 앞으로는 가상자산 양도·대여 소득도 이 범주에 들어간다.

왜 가상자산은 최근까지 과세되지 않았나?

그동안 가상자산소득에 과세가 이루어지지 않았던 이유는 「소득세법」에 해당 항목이 명확히 열거되어 있지 않았기 때문이다. 하지만 가상자산이 특정금융정보법상 규제를 받으며 제도권으로 편입되고, 실명거래와 신고 체계가 확립되면서 '가상자산소득'에 대한 과세 논의가 본격화되었다. 2020년 세법을 개정해 가상자산소득이 기타소득으로 신설된 것도 이러한 배경 때문이다. 다만, 실제 과세 시행은 유예가 거듭되면서 2027년부터 본격적으로 시작된다.

가상자산소득의 계산식을 활용해 내 소득에 세금이 얼마나 나오는지 계산해보자.

기호	구분	설명
	총수입금액	양도(매매, 교환)·대여의 대가
(-)	필요경비	실제 취득가액(부대비용인 거래수수료, 세무 관련 비용 포함)
(=)	가상자산소득금액	
(-)	연 250만 원	기본공제 (과세최저한)
(=)	과세표준	
(x)	22%	세율(지방소득세 포함)
(=)	납부할 세액	신고 및 납부 미이행 시 가산세 추가 다음 연도 5/1~5/31까지 납세지 관할세무서장에게 신고한다.

특히 많은 분이 "2027년 세법 시행 전에 보유하던 가상자산의 취득가액은 어떻게 계산하나?"라는 질문을 한다. 세법에서는 납세자의 편의를 위해 법 시행 전일(2026년 12월 31일) 시가와 실제 취득가액 중 더 큰 금액을 적용해준다. 이때 2026년 12월 31일 시가란 다음과 같다.

1. 시가고시가상자산사업자가 취급하는 가상자산: 각 시가고시가상자산사업자의 사업장에서 2027년 1월 1일 0시 현재 가상자산별로 공시한 가상자산 가격의 평균
2. 그 외의 가상자산: 시가고시가상자산사업자 외의 가상자산사업자(이에 준하는 사업자를 포함)의 사업장에서 2027년 1월 1일 0시 가상자산별로 공시한 가상자산 가격

가상자산주소별 취득가액은 어떻게 평가하고 있을까? 이는 다음과 같이 두 가지로 나누어서 계산하고 있다.

① 가상자산사업자를 통해 거래되는 가상자산: 이동평균법
② 그 외의 경우: 선입선출법

2024년 세법개정안에는 가상자산 취득가액 산정방식에 대한 보완 규정이 새롭게 포함되었다. 2027년 가상자산 과세 시행 이후에 취득한 가상자산의 실제 취득가액을 확인하기 곤란한 경우, 동종 가상자산 전체에 대해 양도가액의 일정 비율(최대 50%)을 필요경비로 의제하여 허용하겠다는 내용이다. 그 대신 이 방식이 적용될 때는 부대비용(수수료 등)은 인정하지 않기로 했다. '취득가액 확인 곤란' 여부의 구체적 판단 기준과 실제 인정 비율 등은 대통령령에 위임될 전망이다.

이와 같은 제도는 과거 부동산 양도소득세의 '환산가액' 제도와 유사하다. 부동산의 경우, 2006년 실거래가 신고 의무화 이전에 취득한 부동산에 대해 취득가액 확인이 어려우면, 양도가액의 일정 비율을 취득가액으로 인정해주는 환산가액 제도를 운영해왔다. 가상자산 역시 동일한 취지에서 '의제 필요경비' 산정 규정을 도입한 것이다.

또 한 가지, 대한민국 내 가상자산사업자(거래소) 신고 현황은 금융위원회 금융정보분석원에서 주기적으로 공개한다. 가상화폐 투자자라면 자신이 이용하는 거래소가 정식 신고된 업체인지 수시로 확인하는 습관을 들여야 한다. 과세가 본격적으로 시행되면, 가상자산사업자가 각 투자자의 취득가액을 이동평균법 등으로 산정하여 안내해줄지 여부 역시 시스템 보완으로 정비될

것으로 보인다.

가상자산소득은 교환거래로 발생하는 경우에도 과세된다. 가상자산 간 교환으로 발생하는 소득은 '기축가상자산의 가액에 교환거래의 대상인 가상자산과 기축가상자산 간의 교환비율을 적용하여 계산한다.

여기서 기축가상자산은 교환거래를 할 때 교환가치의 기준이 되는 가상자산을 말한다. BTC마켓의 비트코인, ETH마켓의 이더리움, USDT마켓의 테더가 대표적 예이다.

마지막으로 나라에서 세금을 걷을 때 원활하게 하려고 미리 강제로 징수하는 원천징수제도이다. 다행히 가상자산소득에 대해서는 원천징수를 하는 일이 없어서 원천징수에 따라 자금이 묶이는 현상은 발생하지 않을 것으로 보인다. 변수는 추후 가상자산소득에 대한 세금 정책이 자리 잡으면 다른 세금과 마찬가지로 원천징수제도를 도입할 수 있다는 점이다.

항상 세법은 유사제도에서 그 시스템을 차용해오는 경우가 많으니 가상자산투자자는 해외주식 양도소득세 및 부동산 양도소득세에 대한 세법 공부도 간단히 해두는 것이 가상자산관리에 도움이 될 수 있다.

가상자산소득세, 이런 제도도 도입되길 바란다

가상자산소득세에 추가되었으면 하는 제도가 두 가지 있다. 첫째는 이월결손금제도이고, 둘째는 기본공제의 상향이다. 이 두 제도는 한때 도입이 추진되었다가 폐지가 결정된 '금융투자소득세'의 구조에서 참고할 수 있는 부분이기도 하다.

먼저, 이월결손금 제도는 직전 5개 과세기간 중 발생한 손실을 이후 각 과세기간의 과세표준 계산 시 공제받을 수 있도록 허용하는 것이다. 예를 들어, 올해 가상화폐 투자에서 1억 원의 손실이 발생했다면, 향후 5년간 이익이 발생했을 때 그 손실만큼 소득을 상계해 세금을 줄일 수 있는 셈이다. 하지만 현재 가상자산소득세에는 이러한 이월결손금제도가 전혀 반영되어 있지 않다. 투자와 회복의 사이클이 큰 가상자산의 특성상 이월결손금제도의 도입은 매우 실질적인 보호 장치가 될 수 있을 것이다.

둘째는 기본공제의 현실화다. 현행 가상자산소득세의 기본공제는 250만 원으로, 이는 해외주식 양도소득세와 동일하다. 반면 폐지된 금융투자소득세에서는 국내분 소득에 대해 기본공제를 무려 5,000만 원으로 책정할 예정이었다. 이는 가상화폐 투자자들에게 "왜 우리만 차별받는가?"라는 불만을 불러오기에 충분하다. 꼭 5,000만 원 수준이 아니더라도, 적어도 물가상승률을 반영한 현실적인 공제액 상향이 필요하다고 본다.

실제로 250만 원 기본공제는 양도소득세의 1995년 개정(기존 60만 원에서 250만 원으로 상향) 이래 30년 넘게 한 번도 조정되지 않았다. 그동안의 물가 상승과 투자 환경 변화를 고려할 때, 기본공제액의 현실적 조정은 이제 반드시 논의돼야 할 시점이다. 가상화폐 투자 환경이 빠르게 진화하고 있는 만큼, 관련 과세제도 역시 투자자 보호와 시장 건전성을 함께 도모하는 방향으로 점진적 개선이 이어지기를 기대해본다.

가상화폐 투자를 법인이 하면 이미 과세되고 있었다?

개인에 대한 가상자산소득세는 2027년부터 본격적으로 과세가 시행될 예정이다. 그렇다면, 법인이 가상화폐 투자를 하면 언제부터 과세가 이루어졌을까? 많은 투자자가 오해하는 부분이 바로 이 지점이다. 이해를 돕기 위해선 열거주의와 포괄주의의 개념을 먼저 짚어야 한다.

'열거주의'는 소득의 원천을 구분하고, 그중에서 세법에 명시적으로 열거된 소득만 과세 대상이 되는 방식을 말한다. 예를 들어, 개인소득세는 이자소득, 배당소득, 사업소득, 양도소득 등 각 소득의 원천별로 열거된 항목만을 과세 대상으로 삼는다. 그래서 개인이 가상자산을 양도하거나 대여해 얻은 소득도 소득세법에 열거되어 2027년부터 과세가 되는 것이다.

반면, 포괄주의는 소득의 원천에 관계없이 모든 순자산의 증가분을 과세 대상으로 삼는다. 내국법인(국내법인)의 법인세법은 바로 이 포괄주의 방식을 채택하고 있다. 즉, 법인의 모든 경제적 이익이 유형이나 원천과 관계없이 법인세 과세표준에 포함된다. 결과적으로 내국법인의 가상자산소득은 이미 법인세 과세 대상에 포함되어왔으며, 개인과 달리 별도 유예기간 없이 실시간으로 세금이 부과되고 있다.

실무적으로 법인세법에서 가상자산은 선입선출법(first-in, first-out)으로 평가하며, 그 평가손익은 익금(수익) 또는 손금(비용)으로 산입된다. 또 한 가지 중요한 점은 법인이 특수관계인과 거래하면서 세금 부담을 부당하게 줄였다고 인정되는 경우, 즉 부당행위계산의 부인이 적용될 때 '시가'평가 기준을 상속세 및 증여세법에서 정한 다음의 방법에 따라 산정한다는 점이다.

> 1. 「특정 금융거래정보의 보고 및 이용 등에 관한 법률」 제7조에 따라 신고가 수리된 가상자산사업자(이하 이 항에서 '가상자산사업자'라 한다) 중 국세청장이 고시하는 가상자산사업자의 사업장에서 거래되는 가상자산: 평가기준일 전·이후 각 1개월 동안에 해당 가상자산사업자가 공시하는 일평균가액의 평균액
> 2. 그 밖의 가상자산: 제1호에 해당하는 가상자산사업자 외의 가상자산사업자 및 이에 준하는 사업자의 사업장에서 공시하는 거래일의 일평균가액 또는 종료시각에 공시된 시세가액 등 합리적으로 인정되는 가액

외국법인의 가상자산소득은 조금 다른데, 국내사업장(조세조약상 고정사업장)이 없는 외국법인에 대한 과세는 열거주의를 따른다. 법인세법은 외국법인의 가상자산소득 규정을 비거주자의 가상자산소득에 관한 2027년 시행 소득세법과 같은 내용으로 정하였다. 즉, 외국법인의 가상자산은 법인세법의 기타소득으로 과세된다.

2027년 1월 1일부터 시행될 법인세법 제92조 제2항 제1호 (나)목, 제93조 제10호 (카)목, 제98조 제1항 제8호 (나)목이 외국법인의 가상자산소득에 관한 규정이다. 다만 국내사업장(조세조약상 고정사업장)에 귀속되는 가상자산소득은 내국법인처럼 익금에 포함하여 순소득에 대한 과세방식이 적용된다.

만약 가상자산소득세의 시행이 앞으로도 계속 유예된다면, 포괄주의 과세 방식을 적용하는 법인 명의로 투자하는 것보다는 열거주의가 적용되는 개인 명의로 투자하는 것이 세금 부담을 줄이는 측면에서 유리할 수 있다. 이는 법인세법의 경우 모든 순자산 증가분에 대해 과세하는 포괄주의 원칙이 적용되어 가상화폐 투자로 얻은 모든 이익이 즉시 과세 대상이 되기 때문이다.

반면, 개인 투자자의 경우 열거주의 체계에 따라 가상자산소득세가 실제

로 시행되지 않는 한 소득세가 과세되지 않는다. 따라서 실무적으로는 가상화폐 투자 구조와 세법 시행 상황에 따라 투자 명의를 신중하게 선택하는 것이 절세전략상 중요하다.

다만, 법인 명의로 가상화폐 투자를 하려면 '실명계좌' 개설 문제가 남아있다. 2024년 12월 4일 금융위원회는 법인의 가상자산 원화계좌 개설 허용 로드맵을 발표하며 1단계로 중앙정부 부처, 지방자치단체, 공공기관, 대학 등 비영리법인부터 실명계좌 개설을 허용하고, 2단계로 가상자산거래소 등 관련 사업자에게도 점진적으로 원화계좌 개설을 허용하겠다고 밝혔다. 이후 일반기업은 3단계, 금융회사는 4·5단계로, 법인 실명계좌의 허용 범위를 단계적으로 넓혀가겠다는 계획이다.

따라서 일반 기업이 법인 명의로 가상자산 실명계좌를 개설하고 본격적으

[표 12-1] 개인과 법인의 가상자산 세금제도 비교표

구분	개인의 소득세	법인의 법인세
과세대상 소득	가상자산을 양도하거나 대여함으로써 발생하는 소득	가상자산 투자 등으로 발생하게 되는 순자산을 증가시키는 모든 소득
취득원가 평가	① 가상자산사업자를 통해 거래되는 가상자산: 이동평균법 ② 그 외의 경우: 선입선출법	선입선출법
기본공제 금액	250만 원	없음
세율	22%(지방소득세 포함, 단일세율)	9~24%(법인세 누진세율)
차손 이월공제	이월공제 불가능	이월공제 가능
시행시기	2027년 1월 1일 이후	포괄주의로 과세 중

로 투자할 수 있으려면, 아직까지도 상당한 시간이 소요될 것으로 전망된다. 투자자라면 이와 같은 제도적 진전 상황을 반드시 체크하고, 시기별로 최적의 투자 구조와 명의를 설계하는 것이 바람직하다.

가장 기본적인 가상자산 절세방법은 뭘까?

2027년부터 가상자산소득세가 본격적으로 시행되면, 투자자라면 반드시 절세전략을 고민해야 한다. 그중에서도 가장 기본적이고 실질적인 절세 방법은 크게 세 가지로 정리할 수 있다.

기본공제 250만 원 이내에서 차익 실현하기

가장 간단하면서도 효과적인 절세 방법은 기본공제 250만 원 이내에서 연간 차익을 실현하는 것이다. 가상자산소득세는 1월 1일부터 12월 31일까지의 1년 단위로 합산하여 과세표준을 산출하며, 이때 매년 250만 원의 기본공제를 적용받을 수 있다. 즉 한 해 동안 가상화폐 투자로 발생한 소득이 250만 원 이하라면 세금을 전혀 내지 않는다. 매년 소액이지만 이 범위 내에서 차익을 실현하고, 연말 기준으로 정산하는 것만으로도 과세 의무에서 완전히 벗어날 수 있다. 이는 실제 투자 현황과도 무관하지 않다.

2025년 5월 21일 금융위원회 보도자료에 따르면, KYC(본인인증)를 이행한 개인 고객 970만 명 중 무려 66%에 해당하는 637만 명이 보유 가상자산 평가액이 50만 원 미만인 것으로 나타났다.

보유자산은 '보유 가상자산 수 × 시장가격 + 원화예치금(대기성 자금)'으로 계산된다. 즉, 국내 다수의 투자자는 변동성이나 투자 위험 등의 이유로 소규모 투자를 하고 있기에 기본공제 250만 원 이내에서 소득을 실현하는 전략만으로도 실질적인 과세 부담을 충분히 피할 수 있는 셈이다.

과세 자체보다 더 실무적으로 번거로운 점은 바로 기본공제 250만 원을 초과하는 가상자산소득이 발생할 경우 본인이 직접 종합소득세 신고(5월)에 나서야 한다는 사실이다.

투자에 집중하던 이들로서는 익숙하지 않은 신고 절차가 예상외의 시간과 노력을 요구할 수 있다. 해외주식 양도소득세 신고를 직접 해본 투자자라면 이 번거로움에 공감할 것이다. 물론 최근에는 증권사가 해외주식 양도세 신고를 무상으로 도와주는 시스템이 보편화되고 있지만, 가상자산 영역에서도 이와 유사한 서비스가 도입될지는 좀 더 지켜봐야 한다.

차손과 차익을 상계하자

가상자산소득세의 세율은 22%의 단일세율이 적용된다. 만약 의미 있는 금액의 양도차익이 실현되어 이 세율이 부담스럽게 느껴진다면, 동일 과세연도 내에 손실이 난 가상자산을 함께 양도해 차익과 차손을 상계하는 것이 매우 효과적인 절세전략이 된다.

가상자산소득세는 1월 1일부터 12월 31일까지 한 해 동안의 이익과 손실을 합산하여 순이익에 대해서만 과세한다. 따라서 손실이 난 가상자산을 매도해 실현손실을 발생시킨 후 해당 자산을 장기적으로 보유할 생각이 있다면 다시 매수(재진입)하면 된다. 즉 세금 부담은 줄이면서 미래의 가치상승 가능성도 놓치지 않는 전략을 구사할 수 있다.

간단한 예시로 절세효과를 살펴보자.

> 1) 실현된 가상자산 양도차익 1억 원인 경우
>   - 가상자산소득세: 1억 원 × 22% = 2,200만 원
> 2) 실현된 가상자산 양도차익 1억 원이 있으며, 현재 미실현 가상자산 차손이 8,000만 원인 경우
>   - 차손 8,000만 원을 실현하여 양도차익 합산이 2,000만 원이 되게 만든다.
>   - 가상자산소득세 : 2,000만 원 × 22% = 440만 원

이처럼 동일 연도 내에 **차손을 실현**해 합산 양도차익을 줄이면 그만큼 세금 부담도 크게 낮출 수 있다. 이 절세계획은 매년 11~12월 한 해의 가상화폐 투자 실적을 꼼꼼히 점검하며 차손이 난 자산을 어떤 방식으로 양도할지 미리 시나리오를 세워두면 효과적이다.

증여 후 양도하여 취득가액을 높이자

배우자에게 가상자산을 증여한다면 10년 동안 합산해서 6억 원까지 공제가 가능하다. 이를 활용한 증여 후 양도 절세전략이 있다.

6억 원의 공제 범위에서는 부부간에 증여세가 부과되지 않기 때문에 증여 후 배우자가 해당 가상자산을 양도하면 양도차익이 없게 된다. 이는 증여를 통해 취득가액이 증여 시점의 시가로 변경되고, 이 취득가액이 증여자의 취득가액보다 월등히 높았다면 그만큼 배우자 증여로 취득가액을 올려 절세가 되기 때문이다. 간단한 예시는 다음과 같다.

[표 12-2] 배우자 증여를 통한 가상자산 절세 구조

		본인 직접 양도	증여 후 양도
	양도가액	5억 250만 원	5억 250만 원
(-)	취득가액	1억 원(원 취득가액)	5억 250만 원 (증여로 취득가액 상승)
(=)	양도차익	4억 250만 원	0
(-)	기본공제	250만 원	
(=)	과세표준	4억 원	0
(x)	세율	22%	
(=)	가상자산소득세	8,800만 원	0
(별도)	증여세	10년간 배우자 간 증여재산공제 6억 원 이내여서 0원	

그러나 증여 후 양도 절세전략은 가상자산소득세가 시작되고 얼마 지나지 않아 불가능해질 수 있다. 이유는 유사 제도에 적용례를 살펴보면 쉽게 알 수 있다.

부동산 양도소득세의 경우 이를 이월과세로 보아 제재하는 세법이 있다. '이월과세'란 양도소득세 계산 시 취득가액을 증여받은 사람이 아닌 증여한 사람의 기준으로 계산하는 것을 말한다.

만약 위 가상자산 절세 구조에서 증여한 대상물이 부동산이라고 가정하고, 부동산 증여 후 10년 이내에 증여받은 부동산을 양도하면 위 두 가지 방식의 세액계산 중 더 큰 세액이 나오는 계산방식으로 양도소득세를 내야 한다는 것이다. 위 두 가지 방식에서는 8,800만 원의 세액을 납부해야 한다. 즉, 10년 이내에 취득가액을 높이는 전략은 불가능하다는 것을 보여주는 것

이다.

결국 10년 이내에 양도하게 되었을 때 증여재산공제만을 낭비하는 꼴이 되고, 취득가액은 증여 시점의 취득가액으로 높아지지 않아서 절세의 실익이 크지 않다. 이를 '이월과세'라고 한다.

주식도 마찬가지로 2025년부터 이월과세 제도를 적용하고 있다. 이월과세 대상이 주식으로까지 확대돼 증여 후 주식의 경우는 1년이 지난 다음에 양도해야 절세 효과를 볼 수 있게 개정된 것이다. 즉, 증여를 통한 절세가 쉽지 않아졌다. 1년 동안 주식의 가치변동이 얼마나 있을지 알 수 없기 때문이다. 그러므로 가상자산소득세에 대해서도 '이월과세' 제도가 도입되어 과세될 수 있음을 유념해야 한다.

마지막으로 반드시 명심해야 할 점이 있다. 만약 배우자에게 증여한 뒤 양도한 자금을 다시 본인에게 반환하는 경우, 국세청에서는 이를 '형식적 증여'로 보고 실제로는 본인이 직접 양도한 것으로 판단할 수 있다. 이 경우 증여 자체가 부인되고 가상자산소득세가 본인에게 직접 부과될 위험이 있다.

내 가상자산 거래내역을 국세청이 다 알고 있다고?

가상자산소득 과세의 핵심은 익명성과 탈중앙화에 맞설 수 있는 과세 기반 마련이다. 현재 법령은 가상자산사업자가 제출한 거래내역에 기초하여 세원을 포착하고 신고 내용의 적정성을 검증하는 구조로 설계되었다.

그러나 단일 거래소 내의 이동을 제외한 나머지 가상자산 이동은 그 경로와 거래내용의 추적, 확인이 어려운 것이 현실이다. 그럼에도 가상자산 거래 대부분이 거래소 내에서 이루어지는 현실을 헤아려본다면 거래소와의 협력과 공조는 절대적으로 필요하다. 거래소의 거래구조와 이를 둘러싼 과세 쟁점을 파악해야 하는 의미가 여기에 있다.

특금법에 따라 신고가 수리된 거래소 및 자료제출 대상 거래기간 중 신고 직권말소 및 유효기간 경과 사업자는 소득세 또는 법인세 부과에 필요한 가상자산 거래내역 등을 기재한 가상자산거래명세서 또는 가상자산거래집계표를 과세관청에 제출해야 한다. 개인의 거래내역은 거래가 발생한 날이 속하는 분기 또는 연도의 종료일의 다음다음 달 말일까지, 법인의 거래내역은 분기 또는 연도의 종료일의 다음다음 달 말일까지 제출해야 한다.

이처럼 법인세법은 거래내역 제출 기간을 분기 또는 연 단위로 정하여 분기에는 상세 거래내용을 기재한 거래명세서를, 이후 거래내역을 합산한 집계표를 제출하도록 하고 있다. 소득세법에서도 2027년 1월 1일 이후 발생하는 거래분부터 적용한다.

가상자산거래명세서의 제출은 가상자산소득을 포착하기 위한 전제가 된다. 그만큼 거래소의 역할과 위상이 중요하므로, 거래내역 제출의무를 성실히 이행하지 않은 거래소에 대해 가산세 또는 과태료를 부과하는 규정도 생겨났다. 과세자료 미제출 가상자산사업자에 대해 제출명령을 할 수 있고, 제출명령 미이행 시 최대 2,000만 원을 부과한다는 것이다. 이로써 가상자산 거래에 대한 과세기반을 정비하겠다는 것이다. 소득세법은 2028년 1월 1일 이후 발생하는 거래분부터 적용하고, 법인세법은 2026년 1월 1일 이후 발생하는 거래분부터 적용한다.

암호화자산 자동정보교환체계 이행근거를 마련했다는 게 뭐지?

2024년 세법개정안에는 눈에 띄는 가상자산 관련 개정안이 있다. 바로 암호화자산 자동정보교환체계 이행근거를 마련했다는 세제 개편안이다.

암호화자산사업자가 비거주자의 암호화자산(「가상자산 이용자 보호 등에 관한 법률」상 가상자산 + 토큰형 증권)에 대한 거래정보를 국세청에 보고한 후 국세청이 관련 국가와 매년 교환하는 체계가 암호화자산 자동정보교환체계(CARF)이다.

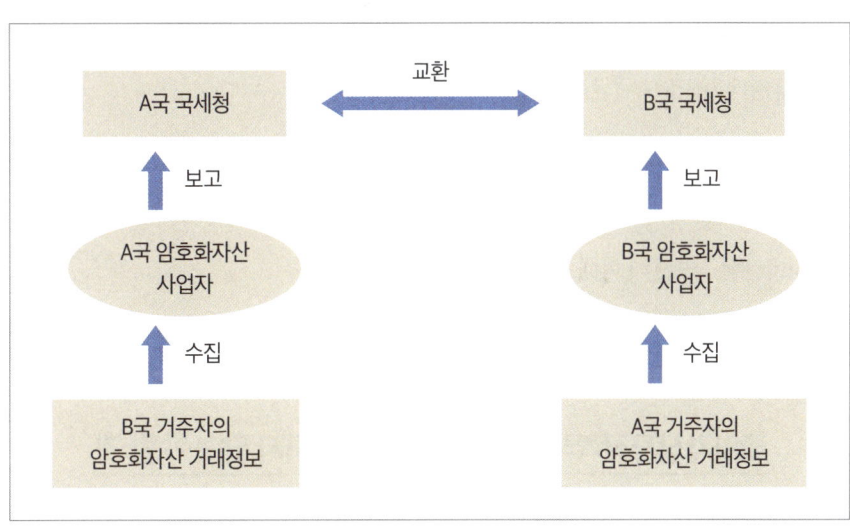

[그림 12-1] 국가 간 자동 정보교환방식

교환대상 정보는 주로 비거주자·외국법인의 암호화자산정보로 사용자의 이름, 주소, 거주관할권, 납세자번호 및 사용자의 암호화자산 거래내역(암호화자산의 이름, 거래 유형, 거래의 총지급·수취 금액, 총거래량, 거래 횟수) 등이다.

거주자·내국법인은 이중거주자인 경우 교환대상에 포함된다. 이중거주자는 우리나라 법에 따르면 우리나라 거주자이나 미국법에 따르면 미국 거주자인 경우를 말한다.

이미 금융거래회사 등은 고객의 금융거래 정보를 수집하여 국세청에 보고하고, 가입국 국세청 간 해당 정보를 매년 상호교환하고 있었는데 여기에 암호화자산 정보를 교환정보로 추가한 것이라고 보면 된다. 정보 제공의무 불이행 시 3,000만 원 이하의 과태료가 부과된다.

이는 OECD 회원국 간에 암호화자산정보를 교환해 조세회피를 방지하고자 함에 목적이 있다. 교환정보 요청·제출은 2027년 1월 1일 이후 교환하는 분부터 적용하고, 실사는 2026년 1월 1일 이후 금융거래회사 등이 실사하는 분부터 적용한다.

결국 암호화자산사업자를 통해 거래정보를 수집하고 이로써 가상자산 탈세를 막겠다는 강력한 의지가 느껴진다. 가상자산은 점점 국세청 통제로 과세를 피하는 건 불가피해질 것으로 보인다.

해외가상자산거래소를 이용한다면 놓치지 말아야 할 것

매년 6월은 해외금융계좌를 신고하는 달이다. 해외금융계좌를 보유한 거주자 및 내국법인은 매월 말일 중 어느 하루라도 모든 해외금융계좌 내 현금, 주식, 가상자산 등 잔액을 합산한 금액이 5억 원을 초과할 경우 그 계좌정보를 매년 6월 1일부터 6월 말일까지 납세지 관할 세무서장에게 신고해야 한다.

나도 해외가상자산 계좌 신고 의무자인가?

해외금융계좌를 보유한 거주자 및 내국법인은 해당연도 보유한 모든 해외금융계좌 잔액 합계액이 매월 말일 중 어느 하루라도 5억 원을 초과했다면 그 계좌정보를 다음 연도 6월 말일까지 신고해야 한다. 여기서 거주자는 국내에 주소를 두거나 183일 이상 거소를 둔 개인을 말하며, 내국법인은 국내에 본점, 주사무소 또는 사업의 실질적 관리장소를 둔 법인을 의미한다.

해외 차명 금융계좌와 같이 계좌 명의자와 '실질적 소유자'가 다르다면 계좌 명의자, 실질적 소유자 모두가 해외금융계좌 관련자로서 신고의무가 있으며, 해외금융계좌가 공동명의이면 각 공동명의자가 각각 해당 계좌정보에 대한 신고의무를 부담해야 한다.

여기서 '실질적 소유자'는 해당 해외금융계좌 관련 거래에서 경제적 위험 부담, 이자·배당 등 수익 수취, 해당 계좌 처분권 보유 등 해당 계좌를 사실상 관리하는 자를 의미한다. 해외금융계좌를 보유한 거주자 및 내국법인 중 아래의 경우에는 신고의무가 면제된다.

[표 12-3] 해외금융계좌 신고의무 면제자

구 분	신고의무 면제자 요건
외국인 거주자	신고대상연도 종료일 10년 전부터 국내에 주소나 거소를 둔 기간의 합계가 5년 이하인 경우
재외국민	신고대상연도 종료일 1년 전부터 국내에 거소를 둔 기간의 합계가 183일 이하인 경우
국제기관 근무자	외국정부, 국제연합 및 그 소속기관, 우리나라와 다른 국가 간 국제적 합의로 설립된 기관에 근무하는 사람 중 대한민국 국민이 아니며, 급여에 대해 소득세법에 따라 비과세 적용을 받는 자

금융회사 등, 기타 면제기관	「금융실명거래 및 비밀보장에 관한 법률」 제2조 제1호에 따른 금융회사 등 및 다른 법령에 따라 국가의 관리·감독이 가능한 기관
해외금융계좌 관련자	다른 공동명의자 등의 신고를 통해 본인이 보유한 모든 해외금융계좌정보를 확인할 수 있는 경우
국가, 지방자치단체, 공공기관, 우리나라와 다른 국가 간 국제적 합의로 설립된 기관	

어떤 해외가상자산 계좌를 신고해야 할까?

「특정금융정보법」상 가상자산 및 이와 유사한 자산의 거래를 위하여 해외가상자산사업자 등에 개설한 해외가상자산계좌는 2023년 6월 신고부터 해외금융계좌 신고대상에 포함되었다.

가상자산 매매를 위해 해외가상자산 거래소에 개설한 계정은 신고대상인 해외가상자산계좌에 해당한다. 다만, 가상자산 보관을 위해 해외 지갑사업자에 개설한 지갑의 경우 해외가상자산 지갑사업자가 개인 암호키 등의 관리·통제권이 없는 비수탁형·탈중앙화 지갑은 신고대상에서 제외되나, 개인 암호키 등의 관리·통제권을 보유한 수탁형·중앙화 지갑은 신고대상에 포함되므로 해외가상자산 지갑의 종류별 신고대상 여부 판단에 유의해야 한다.

국세청은 지난해 신고부터 해외가상자산계좌가 해외금융계좌 신고대상에 포함됨에 따라 해외가상자산 보유자가 해외금융계좌 신고를 누락하는 일이 없도록 국내 가상자산사업자들과 협의하여 해외금융계좌 신고제도 안내를 실시하고 있다.

매월 말일 내 해외가상자산 계좌가 5억 원이 넘는지 어떻게 계산할까?

매월 말일 보유계좌 잔액은 계좌에 보유한 자산별로 금액을 산정하고, 그 산정한 금액을 해당 표시통화 환율(「외국환거래법」에 따른 일별 기준환율 또는 재정환율)을 적용하여 각각 원화로 환산한 후 합산하여 산출한다.

피상속인 명의 해외금융계좌를 여러 사람이 공동으로 상속받았다면 해당 계좌 잔액 중 공동상속인 각자의 상속분에 해당하는 금액만큼만 합산하면 된다.

가상자산의 경우 신고의무자는 보유한 가상자산 계좌(계정)가 개설된 해당 해외가상자산 거래소의 매월 말일의 최종가격을 확인하여 잔액을 산출해야 한다. 가상자산 지갑과 같이 해외가상자산사업자가 매매 서비스를 제공하지 않아 가상자산의 매월 말일 최종가격을 확인할 수 없는 경우라면 신고의무자는 본인이 보유한 가상자산이 거래되는 국내외 거래소들의 매월 말일 최종가격 중 하나를 임의로 선택하여 가상자산 잔액을 산출해야 한다.

[표 12-4] 해외금융계좌 자산별 월말 잔액 산출방법

자산	산출방법
현금	해당하는 매월 말일 종료시각 현재의 잔액
상장된 주식과 그 주식을 기초로 발행한 예탁증서	해당하는 매월 말일의 종료시각 현재의 수량 × 해당하는 매월 말일의 최종가격(해당하는 매월 말일이 거래일이 아닌 경우 그 직전 거래일의 최종가격)
상장채권	
가상자산	

집합투자증권 및 이와 유사한 해외집합투자증권	해당하는 매월 말일의 종료시각 현재의 수량 × 해당하는 매월 말일의 기준가격(해당하는 매월 말일의 기준가격이 없는 경우 해당하는 매월 말일 현재의 환매 가격 또는 해당하는 매월 말일 전 가장 가까운 날의 기준가격)
보험상품 및 이와 유사한 해외보험상품	해당하는 매월 말일의 종료시각 현재의 납입금액
위 이외의 자산	해당하는 매월 말일의 종료시각 현재의 수량 × 해당하는 매월 말일의 시가 (시가산정이 곤란한 경우에는 취득가액)

매월 말일의 보유계좌 잔액 중 최고금액 계산은 매월 말일의 보유 해외금융계좌 잔액을 원화로 환산하여 합산한 금액이 가장 큰 날이 신고기준일이며, 그 기준일 현재 보유 중인 모든 해외금융계좌의 잔액 합계액이 5억 원을 초과하는 경우 그날의 계좌별 잔액을 신고한다.

[표 12-5] 해외금융계좌 잔액 중 최고금액 계산 사례

(단위: 억 원)

기준일 계좌	1. 31	2. 28	3. 31	4. 30	5. 31	6. 30	7. 31	8. 31	9. 30	10. 31	11. 30	12. 31
A계좌 잔액 (예금)	1	3	1	2	2	-	-	2	4	2	1	1
B계좌 잔액 (가상자산)	2	1	1	1	1	-	-	-	-	1	2	1
C계좌 잔액 (보험)	계좌 미개설				1	2	2	4	-	1	-	1
D계좌 잔액 (채권)	1	4	1	1	3	1	계좌 해지					
합계	4	8	3	4	7	3	2	6	4	4	3	3

사례에서 신고의무자가 보유한 해외금융계좌의 매월 말일 잔액 합계액이 5억 원을 초과한 달은 2월(8억 원), 5월(7억 원), 8월(6억 원)이 된다.

우선, 매월 말일 잔액 합계액이 가장 큰 달은 2월이므로 2월 말일이 신고기준일이 된다. 신고의무자는 2월 말 현재 보유 중인 A계좌 잔액(예금 3억 원)·B계좌 잔액(가상자산 1억 원)·D계좌 잔액(채권 4억 원)과 그 합계액(8억 원)을 신고해야 한다.

신고기준일(2월 말일) 이후 5월에 개설된 C계좌(보험)는 연중 보유하고 있더라도 신고대상에 포함되지 않고, 신고기준일 현재 보유하고 있는 D계좌(채권)는 연도 중 해지하였더라도 신고대상에 포함됨을 유의해야 한다.

해외가상자산 계좌 신고 안 하면 어떤 제재를 받을까?

먼저 신고대상 계좌를 신고기한 내에 미(과소)신고한 경우 미(과소)신고 금액에 대하여 10%에 상당하는 과태료가 부과된다. 또 미(과소)신고 금액이 50억 원을 초과하는 경우 벌금 상당액을 부과하는 통고처분 또는 형사처벌을 받을 수 있다. 형사처벌은 2년 이하의 징역 또는 13~20% 벌금(징역·벌금형 병과 가능)이다.

미(과소)신고 금액이 50억 원을 초과하는 경우 국세정보위원회의 심의를 거쳐 성명·직업·주소·위반금액 등 인적사항이 공개될 수 있다. 국세청은 국가 간 정보교환자료, 외국환 거래자료, 금융정보분석원(FIU) 등 다른 기관 통보자료, 자체 수집자료 등을 심층 분석하여 해외금융계좌 미신고 혐의 및 역외탈세 혐의를 검증하고 있다.

특히, 해외금융계좌 신고대상에 포함된 가상자산의 경우 OECD에서 도입을 검토 중인 가상자산 정보교환 보고 규정(CARF)이 시행되면 실효적 검증에 큰 도움이 될 것으로 기대된다. 해외금융계좌 미신고자에 대한 중요한 자료를 제보하는 경우 최고 20억 원까지 포상금도 지급하고 있다.

해외가상자산계좌 신고 얼마나 할까?

2023년 9월 20일 국세청 보도자료(국세청, 「해외가상자산 131조 원, 국세청에 최초 신고」, 2023. 9. 20)에 따르면 당해연도 신고대상에 포함된 가상자산계좌는 첫 신고임에도 개인·법인 신고자 1,432명이 130조 8,000억 원을 신고하면서 전체 신고자산 중 가장 많은 금액(전체 신고금액 대비 70.2%)이 신고되었다고 한다. 그야말로 엄청난 가액과 비중이 아닐 수 없다.

[표 12-6] 2023년 해외금융계좌 신고실적

(단위: 명, 조 원)

구 분	예·적금	주식	집합투자증권	파생상품	기타	가상자산	총신고
2023 신고인원 (금액)	2,942 (22.9)	1,590 (23.4)	251 (5.2)	100 (2.1)	593 (2.0)	1,432 (130.8)	5,419 (186.4)
2022 신고인원 (금액)	2,489 (22.3)	1,692 (35.0)	208 (3.5)	81 (1.4)	512 (1.8)	- (-)	3,924 (64.0)

이 중 법인신고자는 73개 법인이 120조 4,000억 원(법인 전체 신고금액 대비 74.3%)을 신고하였는데 코인 발행사인 법인신고자들이 자체 발행한 코인 중 유보물량을 해외 지갑에 보유하던 중 올해 최초 신고한 것 등이 주된 원인으로 분석된다.

해외가상자산계좌의 경우 해외가상자산사업자의 소재지를 알면 소재지 주소를 기재하나 모르면 해외가상자산사업자의 웹사이트 주소를 기재하여 국가별 분포 분석은 어렵다는 보도자료의 내용도 눈에 띈다.

해외가상자산계좌를 신고한 개인신고자의 연령대별 보유현황을 보면 신고인원 비율로는 30대(40.2%), 40대(30.2%), 50대(14.1%) 순으로 높았으며, 신고금액 비율은 30대(64.9%), 20대 이하(14.7%), 40대(12.7%) 순으로 높았다. 1인당 평균 신고금액은 30대(123억 8,000만 원), 20대 이하(97억 7,000만 원), 50대(35억 1,000만 원) 순으로 높았다.

국세청은 국가 간 정보교환 자료 등을 활용하여 해외금융계좌 미신고 혐의자를 철저히 검증해 과태료 부과, 통고처분, 형사고발, 명단공개, 관련 세금 추징 등을 엄정히 집행할 예정이라고 밝혔다.

수정·기한 후 신고자는 최대 90%까지 과태료 감경이 가능하고, 특히 국세청을 포함한 전 세계 과세당국이 도입을 추진 중인 가상자산 거래내역 등의 정보교환 보고 규정(CARF)에 따라 정보교환을 준비 중이니 신고대상자는 해외가상자산계좌도 조속히 수정·기한 후 신고하자.

02 Q&A로 알아보는 해외가상자산계좌 신고

Q. 해외금융계좌 신고와 관련된 해외가상자산사업자는 누구인가?

A. 본점 또는 주사무소가 외국에 있는 자로서 「특정 금융거래정보의 보고 및 이용 등에 관한 법률」 제2조 제1호 하목에 규정된 가상자산의 매도, 매수, 교환, 이전, 보관, 관리 등의 행위를 영업으로 하는 자 및 이와 유사한 사업자를 의미하며, 해외가상자산거래소와 해외 지갑사업자 등이 이에 속한다.

Q. 연중 파산한 거래소(ex: FTX)의 계좌에 보유한 가상자산도 신고대상인가?

A. 파산한 거래소의 계좌라 하더라도 가상자산거래를 위하여 해외금융회사 등에 개설한 해외금융계좌이고, 해당연도 매월 말일 중 보유계좌 잔액의 합계액이 5억 원을 초과하는 가장 큰 날에 해당 계좌를 보유하고 있는 경우라면 「국제조세 조정에 관한 법률」 제53조에 따라 신고대

상이 되는 해외금융계좌에 해당한다.

Q. 해외가상자산 지갑사업자를 통해 만든 지갑도 신고대상인가?

A. 해외가상자산 지갑사업자는 국외에 소재하는 「특정 금융거래정보의 보고 및 이용 등에 관한 법률」 제2조 제1호 하목에 규정된 가상자산의 보관, 관리 등의 행위를 영업으로 하는 자로서 해외금융회사 등에 해당하므로 거주자 또는 내국법인이 해외가상자산 지갑사업자와 가상자산거래를 위하여 만든 지갑을 포함한 해외금융계좌 잔액의 합계액이 매월 말일 중 어느 하루라도 5억 원을 초과하는 경우라면 신고대상 해외금융계좌에 해당한다.

Q. 거주자가 해외가상자산 지갑사업자를 통하지 않고 스스로 개인지갑을 생성하는 경우에도 신고대상인가?

A. 신고대상 '해외금융계좌'는 해외금융회사 등과 금융거래 및 가상자산 거래를 위하여 해외금융회사 등에 개설한 계좌를 의미하므로 해외가상자산 지갑사업자를 통하지 않고 개인이 스스로 개인지갑을 생성하는 경우라면 해외금융계좌 신고대상에 해당하지 않는다.

Q. 국내 가상자산 거래소 계좌도 신고대상인가?

A. 국내 가상자산 거래소에 개설한 계좌는 신고대상이 아니다. 단, 국내 가상자산 거래소의 국외사업장 또는 해외현지법인에 개설한 계좌는 신고대상이다.

Q. 거주자 갑이 해외가상자산 거래소 A에 가상자산 K를 보유하고 있고, 가상자산 K의 기준일 현재 최종가격이 해외가상자산 거래소 A는 5억 1,000만 원, 해외가상자산 거래소 B는 4억 9,000만 원인 경우와 같이 해외가상자산 거래소별 가상자산 K의 가격이 각각 다른 경우 금액 산정 방법은?

A. 가상자산의 가격이 거래소마다 다른 경우라 하더라도 신고의무자는 본인이 개설한 거래소의 가상자산 최종가격을 확인하여 신고해야 한다. 따라서 K의 가격은 거주자가 가상자산을 보유하고 있는 해외가상자산 거래소 A의 기준일 현재 최종가격 5억 1,000만 원이 적용된다.

Q. 가상자산 선물거래를 위해 해외가상자산거래소에 개설한 계좌도 신고대상인가?

A. 가상자산 선물거래를 위해 해외가상자산거래소에 개설한 계좌도 해외금융계좌 신고대상이다.

Q. 해외가상자산 지갑사업자는 해외가상자산거래소와 달리 지갑(보관) 서비스만 제공하여 해당 지갑사업자가 제공하는 최종가격이 없는데 해외가상자산 지갑사업자의 지갑(계좌) 내 가상자산의 매월 말일 잔액은 어떻게 산출해야 하나?

A. 가상자산거래소와 달리 가상자산 매매 서비스를 제공하지 않아 지갑(계좌) 내 보관된 가상자산의 매월 말일 최종가격을 확인할 수 없다면, 신고의무자는 본인이 보유한 가상자산이 거래되는 국내외 거래소들의 매월 말일 최종가격 가운데 하나를 선택하여 지갑(계좌) 내 가상자산의 잔액을 산출해야 한다.

Q. 신고시점에 폐업·해산·파산한 해외가상자산거래소(ex: FTX)는 매월 말일 최종가격을 제공하지 않는데 이러한 해외가상자산거래소에 개설한 계정(계좌) 내 가상자산의 매월 말일 잔액은 어떻게 산출해야 하나?

A. 해외가상자산거래소가 폐업·해산·파산하여 신고의무자가 해당 거래소의 계정(계좌) 내에 보관된 가상자산의 매월 말일의 최종가격을 확인할 수 없다면, 신고의무자는 본인이 보유한 가상자산이 거래되는 국내외 거래소들의 매월 말일 최종가격 가운데 하나를 선택하여 계정(계좌) 내에 보관된 가상자산의 잔액을 산출해야 한다.

(사례) 2022년 11월 11일 파산한 거래소인 FTX에 비트코인 1개, 이더리움 2개를 보유하고 있던 경우, 바이낸스 기준 해당 일자의 비트코인 23,193,494원과 이더리움 3,504,758원으로 잔액 산출

Q. 가상자산의 경우 계좌번호는 무엇을 입력하면 되나?

A. 계좌번호(Account number)는 하이픈(-) 표시 없이 연속으로 숫자나 기호를 적는다. 가상자산계좌의 계좌번호가 없다면 계정명(Account name)을 적는다. 해외금융계좌 신고서 서식 '⑩ 금융회사명'에 Binance, '⑪ 계좌종류'란에 가상자산, '⑫ 계좌번호'란에 계정명을 적는다.

Q. 해외가상자산계좌 잔액은 가상자산 종류별로 기재하는 것인가?

A. 동일한 계정에 여러 종류의 가상자산을 보유 중이라면 기준일 현재 잔액은 가상자산 종류별로 기재하는 것이 아니라 동일 계정 내 모든 가

상자산의 합계액을 기재한다.

Q. 해외가상자산사업자의 소재지를 잘 모르는 경우 어떻게 신고하나?

A. 해외금융계좌 신고서 서식 '⑲금융회사 소재지 그 밖의 상세 주소'란에 해외가상자산사업자의 소재지를 알면 소재지 주소를 기재하지만, 모르는 경우 해외가상자산사업자의 웹사이트 주소를 적는다.

Q. 5억 원 넘는 해외가상자산계좌를 2020년부터 계속 보유하고 있었는데 신고 대상인지 이번에 처음 알게 되었다. 기한 후 신고를 해야 하나?

A. 해외가상자산계좌의 해외금융계좌 신고는 2022년 1월 1일 이후 신고의무 발생분부터 적용된다(2023년 6월 신고). 따라서 2021년 12월 31일 이전 보유분에 대하여 기한 후 신고를 할 필요는 없으나, 2022년 1월 1일 이후 신고의무 발생분을 미신고한 경우라면 과세당국이 과태료를 부과하기 전까지 해외금융계좌정보를 기한 후 신고를 할 수 있다.